高等职业教育经管类专业教材

# 个人理财规划

主　编　曹文芳　付慧莲
副主编　杨小兰　黄　瑞

中国轻工业出版社

图书在版编目（CIP）数据

个人理财规划/曹文芳，付慧莲主编．—北京：中国轻工业出版社，2020.12
ISBN 978-7-5184-1413-0

Ⅰ.①个…　Ⅱ.①曹…②付…　Ⅲ.①私人投资　Ⅳ.①F830.59

中国版本图书馆CIP数据核字（2017）第166657号

责任编辑：张文佳　　责任终审：劳国强　　封面设计：锋尚设计
版式设计：王超男　　责任校对：燕　杰　　责任监印：张　可

出版发行：中国轻工业出版社（北京东长安街6号，邮编：100740）
印　　刷：三河市万龙印装有限公司
经　　销：各地新华书店
版　　次：2020年12月第1版第4次印刷
开　　本：787×1092　1/16　　印张：16
字　　数：370千字
书　　号：ISBN 978-7-5184-1413-0　　定价：38.00元
邮购电话：010-65241695
发行电话：010-85119835　传真：85113293
网　　址：http://www.chlip.com.cn
Email：club@chlip.com.cn
如发现图书残缺请与我社邮购联系调换
201511J2C104ZBW

# 前言

PREFACE

《个人理财规划》按照"基础理论、基础工具、基础技术、基本方法、实际应用"的逻辑思路来构架全书章节。从理论到实践，全面介绍了个人理财规划的基础理论、基本工作流程，以及理财规划的基础工具、技术和方法。语言通俗易懂，案例典型精辟，可作为高职高专、成人高校、应用型本科院校的金融专业、投资与理财专业、保险专业、证券专业以及其他经济管理类专业教材，同时也可作为理财规划师培训的辅导用书，还可作为职场人士普及理财知识的自学用书。

本教材采用项目式教学的编写体例，在项目式教学的每一个单元，遵循从理论到实践，从实践再到理论的螺旋式上升的认识规律，培养学生的各项专业技能，同时在模块中配有阅读材料等栏目，增强了教材的趣味性和可读性。另外，本教材吸收了国家助理理财规划师、银行从业资格考试等内容，将国家、行业的职业资格认证标准有机融入教材，并配有模拟考试试题，方便读者进行助理理财规划师的复习考试。

本教材作为投资与理财专业建设的标志性成果，具有鲜明特点。第一，职业性强。本教材融入了国家助理理财规划师职业考试、银行从业人员资格认证考试的核心内容，按照项目单元教学模式设计章节，将案例分析、学习实践和理论知识有机结合，既有利于技术技能人才的培养，又有利于学生通过职业资格的考试。第二，应用性强。本教材将个人理财的基础知识、专业理论和理财实践融为一体，充分体现了高职高专院校金融专业注重实践的教学特点。第三，基础性强。本教材以经济学基础、金融学基础、统计学基础、会计学基础、财务学基础、税收基础、投资学基础等课程为基石，充分挖掘本课程与相关专业基础知识之间的关联，构建个人理财规划服务所必备的专业知识体系，充分体现了高职高专院校金融专业强调宽基础的教学特点，有利于培养复合型金融服务人才。

本教材由武汉职业技术学院商学院曹文芳老师担任第一主编，负责拟订全书的编写大纲、编写体例，并负责全书的主审和统稿；武汉职业技术学院商学院付慧莲老师担任第二主编；重庆财经职业学院杨小兰老师、武汉软件工程职业学院黄瑞老师担任副主编。本教材总共包括九个模块，其中曹文芳老师编写第一模块、第三模块、第六模块、第八模块；付慧莲老师编写第七模块、第九模块；杨小兰老师编写第二模块、第四模块；黄瑞老师编写第五模块。

本教材得到了许多行业专家学者的大力支持，在此我们深表感谢；同时，我们借鉴了相关职业资格考证的内容框架和一些表述，吸收了前辈及同行的很多有价值的成果，在此向所有参考书目的作者和编者表示感谢。感谢中国轻工业出版社的大力支持和帮助。由于编者水平有限，书中缺点错误、不足在之处在所难免，敬请广大读者批评指正。

编者

2017 年 5 月

# 目 录
CONTENTS

# 第一模块　理财规划通识基础

## 学习目标

1. 掌握理财规划的内涵。
2. 熟悉理财规划的初级目标和终极目标。
3. 掌握理财规划的六大原则。
4. 了解理财规划的八大内容。
5. 了解理财规划职业的发展历程。

# 项目一　理财规划基础概念

## 任务1　理财规划的内涵

### 概念导入

理财是我们生活的一部分

不管你是否意识到，每一个人都是自己人生企业的董事长。对于我们来说，建立自信与责任感并不困难，如何去经营人生却是一个需要努力思索、大胆实践、以不懈的勇气去面对失败与挫折的漫长过程。根据自己年龄、职业、家庭等不同的情况建立自己的理财理念与思路，设立长远规划的方案，形成自己独特的理财风格，才可能创造出独特的人生财富。

每个人的一生都是在赚钱与花钱中度过的，人从独立生活起，就面临着理财的挑战。尤其是成家的人，每天都要处理大量的收与支。随着社会保障体系的健全，每个人正在从单位人向社会人过渡，每个人必须为自己的一生进行财务上的预算与策划。如何科学地规划你的理财生涯呢？这是一个方方面面普遍关心的热点问题，善于理财会使你的生活更加和谐、殷实和富有，更快更早实现全面小康的目标。

【资料来源：http：//www. yinhang. com/a_2015_0227_323426. html】

什么是理财？理财（Financial Management）是指以实现财产的保值、增值以及债务的减少为目的而对财产和债务进行的管理。理财分为公司理财、第三方理财（机构理财）、家庭（个人）理财等。本教材的侧重点是家庭（个人）理财。那么，什么是理财规划（Financial Planning）呢？理财规划是指根据客户的财务状况、非财务状况以及风险承担能力，通过平衡安排各种收入与支出，选择不同风险收益特征、不同期限结构的投资组合，为客户制定出一整套收益和风险相互平衡的规划方案，从而实现客户的既定理财目标。这个定义包含理财的以下几个特性。

首先，理财规划是一项长期规划，需要从每个人的人生规划入手，要着眼于大的方向，更多关注的是收益与风险的平衡，而不是针对某一阶段的规划。

其次，理财规划是全面综合的整体性规划方案。它不仅仅提供某单一的金融产品，更需要对不同客户在不同人生阶段的各种理财需求进行全面的、多层次的、多角度的匹配，要有一系列统一协调的计划，要保证所有的计划不会冲突，协调起来都能够实现。

最后，理财规划是一项个性化服务。不同客户的财务状况、非财务状况、风险承担能力、风险偏好都千差万别，这就要求理财规划服务要因客户具体情况而提供合适的服务方案。

## 任务2 理财规划的目标

通常，理财规划的目标有两个层次：初级目标是实现财务安全；终极目标是实现财务自由。初级目标是实现终极目标的物质基础，终极目标是初级目标追求的方向。

保障财务安全是个人理财规划的首要问题。只有实现财务安全，才能保证人生各阶段的收入支出相互平衡。财务安全是指个人或家庭对自己的财务现状有充分的信心，认为现有的财富足以应对未来的财务支出和其他生活目标的实现，不会出现大的财务危机。换个角度来说，就是无论在任何不幸的情况下，家庭都不会因缺钱而无法维持正常的物质生活水平，陷入财务危机中。对于个人和家庭来说，衡量财务安全的标准共有 8 个：①是否有稳定的充足的收入？②个人是否有发展的潜力？③是否有充足的现金准备？④是否有适当的住房？⑤是否购买了适当的财产保险和人身保险？⑥是否有适当的，收益稳定的投资？⑦是否享受社会保障？⑧是否有额外的养老保障计划等？

财务自由是指家庭的收入主要来源于主动投资而不是被动工作，也就是说，投资收入可以完全覆盖个人或家庭的各项支出，是一种让你无需为生活开销而努力为钱工作的状态。财务自由不是不工作，而是工作的目的不是钱，而是兴趣、爱好、理想或者根本就不会带来收入，因为已经有了非工作收入足以满足自己的生活。

## 知识拓展

实现财务自由的伟人

● 富兰克林

富兰克林是美国开国元勋。“他从空中扼住雷电的咽喉，又将权杖从暴君手中归还于民”。富兰克林在42岁实现财务自由之后完全退休，开始跟随他的兴趣全力进行精神自由的活动，最终成为了著名的科学家、发明家、思想家、政治家、作家、教育家、军事家、哲学家、社会活动家、音乐家、外交家等。

● 比尔·盖茨

50岁后的比尔·盖茨热心于公益事业，其所建立的比尔 & 梅琳达基金会旨在促进全球的卫生和教育平等。

【资料来源：http：//wiki. mbalib. com/wiki/% E8% B4% A2% E5% 8A% A1% E8% 87% AA% E7% 94% B1】

为了深入了解财务安全、财务自由与客户收入之间的关系，我们将收入按是否与投入时间成正比划分为主动收入和被动收入。与投入的时间成正比的收入称作主动收入，如工薪类收入。与投入的时间不成正比的收入称作被动收入，如投资类收入。所谓财务自由，就是客户的被动收入可以完全覆盖家庭发生的全部支出。我们可以用图1-1来表示三者之间的关系。其中：$T$代表总收入，是投资类收入与工薪类收入的总和；$I$代表投资类收入；$C$代表总支出；$L$代表工薪类收入。

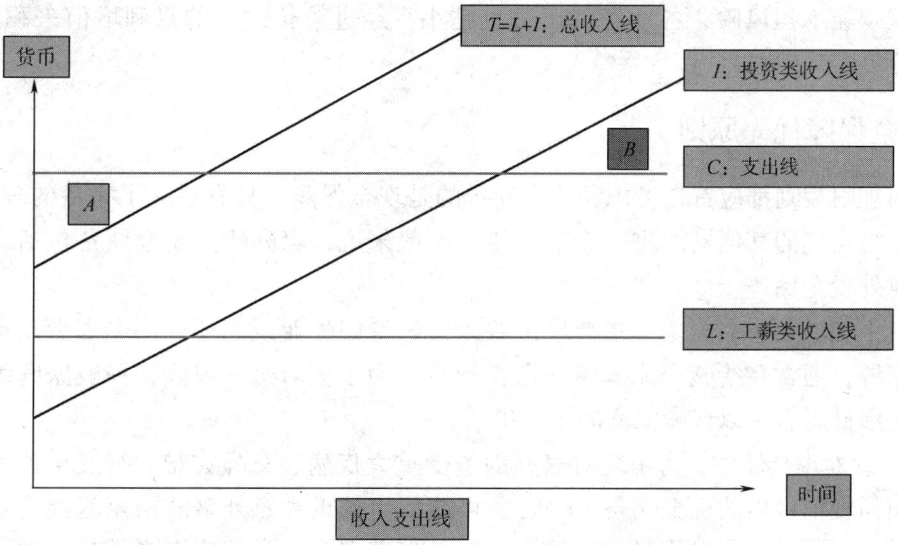


图1-1　总收入、投资类收入、工薪类收入与支出的关系

图1-1表明，处于A区域的客户，总支出已经超出了总收入，可能需要靠举债生

活，这时还谈不上财务安全，更谈不上财务自由了。处于 A 区域至 B 区域之间的客户，总支出在总收入之下，说明总收入完全能够弥补总支出，衣食无忧，达到了财务安全，但总支出仍在投资类收入之下，没有达到财务自由。处于 B 区域的客户，投资类收入完全覆盖了总支出，此时达到了财务自由，个人不必为赚取生活费用而工作，投资类收入将成为家庭收入的主要来源。

## 任务3 理财规划的原则

通常，理财规划师为客户进行理财规划时，应遵循以下六大原则。

### 一、整体规划原则

整体规划原则不仅包含规划思想的整体性，还包含规划方案的整体性。一方面，理财规划师不仅仅要考虑客户的财务状况，分析其财务比率，还要考虑客户的非财务状况（如职业、年龄、风险偏好等）及其变化，提出符合客户实际情况和目标预期的财务规划。另一方面，理财规划方案不是单一的规划，而是综合了现金规划、投资规划、保险规划、教育规划、税收规划、养老规划以及财产传承与分配规划在内的整体性规划方案。

### 二、提早规划原则

货币在使用过程中随着时间的推移会发生增值，货币的时间价值特性要求理财规划应提早开始。一方面，提早规划可以尽可能利用货币时间价值特性来达到增值的功效；另一方面，由于提早规划，准备时间长，可以大大减轻各期的经济负担。所有的规划越早进行就越能承担风险，各期经济压力也越小，经过较长时间的复利增值来积累财富，也就越容易实现理财目标。

### 三、现金保障优先原则

任何理财规划都应首先考虑和重点安排的是现金保障。只有建立了完备的现金保障，才能考虑将家庭的其他资产进行专项安排。一般来说，家庭建立现金储备包括日常生活储备和意外现金储备。

（1）日常生活储备。家庭主要经济收入贡献者因失业或其他原因失去劳动能力、失去收入来源，通常会给整个家庭带来严重影响。为了应对这一风险，一般家庭都应该建立日常生活储备金，以保障家庭的正常生活。

（2）意外现金储备。为了应对家庭因遭受重大疾病、意外灾难、突发事件所发生的意外支出而提前做出的现金储备，以防备可能发生的重大意外事故给家庭经济短期的重大影响。如癌症、车祸需临时支付较大金额的医药费，此时从家庭意外现金储备金中支出，不会影响家庭的正常生活。

## 四、风险管理优于追求收益的原则

理财规划首先应该考虑的因素是风险，而不是收益。保值是增值的前提。追求收益最大化应基于风险管理基础之上，只有风险管理完备了，才可以追求收益最大化。理财规划师应根据不同客户的不同生命周期阶段及风险承受能力制定不同的理财方案。

## 五、消费、投资与收入相匹配的原则

在收入一定的前提下，消费与投资支出存在此消彼长的内在关系。理财规划应该正确处理消费、投资支出与收入之间的矛盾，形成资产的动态平衡，确保在投资达到预期目的的同时保证生活质量的提高。在现实中，应特别注意使消费与收入相匹配、投资规模与收入相匹配、投资和消费支出要与现金流状况相匹配等。如在购房规划中要充分考虑房屋按揭的月供与收入的比重是否在合理范围以内。

## 六、家庭类型与理财策略相匹配的原则

通常，家庭类型包括青年家庭（<35 岁）、中年家庭（35～55 岁）和老年家庭（>55 岁）。根据不同家庭类型的特点，理财规划师要分别制定不同的理财规划策略。一般来说，青年家庭的风险承受能力比较高，理财规划的核心策略为进攻型；中年家庭的风险承受能力中等，理财规划的核心策略为攻守兼备型；老年家庭的风险承受能力比较低，因此理财规划的核心策略为防守型。

# 任务 4　理财规划的内容

理财规划是针对客户的整个人生而不是只针对某个阶段的规划。生命周期理论是整个理财规划的理论基础。生命周期理论指个人在相当长的时间内计划消费和储蓄的行为，以期在整个生命周期内实现消费的最佳配置。人在不同的生命周期有不同的财务状况、不同的资金需求，这就决定了客户各个阶段选择理财工具的种类、资产配置的数量和理财目标都有所不同。表 1－1 具体说明了不同生命周期下理财规划的内容。

**表 1－1　不同生命周期下的理财规划**

| 生命周期 | 单身期 | 家庭形成期 | 家庭成长期 | 退休前期 | 退休期 |
|---|---|---|---|---|---|
| 年龄段 | 22～25 岁 | 25～35 岁 | 35～55 岁 | 55～60 岁 | 60 岁以后 |
| 家庭形态 | 自由单身 | 结婚生子 | 子女上学—大学毕业 | 子女工作—个人退休前 | 退休后 |
| 理财目标 | 求学深造 | 攒首付款 | 还房贷；筹教育金 | 筹退休金 | 规划遗产 |
| 理财工具 | 活期存款；<br>定期存款；<br>基金定投 | 活期存款；<br>股票；<br>基金定投 | 股票；<br>基金 | 债券；<br>货币基金 | 债券；<br>货币基金 |

续表

| 生命周期 | 单身期 | 家庭形成期 | 家庭成长期 | 退休前期 | 退休期 |
|---|---|---|---|---|---|
| 资产配置 | 小额投资；<br>积累经验 | 股票 70%<br>债券 10%<br>货币 20% | 股票 60%<br>债券 30%<br>货币 10% | 股票 50%<br>债券 40%<br>货币 10% | 股票 20%<br>债券 60%<br>货币 20% |
| 保险计划 | 意外险 | 教育储蓄险 | 健康险<br>定期寿险 | 长期看护险<br>退休年金 | 退休年金 |

根据表 1 - 1，我们可以总结出，理财规划的核心内容就是人在不同生命周期中的八大人生规划。它们分别是：现金规划、住房消费规划、保险规划、投资规划、税收规划、教育规划、养老规划、财产分配与传承规划。这八大规划的具体内容分别在本教材的第二模块至第九模块依次详细展开描述。

## 任务 5　理财规划职业的发展历程

### 一、理财规划职业发展概况

理财规划职业发展经历了初创期、扩张期、成熟稳定期三个阶段。

**（一）初创期**

现代意义上的理财规划业务起源于 20 世纪 30 年代的美国保险业，当时的保险营销员被称为“经济理财员”，尽管其主要任务是推销保险产品，却成为现代理财规划的萌芽。

**（二）扩张期**

1969 年，第一家以普及理财知识、促进理财发展为目的的理财团体机构（International Association for Financial Planning，IAFP）在美国芝加哥一家咖啡馆里成立。该机构主张“关注客户的需求和目标比关注单一金融产品销售更重要”的服务理念和专业精神，推广涉及客户生活方方面面的理财规划的概念和方法。这一时期，个人理财规划业得到了快速发展，从业人员迅猛增加。

**（三）成熟稳定期**

美国理财规划师职业认证对美国乃至全球个人理财规划行业的发展起到了至关重要的作用，理财规划业务逐渐发展成为一个独立的金融服务行业，并出现了理财规划师这一专业技术人员。他们的主要任务不再是从销售金融产品中提取佣金，而是帮助客户实现其财务目标而进行专业咨询服务。1990 年，国际注册理财规划师协会正式成立，标志着理财规划服务有了国际统一的职业道德、胜任能力以及实务操作标准，这使得理财规划师职业得以在全球迅速推广开来。

### 二、理财规划职业在中国的发展

随着经济的发展，我国个人储蓄一直不断攀升，一方面说明普通百姓手中的钱越来越多，另一方面也为个人投资理财提供了充分的空间。但实际上，一般人都不知道如何管理、使用自己手中的钱。据一项调查显示，近75%的人更愿意把钱存到银行，只有不到10%的人用这些钱去投资，而对个人理财有了解的人仅占6.5%，信任个人理财或已经委托做个人理财的人数不到2%，而在美国这一比例为58%。

理财规划师既可以服务于金融机构，如商业银行、保险公司等，也可以独立执业，以第三方的身份为客户提供理财服务。目前，理财规划师大多行使的是单项职能，能够为客户提供全方位的专业理财建议，通过不断调整存款、股票、债券、基金、保险、动产、不动产等各种金融产品组成的投资组合，设计合理的税务规划，满足居民长期的生活目标和财务目标的人才，更是难求。

在过去6年中，中国理财业务每年的市场增长率达到18%，随着理财观念在中国的深入，理财服务市场日益旺盛，理财规划师职业必将成为我国具有广阔发展前景的职业之一。

# 项目二 经济基础

## 任务1 宏观经济政策

对投资理财具有实质性影响的宏观经济政策主要包括财政政策和货币政策等。

### 一、财政政策与理财规划

财政政策是政府干预经济的主要政策之一，是为了提高社会就业水平，稳定物价，实现经济持续稳定增长和国际收支平衡等而对政府支出、税收和借债水平所做的调整措施。

#### （一）扩张性财政政策

一般来说，财政政策分为扩张性财政政策和紧缩性财政政策。实施扩张性财政政策时，政府通过财政分配活动来增加和刺激社会总需求，积极投资于能源、交通、住宅等建设，刺激相关产业如水泥、钢材、机械行业的发展。实施扩张性财政政策的主要措施包括减少国债、降低税率、提高政府购买和转移支付。实施扩张性财政政策，如减少税收、降低税率、扩大减免税范围、扩大财政支出、增加财政补贴可以增加上市公司的收入，降低经营风险，直接引起证券市场价格上涨。另外，可以增加居民收入，拉动社会总需求，从而促进证券市场价格上涨。在实际理财操作中，政府实施扩张性财政政策时，经济容易向好，投资者应该选择股票、偏股型基金等风险和收益都较大的理财产品，以提高资产的收益水平。

#### （二）紧缩性财政政策

实施紧缩性财政政策时，政府通过财政分配活动来减少和抑制总需求，在确保各种行政与国防开支外，基本不从事大规模的投资。实施紧缩性财政政策主要措施包括增加国债、提高税率、减少政府购买和转移支付。实施紧缩性财政政策，如增加税收，提高税率、缩小减免税范围、减少财政支出和财政补贴将会降低上市公司的收入，增加经营风险，直接引起证券市场价格下降。另外，将会减少居民收入，抑制社会总需求，不利于证券市场价格上涨。实际理财操作中，实施紧缩性财政政策将使过热的经济受到控制，会对证券市场产生抑制作用，经济容易下滑，投资者应该选择债券、货币基金等风险和收益都较小的理财产品，在确保固定收益的前提下降低资产的风险水平。

## 知识拓展

新常态下宏观调控政策的特点

财政政策的运用原则是相机抉择，逆经济风向行事。在经济萧条时采用扩张性政策：增支（增加政府购买支出、转移支付）和减收（减税）；在经济繁荣时采取紧缩性政策：减支（减少政府购买支出、转移支付）和增收（增税）。

在具体政策的运用上，不同的经济流派有截然相反的经济主张。以分权制衡为核心思想的经济自由主义，建议在萧条时期，用减税来刺激总需求；在繁荣时期，用减少政府购买支出和转移支付来抑制总需求，双减政策——减收和减支的直接后果是对总需求产生影响，间接后果是缩小了政府规模，削弱了政府对经济的干预，按这一思想行事的经济学家往往被视为经济自由主义右翼。

以权利集中为核心思想的国家干预主义往往建议在萧条时期，以增加政府购买支出和转移支付来刺激总需求；在繁荣时期，以增税来抑制总需求，双增政策——增支和增收的直接后果是对总需求产生影响，间接后果是扩大了政府规模，增强了政府对经济的干预，按这一思想行事的经济学家往往被视为国家干预主义左翼。

因而，在同样可以刺激或者抑制总需求的政策主张的选择上，体现了不同的经济哲学观。

从中国宏观调控的演变可以看出，综合国家干预主义和经济自由主义的观点，中国的财政政策在面对经济衰退的时候，同时使用增支和减收的政策，一方面使用政府的信用，增发国债筹集资金以扩大政府购买支出规模，另一方面降低税收，来提升企业投资和居民可支配收入。增支政策的直接后果是扩张了总需求，间接后果是扩大了政府规模，增强了政府对经济的干预。减收政策的直接后果是刺激了总需求，间接后果是缩小了政府规模，削弱了政府对经济的干预。从财政政策工具的选择看——增支和减收政策的直接后果是刺激了总需求，客观上兼顾了对政府规模的控制。

【资料来源：http：//www. sina. com. cn】

## 二、货币政策与理财规划

货币政策也是调节宏观经济的重要政策之一。货币政策是指中央银行为实现既定目标，调节货币供应量以及通过调节货币供应量来调节利率，进而影响社会总投资和总需求的各项方针措施。货币政策与财政政策都是调节宏观经济的重要政策，两者的区别在于，财政政策不是借助中间变量，而是直接影响社会总需求的规模；货币政策则是通过利率的变动来间接影响社会总需求的规模，与财政政策比较起来，货币政策执行后的见效速度要慢，对经济的冲击力度要缓和些。

货币政策分为扩张性货币政策（也称积极货币政策）和紧缩性货币政策（也称稳健货币政策）。扩张性货币政策通过增加货币供应量来刺激社会总需求增长。货币供应量增加时，利率会降低，取得信贷成本下降，获得信贷更容易，投资规模增加，因此，经济萧条时多采用扩张性货币政策以刺激经济增长。紧缩性货币政策通过削减货币供应量来降低总需求水平。货币供应量减少时，利率会上升，取得信贷成本上升，不易获得信贷资金，投资规模减少，因此，通货膨胀严重时多采用紧缩性货币政策来抑制经济过快增长。

调节货币供应量的一般货币政策工具包括：再贴现率、法定存款准备金率和公开市场业务。

**（一）再贴现率**

再贴现是商业银行与中央银行之间的贴现行为。再贴现率是中央银行与商业银行等金融机构的放款利率。中央银行通过调整再贴现率来调节货币供应量。中央银行提高再贴现率，商业银行通过贴现获得的资金成本会上升，商业银行贴现的积极性就会降低，货币供应量减少；中央银行降低再贴现率，商业银行通过贴现获得的资金成本会下降，商业银行贴现的积极性就会大大提高，货币供应量扩大。

实际上，再贴现政策对货币供应量的影响程度有限，加上缺乏主动性，因此再贴现政策经常作为补充手段与公开市场业务政策结合使用。

**（二）法定存款准备金率**

为了防止商业银行过度追求利润而使其保存的现金过少从而导致挤兑风波，有效控制银行贷款的速度和数量，各国中央银行对商业银行等金融机构吸收的存款，规定了一个必须备有的储备金，称为法定存款准备金。法定存款准备金率是中央银行规定的商业银行等金融机构必须缴存中央银行的法定准备金占其存款总额的比率。在法定存款准备金制度下，商业银行等金融机构不能将其吸收的存款全部用于发放贷款，必须保留一定的资金即存款准备金，以备客户提款的需要，因此法定存款准备金制度有利于保证金融机构对客户的正常支付。

当中央银行降低存款准备金率时，金融机构可用于贷款的资金增加，社会的贷款总量和货币供应量也相应增加；反之，社会的贷款总量和货币供应量将相应减少。变动法定存款准备金率会使货币供应量成倍变化，不利于货币供给和经济稳定。所以，法定存款准备金率是一个强有力但不常用的货币政策工具。

## 知识拓展

存款准备金率2016迎首降

2016年2月29日傍晚6时许，中国人民银行突然发布消息称，决定自2016年3月1

日起，普遍下调金融机构人民币存款准备金率0.5个百分点，以保持金融体系流动性合理充裕，引导货币信贷平稳适度增长，为供给侧结构性改革营造适宜的货币金融环境。

有分析指出，央行降准对于中国社会和经济影响不一，但如果从行业角度分析，金融、地产等资金密集型行业都将获益。略为宽松的货币政策惠及经济和股市，对于经济稳定、房地产去库存、股票市场回暖有重要作用。然而，虽然此次央行举措为2016年首次下调存款准备金率，但若从房地产行业角度来看，2016年开年以来，楼市利好政策已接二连三颁布。

【资料来源：http：//news. xinhuanet. com/house/bj/2016 -03 -07/c_ 128779506. htm】

### （三）公开市场业务

公开市场业务是中央银行控制货币供应量最重要也是最常用的工具。公开市场业务是指中央银行在金融市场上公开买卖政府债券以控制货币供应量和利率的政策行为。

根据经济形势的发展，当中央银行认为需要收缩银根时，便卖出政府债券，相应地收回一部分基础货币，减少金融机构可用资金的数量；相反，当中央银行认为需要放松银根时，便买入政府债券，扩大基础货币的供应，直接增加金融机构可用资金的数量。

当中央银行降低再贴现率、下调法定存款准备金率、在金融市场购进有价证券时，表明中央银行在放松银根，货币供应量增加，利率会下降，股票价格就会上升。此时，在实际理财操作中，建议选择股票、偏股型基金等收益较高的理财产品。反之，表明中央银行在紧缩银根，货币供应量减少，利率会上升，股票价格就会下降。投资理财操作时，建议选择债券、货币基金等风险较小的理财产品。

## 知识拓展

市场积极评价央行公开市场操作改革新举措

2016年2月18日，中国人民银行以年内2号公开市场业务公告的形式发布通知，为完善公开市场操作机制，提高公开市场操作的针对性和有效性，即日起根据货币政策调控需要，原则上每个工作日均开展公开市场操作。如因市场需求不足等原因未开展操作，也将发布《公开市场业务交易公告》予以说明。市场各方对中国人民银行此次公开市场操作改革新举措给予积极评价。

中国农业银行金融市场部副总经理杨德龙表示，本次公开市场操作制度的调整对于资金市场的影响主要体现在如下几个方面：一是央行对于资金市场的调控将更为及时、准确和灵活。央行提高公开市场操作频率，一方面将熨平之前公开市场常规操作间歇流动性的短期波动，平滑市场流动性。另一方面，也提高了央行获取资金市场信息的效率，对于央行及时了解资金面情况，准确做出判断并灵活采取前瞻性对策具有重要意义。二是有助于构建新型货币政策传导机制，完善利率走廊调控机制。利率市场化背景下，培育新的政策利率同时疏通利率传导机制是央行目前主要着眼点。央行通过公开市场操作作为补充流动性的首选工具，通过影响金融机构的融资成本，实现政策利率向贷款利率、社会融资成本的传导，从而将流动性管理与建立新型货币政策传导机制结合起来，增加市场对于政策利率的敏感性，完善利率走廊调控机制。三是公开市场操作的常态化并不意味着资金面将极度宽松。首先，降准的可能性和必要性进一步下降。降准释放的流动性及货币政策信号较强，其将对于人民币汇率造成较大压力，形成负面冲击，对于供给侧改革的推进也将形成不利影响。公开市场操作频率提高后，对于资金市场反应将更为灵敏，对于降准等工具替代作用增强。其次，在稳健货币政策的总体要求下，提高公开市场操作频率更多的作用在于加强资金市场预调微调，更好促进金融市场的平稳运行，保持流动性总量合理充裕，促进流动性供求大体均衡。

【资料来源：http：//money.163.com/16/0219/18/BG754VTC00253B0H.html】

## 任务2　经济周期与理财规划

经济周期（Business Cycle）是指经济运行中周期性出现的经济扩张与经济紧缩交替更迭、循环往复的一种现象。一个完整的经济周期大体经历繁荣、衰退、萧条与复苏四个阶段。其中，繁荣与萧条是两个主要阶段，衰退与复苏是两个过渡阶段。由于经济运行的驱动因素不同，每轮经济周期的内涵不同，持续的时间通常会在2~10年不等。在经济周期的不同阶段，不同的投资产品、不同的投资行业其收益表现往往也会千差万别，应该根据经济周期的不同阶段做出不同的投资选择。

### 一、经济周期与证券投资策略

证券市场是经济的晴雨表。证券价格变动不仅随经济周期的变化而变化，同时也能预示经济周期的变化。一般说来，在经济衰退时期，股价会逐渐下跌；到萧条时期，股价跌至最低点；而经济复苏开始时，股价又会逐步上升；到繁荣时，股价则上涨至最高点。

根据经济周期来进行证券投资的策略是：在经济处于复苏、繁荣阶段，经济开始上行，就业率上升，个人可支配收入增加，企业利润回升，股票价格上扬，因此最佳投资品种是股票，增加相关股票投资，减少储蓄类和固定收益类产品的配置，以提高资产的整体收益水平。在经济处于衰退、萧条阶段，物价下跌，失业率上升，企业盈利困难，股市低迷。通常中央银行会降息放松银根，利率下降，债券价格上涨，所以投资债券是最佳选择。此阶段投资策略以保本为主，增加债券和储蓄类理财产品，避免周期波动带来的资产缩水。

### 二、经济周期与行业投资策略

根据与经济运行周期的不同密切程度，我们可以将行业划分为三类：增长型行业、周期型行业和防守型行业。根据不同行业的特点，在经济周期的不同阶段，可以有选择性地对行业股票进行投资。

**（一）增长型行业**

增长型行业的运动状态与整个经济运行周期及其振幅无关。它们主要依靠技术的进步、新产品推出及更优质的服务而呈现出增长形态。因此，增长型行业的特点是行业增长速度明显快于整个国民经济的增长速度，投资者可享受快速增长带来的高额投资回报，但投资风险较大。例如计算机软件、移动互联网、现代生物科技、节能减排行业都属于增长型行业。投资者对高增长的行业十分感兴趣，因为这些行业对经济周期性波动来说，提供了一种财富“套期保值”的手段。然而，这种行业增长的形态却使得投资者难以把握精确的购买时机，因为这些行业的股票价格不会随着经济周期的变化而变化。

**（二）周期型行业**

周期型行业的运动状态直接与经济周期相关。当经济处于上升时期，这些行业会紧随其扩张；当经济衰退时，这些行业也相应衰落。产生这种现象的原因是，当经济上升时，对这些行业相关产品的购买相应增加。典型的周期型行业包括钢铁、有色金属、化工等基础大宗原材料，水泥等建筑材料，工程机械、机床、重型卡车、装备制造等资本性商品。当经济高增长时，市场对这些行业的产品需求也高涨，业绩改善会非常明显，这些行业的公司股票就会受到投资者的追捧，而当经济低迷时，各行各业都不再扩大生产，对其产品的需求就会减少，导致其业绩和股价就会迅速回落。

此外，一些非必需的消费品行业也具有鲜明的周期特征，如轿车、高档白酒、高档服装、奢侈品，以及航空、酒店等旅游业，人们收入增长放缓及对预期收入的不确定都会直接减少对这类商品的需求。

**（三）防守型行业**

防守型行业的运动形态完全不受经济周期处于衰退阶段的影响，该行业的产品需求相对稳定，甚而，当经济衰退时，防守型行业或许会有实际增长。例如，食品业、公用事业（如水、电、煤、气）、教育、医疗行业属于防守型行业，需求的收入弹性较小，这些公司的收入相对稳定。

周期性行业景气度与外部宏观经济环境高度正相关，其业绩及股价随经济周期而波动，如果能在周期触底反转前介入，就会获得最为丰厚的投资回报。因此，对经济前景持乐观态度时，应选择周期性行业，以获得更大的投资回报率。

防守型行业很少受到经济不景气和宏观经济政策的影响，当周期性行业因需求疲软导致利润滑坡时，防守型行业还能保持原有的利润。因此，对经济前景持悲观态度时，选择防守型行业，以稳定投资收益。同时，选择一些高风险高回报的增长型行业加以投资。

## 项目三　金融基础

货币供应量、利率、汇率是经济生活中比较受关注的几个经济变量，与人们的日常生活息息相关，对经济生活的健康发展产生重大影响。

# 任务1 货币供应量

## 一、货币

货币是引起经济变动的重要因素，是金融市场的基础，也是国家宏观调控的重要手段，影响着人们的生活和理财方式的选择。货币是指在商品劳务交易中或债务清偿中被社会普遍接受，充当一般等价物的特殊商品。换句话说，凡是能够被普遍接受的且作为支付工具的商品就是货币。现代经济生活中，广义的货币以各种各样的形式存在着，并且有着各自的特点。具体的货币存在形式及其特征如表1－2所示。

**表1－2 货币的主要存在形式及其特征**

| 形式 | 特征或性质 |
|---|---|
| 流通中的现金 | 流动性最强，不记名，直接用于支付，即期实时结算，以国家法律为发行保证，中央银行信用，无收益或收益较低 |
| 活期存款 | 流动性仅次于现金，记名，商业银行为付款人，能灵活支取，可转账，但需要一定的程序，收益较低，安全性较高 |
| 银行卡（借记卡） | 记名，银行卡本身不是货币，银行卡里面的存款是货币，属于即期实时支付，可提现或转账，收益低，风险小 |
| 单用途借记卡 | 类似现金，不记名，如电话卡、饭卡、交通卡，无收益，丢失后有被他人使用的风险 |
| 信用卡 | 具有小额消费信贷功能 |
| 定期存款 | 流动性差，记名，具潜在的购买力，支取需要一定的程序，银行为付款人，有一定的收益，安全性较强 |
| 有价证券 | 如国库券、企业债券、人寿保单、股票、基金等，可记名也可不记名，变现需要一定的程序，比银行存款收益要高，除国库券外其他债券有一定风险 |
| 外汇 | 外汇现钞：无收益，境内无法使用<br>外汇有价证券：有收益，也有风险，兑现需要一定的程序<br>外汇票据：无收益或低收益，可调动存款账户，远期票据可以进行贴现融资<br>外汇存款：收益较低，安全性较高 |
| 黄金 | 买卖需要一定的金融市场 |

1. 货币层次

货币供应量的变化对宏观经济的方方面面产生重大影响。划分货币层次主要是为了便于中央银行控制货币供应量。中央银行可以通过增加或减少货币供应量来控制货币市场，实现对经济的干预。货币供应量的变动会影响利率，中央银行可以通过对货币供应量的管理来调节信贷供给和利率，从而影响货币需求并使其与货币供给相一致，以进一步调控宏观经济政策。

根据金融资产流动性的大小，将货币供应量划分为以下 4 个层次：

（1）$M_0$ = 流通中的现金。

（2）$M_1 = M_0$ + 各种活期存款。

（3）$M_2 = M_1$ + 城乡储蓄存款 + 企业、机关团体、部队的定期存款。

（4）$M_3 = M_2$ + 财政金库存款 + 银行汇兑在途资金 + 其他非银行金融机构存款。

其中，$M_0$ 是与消费变动密切相关，是最活跃、流动性最强的货币，可控性很高，但中央银行对现金的控制受制于经济活动，而且具有滞后性。从这一角度讲，$M_0$ 并不是中央银行对货币供应量调控的最佳目标。$M_1$ 又被称为狭义货币，反映居民和企业资金松紧变化和现实购买力的大小，是经济周期波动的先行指标，其流动性仅次于 $M_0$。$M_0$、$M_1$ 包含的范畴较窄，不能反映社会总需求的变化状况，两者与通货膨胀的相关性较差。$M_2$ 又被称为广义货币，可以较好地反映社会总需求的变化状况和未来通货膨胀的压力状况，是监测、预测未来通胀水平的一个重要指标。$M_2$ 增多，全社会货币供应量增多，会直接导致通货膨胀压力上升。$M_2$ 与通货膨胀存在较强的相关性，因此 $M_2$ 就是通常所说的货币供应量。$M_3$ 是根据金融工具的不断创新而设置。在实际理财规划操作中，理财师要关注中央银行定期公布的各层次的货币供应量，因为货币供应量的多少与一个国家的物价水平、投资、消费和经济增长关系极为密切。

## 知识拓展

### 流动性过剩

通常意义的流动性（liquidity）指整个宏观经济的流动性，即在经济体系中货币投放量的多少。流动性过剩就是货币投放量过多，超过了经济的实际需要，这些多余的资金需要寻找投资出路，于是就有了投资过热现象，以及通货膨胀的危险。在宏观经济上，它表现为货币增长率超过 GDP 增长率；就银行系统而言，银行机构资金来源充沛，居民储蓄增加迅速，表现为存款增速大大快于贷款增速；过量的货币追逐有限的金融资产，导致资产价格例如房地产、股市、资源类商品快速上升和收益率的持续下降，即所谓的资产泡沫。相反，流动性不足则是指货币投放量过少，货币投放量不能满足市场需求，容易发生经济下滑以及通货紧缩的风险。

判断流动性过剩还是流动性不足，通常用广义货币（$M_2$）的增长速度与经济（GDP）的增长速度加上通货膨胀（CPI）率的和进行对比。理论上，广义货币供应量 $M_2$ 的增速应等于 GDP 增速加上 CPI 增速，这样的货币供应量与经济增长相适应。如果广义货币的增长速度大于 GDP 的增长速度加上 CPI 的增长速度的和，就认为存在流动性过剩。反之，称为流动性不足。

2. 货币的价值

货币的价值有对内价值和对外价值之分，一般意义上的货币价值都是指货币的对内价值。

（1）货币的对内价值。货币的对内价值就是该国货币的对内购买力。其大小由单位货币所能购买的商品和劳务决定，因此货币的对内购买力通常与一国国内物价水平呈负相关关系，即物价水平越高，货币购买力则越低。用数学公式表示就是货币的对内购买力等于该国国内物价水平的倒数。用公式表示如下：

$$货币购买力指数 = \frac{1}{物价指数}$$

（2）货币的对外价值。货币的对外价值是指一国货币对外的兑换能力，通常用汇率来表现，兑换的外币越多，说明对外价值越高。

一般来说，货币的对内价值是决定其对外价值的基本依据，但二者之间经常发生较大幅度的偏离，主要是因为货币的对外价值不仅取决于对内购买力的大小，还要受外汇市场上货币供求状况变化的影响，影响因素十分复杂。

3. 通货膨胀与通货紧缩

通货膨胀是指在信用货币制度下，流通中的货币数量超过经济实际需要而引起的货币贬值和物价水平全面、持续的上涨现象。反之，则为通货紧缩。

根据物价上涨的速度，通货膨胀分为温和式通货膨胀、奔腾式通货膨胀和恶性通货膨胀三种。温和式通货膨胀是指物价水平年上涨率不超过2% ~3%，货币价值下降很少，在经济生活中不容易感觉到物价上涨的压力。一般来说，当居民消费价格指数（CPI）增幅大于3%时，称为通货膨胀，通常也把 CPI 增幅是否达到3%作为通货膨胀的预警线。奔腾式通货膨胀是物价水平年上涨率在2位数以上，且发展速度很快。恶性通货膨胀或称超级通货膨胀是物价上升特别猛烈，年上涨率在100%以上，且呈加速趋势。

一般认为，温和式通货膨胀是可以刺激经济增长，并可以增加就业的。当发生温和式通货膨胀时，企业盈利普遍回升，股票价格上涨迅速，显然股票类资产的投资回报率远远高于固定收益类资产的收益率。因此，投资者应该增加股票类或偏股票型基金等资产的配置，相应减少储蓄类、债券类资产的配置，以提高资产的收益水平。相反，当发生温和式通货紧缩时，企业盈利下降，股票价格普遍回落，投资回报总体下降，此时，投资者应该增加储蓄类、债券类资产的配置，相应减少股票类或偏股票型基金等资产的配置，在降低资产风险的前提下兼顾稳定的收益。

## 知识拓展

中国2015年通胀创六年新低，宽松政策仍可期

中国国家统计局2016年1月9日公布的数据显示，中国2015年CPI同比上升1.4%，创六年来最小升幅；全年PPI同比下降5.2%，为连续四年下降且降幅扩大。

汇丰银行大中华区首席经济学家屈宏斌称，中国2015年12月CPI上升1.6%，升幅略高于11月但符合预期，雨雪天气增多，蔬菜等价格上涨推高食品通胀是CPI微升主因；尽管基数有利，但PPI降幅毫无改善，工业部门通货紧缩严峻；2015年全年CPI和PPI分别录得1.4%和 -5.2%，远低于2014年水平；需求不足导致通货紧缩升温是2016年内首要风险，但货币政策仍以维稳为主，保持适度宽松。

【资料来源：http：//gold. hexun. com/2016 -01 -10/181709707. html】

## 二、信用

信用就是以还本付息为前提，所有权不发生变化的价值单方面的暂时转移行为，其实质就是一种借贷行为，是金融业健康发展的核心和灵魂。按照借贷双方身份的不同，信用分为民间信用、商业信用、银行信用、国家信用、消费信用和国际信用六种形式。

货币借贷扩展了信用的范围和规模，而信用也促进了货币形式和货币流通的发展。货币与信用相互渗透。信用扩展会增加货币供给，信用紧缩将减少货币供给。信用资金的调整将影响货币流通速度和货币供给的结构。

### 知识拓展

个人征信系统

个人征信系统又称消费者信用信息系统，是由专门机构给每个人建立的一个“信用档案”（即个人信用报告），为消费信贷机构（如银行）、金融监管机构、司法部门以及其他政府机构提供个人信用分析产品。它一方面是防范金融风险的工具，起到维护金融稳定的作用；另一方面也起到推进社会信用体系建立的作用。

随客户要求提高，个人征信系统的数据已经不局限于信用记录等传统运营范畴，注意力逐渐转到提供社会综合数据服务的业务领域中来。个人征信系统含有广泛而精确的消费者信息，可以解决顾客信息量不足对企业市场营销的约束，帮助企业以最有效的、最经济的方式接触到自己的目标客户，因而具有极高的市场价值，个人征信系统应用也扩展到直销和零售等领域。在美国个人征信机构的利润有三分之一是来自直销或数据库营销，个人征信系统已被广泛运用到企业的营销活动中。

【资料来源：http：//baike. baidu. com/link？url = NMnwBe - -5pmMi4rdbn4uRfnoU2UZh - J6AYBr】

## 任务2 利率

## 一、利率的含义

利息是债权人因借出货币资金而从债务人手中获得的超出本金的那部分报酬，是个绝对数指标。利率是一定时期内利息额与借出本金的比值，是个相对数指标，通常用百分数来表示。市场经济中，利率就是双方达成的借贷资金交易价格。利息是平均利润的一部分，因而利率是由平均利润率决定的，即利率的高低首先取决于社会平均利润率的高低。利率水平反映了一定时期全社会平均利润率的总水平。

## 二、利率的分类

（1）根据与通货膨胀的关系，利率分为名义利率和实际利率。名义利率是指没有剔除通货膨胀因素的利率，也就是借款合同或单据上标明的利率。实际利率是指已经剔除通货膨胀因素后的真实利率。用 $Rn$ 表示名义利率，用 $Rr$ 表示实际利率，用 $Pe$ 表示预期通货膨胀率，那么，名义利率与实际利率的关系可以写成如下公式。

$$1 + Rn = (1 + Rr)(1 + Pe)$$

$$Rr = Rn - Pe - Rn \times Pe$$

当通货膨胀率仅处于一般水平时，乘积项 $Rn \times Pe$ 的值会很小，计算时忽略不计，因此上述公式可以简化成：

$$Rr = Rn - Pe$$

习惯上，这个公式被称为费雪效应，它表明名义利率能够足以补偿债权人到期收到的货币所遭受的预期购买力损失。即债权人要求的名义利率要足够高，使他们能够获得预期的实际利率，而要求的实际利率就是社会中实物资产的经营报酬加上给予债权人的风险补偿。费雪效应意味着如果预期通货膨胀率提高 1%，名义利率也将提高 1%，这种效应是一对一的。费雪效应表明，物价水平上升时，利率一般有增高的倾向；物价水平下降时，利率一般有下降的倾向。

（2）根据确定方式不同，利率分为市场利率和官方利率。市场利率是指根据市场资金借贷关系和风险收益所确定的利率。资金供大于求时，市场利率会下降；资金供不应求时，市场利率会上升。当借贷的资金用于高风险、高收益的项目时，借贷资金要求的市场利率也会相应较高；反之，则相反。官方利率是指由政府金融管理部门或者中央银行确定的利率。如中央银行的再贴现利率就是典型的官方利率。当然，市场利率必然会受到官方利率的干预和影响，中央银行在确定官方利率时，总是以市场利率为重要依据。

（3）根据与市场利率的供求关系，利率分为固定利率和浮动利率。固定利率是指利率在整个借款期内固定不变，不随资金的供求状况和市场利率的波动而发生变化，适宜于短期借贷款。浮动利率在借款期内随着市场利率的变化而定期调整，适宜于中长期贷款。

（4）根据利率之间的变动关系，利率分为基准利率和套算利率。基准利率是在多种利率并存的条件下起决定作用的利率，在我国是中国人民银行对商业银行贷款的利率。套算利率是指在基准利率确定后，各金融机构根据基准利率和借贷款项的特点而换算出的利率。

### 知识拓展

2016 年 8 月最新存贷款基准利率

中国人民银行决定，自 2015 年 10 月 24 日起，下调金融机构人民币贷款和存款基准利率，以进一步降低社会融资成本。其中，金融机构一年期贷款基准利率下调 0.25 个百分点至 4.35%；一年期存款基准利率下调 0.25 个百分点至 1.5%；其他各档次贷款及存款基准利率、人民银行对金融机构贷款利率相应调整；个人住房公积金贷款利率保持不变。同时，对商业银行和农村合作金融机构等不再设置存款利率浮动上限，并抓紧完善利率的市场化形成和调控机制，加强央行对利率体系的调控和监督指导，提高货币政策传导效率。

## 三、利率结构

利率结构是指利率体系中各种利率水平的组合情况。利率结构包括风险结构和期限结构。利率的风险结构是指到期期限相同而收益率不同的利率之间的相互关系。利率期限结构是指利率与到期期限之间的变化关系。一般来说，到期期限越长，承担的风险越高，利率也就越高。

利率风险结构的决定因素包括以下几种。

1. 违约风险

信用工具的违约风险越大，利率越高。反之，利率越低。短期国库券几乎没有风险，可以看成是无违约风险的债券。短期国库券的利率被称为无风险利率，又被称为基准利率。一般地，我们把某种有风险的债券与无风险的国债之间的利率差额称为风险补偿或风险溢价。无风险利率与风险溢价的和就是债券的名义利率。通常，相同期限的债券，违约风险越大，流动性越低，其要求的风险补偿就越高。

2. 流动性风险

债券的流动性越强，变现越容易，利率越低。反之，流动性越弱，利率越高。

3. 税收因素

由于政府对不同的债券税收待遇不同，因而利率也受影响。税率越高的债券，其税前利率也越高。

## 四、利率与理财规划

### （一）利率对储蓄和消费的影响

利率上升时，一方面资本的收益提高，居民会减少即期消费，增加储蓄；另一方面，企业的融资成本会增加，企业生产规模减少，企业利润下降，居民收入会降低，消费减少。

### （二）利率对证券市场的影响

一般来说，利率与股价呈反向运动的关系。即利率下降时，股票价格就上升；而利率上升时，股票价格就下降。利率与股价呈反向变动关系主要有三个原因：首先，利率上升，会增加企业融资成本，还会使企业难以获得必需的资金，生产规模会缩小，进而企业利润减少，股票价格就会下跌。反之，股票价格就会上涨。其次，利率上升时，投资者评估股票价格所用的折现率也会上升，股票价值会下降，导致股票价格相应下降；反之，利率下降，股票价格则会上升。最后，利率上升时，一部分资金由股市转向储蓄和债券市场，从而减少市场上的股票需求，使股票价格出现下跌。反之，利率下降时，储蓄的获利能力降低，一部分资金又可能从银行和债券市场流向股市，增大了股票需求，使股票价格上升。掌握了利率与股价呈反向变动的关系，理财规划的实际操作中，在预期利率会上升的情况下，建议减少股票、债券、股票债券基金的配置，增加持有货币市场基金，以降低股票市场、债券市场整体走低带来的不利影响。反之，则相反操作。

## 任务3　汇率

外汇是以外币表示的用来清偿国际间债权债务关系的支付手段和工具。外汇的价格称为汇价或汇率，它是将一国货币折算成另一国家的货币时使用的比率，即以一种货币表示的另一种货币的价格。在国际汇兑中，外汇汇率可以双向表示。既可以用本币表示外币价格，即以一定单位的外国货币为标准，折算成一定数量的本国货币表示的汇率，如中国银行外汇牌价中的美元/人民币 =1/6. 639 0，这种标价方法称为直接标价法，又称应付标价法。除美国、英国外，绝大多数国家都采用直接标价法。也可以用外币表示本币价格，即以一定单位的本国货币为标准，折算成一定数量的外国货币表示的汇率，如纽约银行外汇牌价中的美元/人民币 =1/6. 639 0，这种标价方法称为间接标价法，又称应收标价法。

在应用中直接标价法与间接标价法并没有本质的区别，只是标价的形式相反，直接标价与间接标价互为倒数关系。一般说来，一个国家在一定时期内，其外币的折算方法只能采用其中一种。直接标价法下，汇率上升，表示一定单位的外币能够兑换更多数量的本币，本币贬值，外币升值，此时应该减少本币资产配置，增加外汇持有量，以扩大外汇升值空间。相反，汇率下降，表示一定单位的外币能够兑换的本币数量减少，外币贬值，本币升值，此时应该增加本币资产配置，减少外汇持有数量。

# 项目四　财务基础

## 任务1　了解客户信息

客户信息可分为非财务信息和财务信息。

### 一、客户非财务信息

客户非财务信息主要是指除财务信息以外与理财规划有关的个人基本情况，包括客户的社会地位、年龄、职业和职称、投资偏好、健康状况、婚姻状况、风险承受能力和价值观等。非财务信息能够帮助理财人员更深层次地了解客户，直接影响理财计划的制定。通过这些信息，理财规划师可以从侧面了解客户的财务现状以及客户未来财务状况的变化趋势和变化程度。如果客户从事的是高危职业，理财人员在制定理财方案时应该建议客户增加保险规划；如果客户的工作状况不稳定，理财人员应着重考虑客户现金储备的数量；如果客户的风险承受能力较低，理财人员就应该避免选用高风险的理财工具。客户非财务信息的获取方式可以参考表 1 – 3 的格式。

**表 1 – 3　　客户非财务信息调查表**

| 项目 | 客户本人 | 客户配偶 | 其他家庭成员 |
| --- | --- | --- | --- |
| 姓名 | | | |
| 性别 | | | |
| 出生日期 | | | |
| 出生地点 | | | |
| 参加工作时间 | | | |
| 职业 | | | |
| 职称 | | | |
| 工作单位 | | | |
| 工作安全程度 | | | |
| 退休日期 | | | |
| 婚姻状况（已、未、离、再） | | | |
| 健康状况 | | | |
| 家族病史 | | | |
| 家庭地址 | | | |
| 单位地址 | | | |
| 家庭电话 | | | |
| 单位电话 | | | |
| 移动电话 | | | |
| 电子邮箱 | | | |

## 二、客户财务信息

财务信息是指客户个人目前的收支情况、资产负债状况、社会保障信息、风险管理信息、遗产管理信息、其他财务安排以及这些信息的未来变化情况。

理财规划师与客户初次会面时，仅仅通过交谈的方式收集信息是不够的，通常还要采取数据调查表来帮助收集定量信息。数据调查表可以采用理财规划师提问，客户回答，然后由理财规划师填写的方式进行。客户财务信息的获取方式可以参考表 1 – 4 的格式。

**表1-4　　　　　　　客户财务信息调查表**

| 项目 | 金额 | 项目 | 金额 |
|---|---|---|---|
| 生活费 | | 现金 | |
| 日用品 | | 活期存款 | |
| 水、电、气、物业 | | 货币市场基金 | |
| 子女支出 | | 人寿保险金 | |
| 服装支出 | | 股票及权证 | |
| 护肤、护理支出 | | 债券 | |
| 交通支出 | | 基金 | |
| 通信支出 | | 期货 | |
| 医疗保健支出 | | 外汇投资 | |
| 社交支出 | | 证券理财产品 | |
| 休闲娱乐支出 | | 信托理财产品 | |
| 购房月供 | | 保险理财产品 | |
| 购车月供 | | 自住房 | |
| 家具车辆维修保养支出 | | 投资的房地产 | |
| 人身保险支出 | | 机动车 | |
| 财产保险支出 | | 家具及家用电器 | |
| 其他支出 | | 珠宝及收藏品 | |
| 工资、薪金收入 | | 其他个人财产 | |
| 奖金、佣金 | | 信用卡透支 | |
| 养老金、年金 | | 消费贷款 | |
| 利息、分红收入 | | 汽车贷款 | |
| 资本利得 | | 住房贷款 | |
| 租金收入 | | 创业贷款 | |
| 其他收入 | | 其他负债 | |

## 任务2　编制客户资产负债表

在了解客户非财务信息的基础上，根据记录的财务信息调查表来编制客户资产负债表。它反映的是某一时点客户的财务状况，即这个时点上个人拥有的资产、负债和净资产水平。净资产反映某个时点个人拥有财富的净值，在数值上等于资产扣除负债后的差额。资产、负债、净资产三者关系可以用如下公式表示：

资产－负债＝净资产

客户资产负债表是个人资产状况变动的信息载体，它反映了客户全部的资产状况，正确分析客户的资产负债表是下一阶段的理财规划和投资组合的基础。通过分析客户资产负债表，理财规划师不仅可以了解客户的资产、负债以及净资产等信息，而且能够了解客户的资产结构和负债结构。当负债相对于净资产来说过高时，个人有出现财务危机的风险。当负债相对于净资产来说过低时，说明个人没有很好利用财务杠杆作用来增加资产的收益水平。

通常情况下，客户资产负债表分为三栏：资产栏、负债栏和净资产栏。资产负债表一般以 12 月 31 日为编制时点。理财规划师可以通过汇总整理财务信息调查表来编制资产负债表。客户资产负债表格式可以参考表 1－5。

**表 1－5　　资产负债表**　　单位：元

客户：＊＊＊家庭　　编制日期　年　月　日

| 资产 | | 金额 | 负债 | 金额 |
|---|---|---|---|---|
| 现金及现金等价物 | 现金及活期存款 | | 住房贷款 | |
| | 定期存款 | | 汽车贷款 | |
| | 其他类型银行存款 | | 信用卡贷款 | |
| | 货币市场基金 | | 创业贷款 | |
| | 人寿保险金 | | 消费贷款 | |
| 金融资产 | 债券 | | 助学贷款 | |
| | 股票及权证 | | 其他负债 | |
| | 基金 | | | |
| | 期货 | | | |
| | 外汇投资 | | | |
| | 理财产品 | | | |
| 实物资产 | 机动车 | | | |
| | 自住房 | | | |
| | 投资的房地产 | | | |
| | 家具和家用电器 | | | |
| | 珠宝和收藏品 | | | |
| | 其他个人资产 | | | |
| 资产总计 | | | 负债总计 | |
| 净资产＝（资产总计－负债总计） | | | | |

## 任务 3　编制客户收入支出表

客户收入支出表反映的是个人一定时期内的现金总收入、总支出以及现金结余（超支）情况的财务报表。通过编制客户收入支出表，理财规划师可以对客户某一时期的收入、支出情况进行归纳总结，为进一步的财务现状分析与理财目标的设计提供基础资料；可以揭示个人获取现金收入的能力大小和时间分布，有利于家庭的合理消费安排和投资决策。如家庭的收入有哪些？家庭成员收入的贡献比分别是多少？支出项目有哪些？支出的结构比例是否合理？每月现金结余有多少？多少结余可以用于投资？

通常情况下，客户收入支出表分为三栏：收入栏、支出栏和结余（超支）栏。收入支出表一般以12个月为一个编制周期。理财规划师可以通过汇总整理财务信息调查表来编制收入支出表。客户收入支出表格式可以参考表1－6。

**表1－6　　收入支出表　　单位：元**

| 客户：＊＊＊家庭　编制日期　年　月 | | | |
|---|---|---|---|
| 一、收入 | | 金额 | 占总收入比例 |
| 工资、薪金收入 | 姓名：＊＊＊ | | |
| | 姓名：＊＊＊ | | |
| 劳务收入（稿费等） | | | |
| 奖金、佣金收入 | | | |
| 投资收入 | 利息、分红收入 | | |
| | 资本利得 | | |
| | 租金收入 | | |
| 其他收入 | | | |
| （1）总收入 | | | |
| 二、支出 | | | |
| 房屋开支 | 租金/房屋按揭 | | |
| | 维修保养装饰费 | | |
| 家电、家具、汽车等大件消费开支 | 车贷按揭 | | |
| | 汽油及维护费 | | |
| | 过路费及停车管理费 | | |
| | 保险费、养路费 | | |
| 日常生活开支 | 水、电、气、物业费 | | |
| | 通信费 | | |
| | 交通费 | | |
| | 日常生活用品 | | |
| | 外出就餐 | | |
| 购买衣物开支 | 衣服、鞋帽及配饰 | | |
| 个人护理支出 | 化妆品、美容、美发、健身 | | |
| 休闲娱乐开支 | 休闲 | | |
| | 其他娱乐 | | |
| 商业保险开支 | 人身保险 | | |
| | 财产保险 | | |

续表

| 客户：＊＊＊家庭　　　编制日期　　年　　月 | | | |
|---|---|---|---|
| 医疗开支 | 医疗保健费用 | | |
| 其他开支 | | | |
| （2）总开支 | | | |
| （3）现金结余（超支）=（1）-（2） | | | |

## 任务4 分析客户财务比率

理财规划师可以利用客户资产负债表和收入支出表中相关数据计算得到反映客户财务状况的财务比率及相关信息，通过这些比率对客户的行为方式和心理特征进行分析，这对于保证理财方案的科学性和合理性具有十分重要的意义。常见的比率主要有以下几种。

### 一、结余比率

结余比率是客户一定时期内（通常为一年）结余和收入的比值，它主要反映客户通过结余提高其净资产水平的能力。就客户个人而言，只有税后收入才是真正可支配的收入，所以应采用客户税后收入作为计算标准。结余比率的计算公式如下：

结余比率 = 结余 / 税后收入

该指标数值越大，说明个人财务状况越好，积累财富的速度越快，可用于投资、获得现金流的机遇越大。

如某客户上年共取得税后收入200 000元，年终结余80 000元，则其结余比率为80 000/200 000 =0.4。这意味着该客户在支出之余留存了40%的税后收入，这一部分可被用于投资或是储蓄，均可增加该客户的资产规模。

与此相关的一个比率是月结余比率，即每月收支结余与月税后收入的比率，这一比率是通过衡量每月现金流状况而细致反映客户的财务状况。月结余比率的参考数值一般是0.3左右。由于不同客户家庭的财务状况也不同，结余比率在不同城市，家庭分化比较明显，但一般认为保持在0.3较为适宜。其计算公式为：

月结余比率 =（月收入 - 月支出）/ 月收入

月结余比率可以反映个人家庭一个月的支出占其这个月的税后收入的比重。月结余比率大于0.3，表明该家庭控制支出和储蓄积累的能力较强，通过储蓄来积累财富、提高净资产的能力较强。

### 二、投资与净资产比率

投资与净资产比率是投资资产与净资产的比值，它反映客户投资意识的强弱，反映客户通过投资提高其净资产能力的强弱，是衡量客户能否实现财务自由的重要指标。其计算公式如下：

投资与净资产比率 = 投资资产/净资产

客户的投资资产包括资产负债表中“金融资产”的全部项目和“实物资产”中的房地产方面的投资，以及客户以投资为目的储存的黄金和其他收藏品等。

除收支结余外，投资收益是提高净资产水平的另一条重要途径，甚至是主要途径。然而，投资必然伴随着风险，投资规模越大，面临的资产损失风险就会越高，因此，投资与净资产比率必须保持在一个合理的水平，既不能过高也不能偏低。有研究认为，投资与净资产比率保持在0.5或稍高是较为适宜的水平，既可以保持合适的增长率，又不至于面临过多的风险。就年轻客户而言，其投资规模受制于自身较低的投资能力，因此，其投资与净资产比率也相对较低，一般在0.2左右就属正常。

如某客户的投资资产数额为200 000元，其净资产为400 000元，则其投资与净资产比率为200 000/400 000 =0.5，表明该客户的净资产中有一半是由投资资产组成，且投资比率适宜。

## 三、清偿比率

清偿比率是个人净资产与总资产的比值。这一比率反映客户综合偿债能力的高低。其计算公式如下：

清偿比率 = 净资产/总资产

清偿比率的数值变化范围在0~1。一般来说，客户的清偿比率应该高于0.5，保持在0.6~0.7较为适宜。如果客户的清偿比率太低，说明其大部分资产是靠举债获得的，甚至日常开支也依靠借债来解决，一旦出现债务到期或收入水平下降的情况，他就很容易面临损失资产甚至资不抵债的困境，严重时便会迅速破产。从另一方面看，清偿比率也不宜过高，过高的清偿比率意味着客户负债很少或几乎没有负债，说明客户没有合理利用负债能力来提高个人资产规模，其财务结构需要进一步优化。

如某客户的净资产为300 000元，总资产为400 000元，其清偿比率为300 000/400 000 = 0.75。这说明该客户总资产中净资产所占比例较高，即使他面临较大的还债压力，该客户也有足够的能力通过变现资产来偿还债务。

## 四、负债比率

负债比率是客户负债总额与总资产的比值。负债比率也可以用来衡量客户的综合偿债能力的高低。其计算公式为：

负债比率 = 负债总额/总资产

负债比率与清偿比率的和等于1，二者为互补关系。负债比率的数值变化范围同样也在0~1。理财规划师应该建议客户将负债比率控制在0.5以下，但也不应低至接近0的程度，这样不能发挥财务杠杆效用。仍以上面客户为例，其负债比率 = （400 000 - 300 000）/400 000 =0.25。

## 五、财务负担比率

这一比率亦称为债务偿还收入比率（Debt - Income Ratio），是到期需支付的债务本息与同期收入的比值。它是反映客户在一定时期（如一年）财务状况良好程度的指标。在西方发达国家，债务偿还通常是在纳税之前进行的，所以，在计算该比率时，其收入数值采用的是税前收入额。而在我国，目前尚无个人税前还债的相关规定，因此，在计算这一比率时，应采用税后收入额。其计算公式为：

财务负担比率 = 债务支出 / 税后收入

对于财务负担比率来说，选定测算周期是一个重要步骤，这需要根据客户的具体情况进行判断。对于收入和债务支出都相对稳定的客户来说，选用一年作为测算周期更有助于反映其财务状况；而对于收入与债务数额变动较大的客户来说，选用较短的测算周期（如月、季）则更能准确反映其财务状况。

一般认为，0.4 是财务负担比率的临界点，过高则容易发生财务危机。

## 知识延伸

购房负担比

美联物业 2013 年 1 月初的一项调查数据显示，作为衡量房地产市场警示性指标的购房负担比（月供占家庭月收入的比），在一线城市已远远超过 40% 的警戒线。其中，北京人的购房负担比高达 80% 以上。购房负担比在 2009 年一季度达到 50% 以下的最低点之后，2010 年、2011 年一路上扬，在经过 2012 年二季度短暂的下行后再次飙升，直指 70% ~80%。美联物业在以“60 平方米，7 成 20 年按揭”的假设条件测算下，北京购房负担比已经超过 80%，而上海、广州、深圳也已超过 60%。

一般来说，40% 是一个合理的水平。

从变化曲线来看，购房负担比与房价呈正相关。购房负担比大幅度上升，意味着房价上涨已经到了一定的高度，有警示风险的作用。各大一线城市家庭的住房负担比增长迅速，表明购房者房贷压力也在逐步增大，入市门槛在逐渐提升。

从购房收入比的数据可以看出，房价已经将工薪家庭远远抛出商品房市场。像北京、上海这样的城市，只有月收入在 3 万 ~4 万的家庭才可以负担当前的房价。由于利率以及收入的变化周期较长，购房收入这个指标主要受房价影响较大，可以作为房地产业的一个景气或风险指数来参考。

房价收入比

所谓房价收入比，是指住房价格与城市居民家庭年收入之比。

以北京为例：2009 年一套 4 环以内普通两居室新房 80 平方米，按疯狂涨价后单价 25 000元计算，平均 200 万左右；若以工作五年的中产阶级家庭为单位买房，假设夫妇月工资为 2 000 元，则家庭月收入达到 4 000 元，年收入为 4.8 万元。这样房价收入比则为 40，是美国的四倍（美国房价收入比 10），严重偏离合理的房价收入比。

一般认为，合理的房价收入比的取值范围为 4 ~6。若计算出的房价收入比高于这一范围，则认为其房价偏高，房地产可能存在泡沫，高出越多，则存在泡沫的可能性越大，泡沫也就越大。

## 六、流动性比率

流动性比率是流动资产与月支出的比值，它反映客户支出能力的强弱。资产流动性是指资产在保持价值不受损失的前提下变现的能力。流动性强的资产能够迅速变现而价值不受减损，现金与现金等价物是流动性最强的资产；流动性弱的资产不易变现或在变现过程中不可避免地要损失一部分价值，日常用品类资产的流动性显然较弱。其计算公式如下：

流动性比率 = 流动性资产 / 每月支出

式中，流动性资产通常为资产负债表中“现金与现金等价物”项目。

资产的流动性与收益性通常成反比，即流动性较强的资产收益性较低，而收益性较高的资产其流动性则往往欠佳。因此，应根据客户的具体情况，兼顾考虑资产流动性与收益性两个方面，进而提出有价值的理财建议。通常情况下，流动性比率应保持在 3 ~ 6 倍为宜。对于工作稳定、收入有保障的客户来说，资产的流动性并非其首要考虑的因素，因此，可以保持 3 ~ 4 倍的资产流动性比率，而将更多的流动性资产用于扩大投资，取得更高的资产收益。而对于那些工作缺乏稳定性、收入无保障的客户来说，资产收益性的重要性倒在其次，理财规划师应建议此类客户保持 5 ~ 6 倍的资产流动性比率。

【例 1 - 1】图表分析。刘杰今年 38 岁，在某公司担任 IT 主管，妻子董莉在一家学校任职，儿子小明，今年 8 岁。刘杰 8 年前购买了一套 120 万元的住房，首付了 50 万，贷款 70 万，贷款利率为 6%，期限 20 年，等额本息还款，已还款 90 期，此房现价 500 万元。刘杰本人每月税后收入 3 万元，年终奖税后 10 万元，妻子董莉每月税后收入 6 000 元。此外，投资收入每年约 5 万元。家庭日常生活开支每月共计 10 000 元，子女教育费每年 60 000 元，养车费用和应酬费用每月约 5 000 元。现阶段，家庭有现金与活期存款合计 10 万元，定期存款 50 万元，另外还有基金及股票等金融资产共计 30 万元，汽车及家电等资产共计 30 万元。

【解析】(1) 编制刘杰家庭的资产负债表和收入支出表，见表 1 - 7 和表 1 - 8。

**表 1 - 7　　资产负债表　　单位：元**

客户：刘杰家庭　　2015 年 12 月 31 日

| 资产 | 金额 | 负债 | 金额 |
|---|---|---|---|
| 现金及活期存款 | 100 000 | 房屋贷款 | 528 332 |
| 定期存款 | 500 000 | | |
| 基金及股票 | 300 000 | | |
| 自住房 | 5 000 000 | | |
| 汽车及家电 | 300 000 | | |
| 资产总计 | 6 200 000 | 负债总计 | 528 332 |
| 净资产 | 5 671 668 | | |

表 1-8　　收入支出表　　单位：元

客户：刘杰家庭　　2015 年 1 月 1 日至 2015 年 12 月 31 日

| 收入 | 金额 | 支出 | 金额 |
|---|---|---|---|
| 工薪类收入 | | 房屋按揭还款 | 60 180 |
| 刘杰 | 360 000 | 日常生活支出 | 120 000 |
| 董莉 | 72 000 | 子女教育费 | 60 000 |
| 奖金收入 | | 养车、应酬 | 60 000 |
| 刘杰 | 100 000 | | |
| 投资收入 | 50 000 | | |
| 收入总计 | 582 000 | 支出合计 | 300 180 |
| 结余 | 281 820 | | |

（2）根据刘杰家庭的资产负债表和收入支出表进行财务比率分析。

①结余比率。该比率用来分析家庭储蓄意识的强弱，反映客户通过储蓄提高其净资产水平的能力。结余比率 = 年结余/年收入 = 281 820/582 000 = 48.42%，该比率的参考值是 30%，实际值比参考值高，说明刘杰家庭的储蓄能力较强，积累财富的速度较快。

②投资与净资产比率。该比率用来分析家庭资金增值能力的强弱，反映客户通过投资工具提高净资产规模的能力。投资与净资产比率 = 300 000/5 671 668 = 5.29%，该比率的参考值为 50%，实际值远低于参考值，说明刘杰家庭投资意识较弱，未能充分利用资金去进行有效增值。

③清偿比率。该比率用来分析客户家庭综合偿债能力的高低。清偿比率 = 净资产/总资产 = 5 671 668/6 200 000 = 91.5%，该比率的参考值为 50%，实际值高于参考值，说明刘杰家庭的综合偿债能力较强。

④负债比率。该比率也用来分析客户家庭综合偿债能力的高低。负债比率 = 负债总额/总资产 = 528 332/6 200 000 = 8.5%，该比率的参考值不高于 50%，而实际值远低于参考值，说明刘杰家庭的综合偿债能力较强。

⑤财务负担比率。该比率用来分析客户家庭在一定时期内财务状况的稳健程度。财务负担比率 = 债务支出/税后收入 = 60 180/582 000 = 10.34%，该比率的参考值不高于 40%，而实际值远低于参考值，说明刘杰家庭偿还到期债务的能力较强，财务状况良好。

⑥流动性比率。该比率用来分析客户家庭支出能力的强弱。流动性比率 = 流动性资产/每月支出 = 600 000/300 180/12 = 23.99，该比率的参考值为 3 ~ 6 倍，而实际值远远高于参考值，说明刘杰家庭支出能力很强。事实上，刘杰是一家公司的主管，妻子在学校任职，双方工作较稳定，收入有保障，资产的流动性并不是其首要考虑的因素，家庭储备金的持有额度保持为月支出的 3 ~ 4 倍即可，即流动性资产保持在 75 045 ~ 100 060 元的幅度为宜，将更多的流动性资产用于扩大投资，提高总资产的收益水平。

# 项目五 理财计算基础

## 任务1 基础统计指标的计算

理财规划中常用的统计指标包括算术平均数、几何平均数、中位数、众数和数学期望。

### 一、算术平均数

算术平均数又称均值，是统计学中最基本、最常用的一种平均指标，它是指在一组数据中所有数据之和除以数据的个数所得的商，记为 $\overline{X}$。它是反映数据集中趋势的一项指标，主要适用于数值型数据，不适用于品质数据。算术平均数具有反应灵敏、确定严密、简明易解、计算简单、适合进一步演算和较少受抽样变化的影响等优点。但它易受极端数据的影响，当出现偏大数时，平均数将会被抬高，当出现偏小数时，平均数会降低。

根据表现形式的不同，算术平均数分为简单算术平均数、加权算术平均数，各自有不同的计算形式和计算公式。实际问题中，当各项权重不相等时，计算平均数就要采用加权算术平均数；当各项权重相等时，计算平均数就要采用简单算术平均数。简单算术平均数是加权算术平均数的特殊形式。

**（一）简单算术平均数**

简单算术平均数主要用于样本数据小于30个、未分组的平均数的计算。设一组数据为 $X_1$，$X_2$，…，$X_n$，则该组数据的算术平均数的计算公式为：

$$\overline{X} = \frac{X_1 + X_2 + \cdots + X_n}{n} = \frac{\sum_{i=1}^{n} X_i}{n}$$

【例1-2】某销售小组有5名销售员，元旦一天的销售额分别为520元、600元、480元、750元和500元，求该日平均销售额。

【解析】平均销售额 = (520 + 600 + 480 + 750 + 500)/5 = 570(元)

计算结果表明，元旦一天5名销售员的平均销售额为570元。

**（二）加权算术平均数**

加权算术平均数主要用于经过分组整理的平均数的计算。各个变量值占整个数值的比重就称为权数。设原始数据为被分成 $n$ 组，各组的数值分别为 $X_1$，$X_2$，…，$X_n$，各组的值所占的权数分别为 $W_1$，$W_2$，…，$W_n$，则该组数据的加权算术平均数的计算公式为：

$$\overline{X} = W_1X_1 + W_2X_2 + \cdots + W_nX_n$$

式中 $X_n$ 表示第 $n$ 组的数据值；$W_n$ 表示第 $n$ 组的数据值在所有数据中的权重。

【例1-3】王先生持有三只股票，当天开盘时三只股票的市值分别为100万元、50万元和200万元，由于当天大盘暴跌，三只股票受大盘影响，收盘时三只股票分别下跌了

4.7%、7.8%和5.6%。王先生的股票当天平均下跌了多少？

【解析】由于三只股票的投资额不一样，要求三只股票平均下跌幅度需要用加权平均数来计算。按照加权平均数的计算公式求得：

$$\bar{X} = 4.7\% \times \frac{100}{100+50+200} + 7.8\% \times \frac{50}{100+50+200} + 5.6\% \times \frac{200}{100+50+200} = 5.66\%$$

当天王先生的股票平均下跌了5.66%。

## 二、几何平均数

如果观察值的数据是比率形式，属于相对数，由于现象发展的总比率并不等于各期比率之和，而等于各期比率的连乘积，所以计算各期比率的平均数不能按算术平均法求和平均，而只能在比率连乘积基础上按几何平均法计算。几何平均数是指 $n$ 个变量值乘积的 $n$ 次方根。其一般计算公式如下：

$$G = \sqrt[n]{X_1 \cdot X_2 \cdot X_3 \cdots X_n}$$

式中 $X_1$，$X_2$，$X_3$，…，$X_n$ 为第1，2，3，…，$n$ 期的发展水平。

【例1-4】某机械加工厂生产一批产品。设有毛坯、粗加工、精加工、装配四个连续作业的车间。某批产品其毛坯车间制品合格率为97%，粗加工车间制品合格率为93%，精加工车间制品合格率为91%，装配车间制品合格率为87%，求整个车间制品的平均合格率。

【解析】$G = \sqrt[4]{X_1 \cdot X_2 \cdot X_3 \cdot X_4} = \sqrt[4]{97\% \cdot 93\% \cdot 91\% \cdot 87\%} = 91.93\%$

即整个车间制品的平均合格率为91.93%。

当已知各期的增长率水平，求平均增长率时，利用跨期增长率计算公式：

$$\bar{R} = \sqrt[n]{(1+r_1)(1+r_2)(1+r_3)\cdots(1+r_n)} - 1$$

【例1-5】上海证券交易所某只股票2012—2015年各年度的增长率分别为0.214、0.114、0.257和0.109，求该只股票这五年的年平均增长率。

【解析】$\bar{R} = \sqrt[4]{(1+0.214)(1+0.114)(1+0.257)(1+0.109)} - 1 = 17.18\%$

即年几何平均增长率为17.18%。

几何平均数适用于反映特定现象的平均水平，即现象的总水平值不是各单位水平值的总和，而是各单位水平值的连乘积的情形。它主要用于动态平均数的计算，具体包括对比率、指数等进行平均、计算平均发展速度、复利下的平均年利率、连续作业的车间求产品的平均合格率等。

几何平均数较之算术平均数，应用范围较窄。如果数列中有一个观察值等于零或负值，就无法计算几何平均数，另外，几何平均数受极端值影响比算术平均数要小。

## 三、中位数

中位数又称为中数，它是指将统计总体中的观测值按大小顺序排列起来，形成一个数列，如果观测值的个数是奇数，则处于数列正中间位置的观测值就称为中位数，如果观测值的个数是偶数，则处于数列中间位置的两个观测值的平均数就称为中位数。

【例1-6】李先生在去年认购了9只基金。一年后，各基金的收益率分别为66%、47%、58%、33%、26%、41%、15%、62%、37%。那么，李先生的基金组合里，基金收益率的中位数是多少？

【解析】将9只基金的收益率按从小到大的顺序排成一列：

15%、26%、33%、37%、41%、47%、58%、62%、66%

观测值的个数 $n=9$，为奇数，那么该组数据的中位数就是居于正中间的观测值41%。

【例1-7】某股票市场随机抽取10只股票，当日收盘价分别为5、16、12、25、12、8、9、10、9和8元，求其中位数。

【解析】将10只股票的收盘价按从小到大的顺序排成一列：

5、8、8、9、9、10、12、12、16、25

观测值的个数 $n=10$，为偶数，那么该组数据的中位数就是处于数列中间位置的两个观测值9和10的平均数，即中位数为（9+10）/2=9.5（元）。

由上述例题可知，中位数的大小仅与数据的排列位置有关，它是一组数据中间位置上的代表值，不受数据极端值的影响，当一组数据中的个别数据变动较大时，常常用它来描述这组数据的集中趋势。

## 四、众数

在一组数据中出现次数最多的数据叫作这组数据的众数。众数是样本观测值在次数分布表中频数最多的那一组观测值，主要用于大面积普查研究之中。如某种尺码的鞋、衣服、裤子最多人穿；某个分数上有最多的学生；打靶的时候命中最多的那个环数；一个月之中出现最多的温度、湿度等。求一组数据的众数既不需要计算，也不需要排序，只需读出出现次数最多的那个观测值就行了。众数与概率有密切的关系。众数的大小仅与一组数据中的部分数据有关。当一组数据中有不少数据多次重复出现时，它的众数也往往是我们关心的一种集中趋势。

【例1-8】某理财规划师挑选了7只股票，其价格分别为6元、12元、15元、15.5元、17元、15元和40元，则这几只股票价格的众数是多少元？

【解析】观测值15元出现两次，出现的次数最多，所以这7只股票价格的众数为15元，代表了这7只股票的平均价格水平。

众数着眼于对各数据出现的频率的考察，其大小只与这组数据中的部分数据有关，不受极端值的影响，不具有唯一性，一组数据中可能会有一个众数，也可能会有多个或没有众数。如一组数据2、3、-1、2、1、3中，2、3都出现了两次，它们都是这组数据中的众数。

## 归纳总结

平均数、中位数、众数的区别和联系

平均数、中位数和众数都是来描述数据集中趋势的统计量，都可用来反映数据的平均水平，都可作为一组数据的一般代表。

平均数是统计中最常用的数据代表值，比较可靠和稳定，它与每一个数据都有关，反映出来的信息最充分。平均数既可以描述一组数据本身的整体平均情况，也可以用来作为不同组数据比较的一个标准。它在生活中应用最广泛。

中位数作为一组数据的代表，可靠性比较差，它只利用了部分数据。但当一组数据的个别数据偏大或偏小时，用中位数来描述该组数据的集中趋势就比较合适。

众数作为一组数据的代表，可靠性也比较差，它也只利用了部分数据。一组数据中，如果个别数据有很大的变动，且某个数据出现的次数最多，此时用该数据（即众数）表示这组数据的集中趋势就比较适合。

## 五、数学期望

在概率论和统计学中，只有随机变量才有期望值。何谓随机变量？简单地说，一个变量的取值是随机而定的，不能预先知道它取值多少。数学期望（简称期望）就是试验中随机变量每次可能的取值 $X_i$ 与对应的概率 $P_i$ 乘积的总和，它反映随机变量平均取值的大小，记为 $E(x)$，是一种加权平均数。数学期望的计算公式为：

$$E(x) = \sum_{i=1}^{n} X_i P_i = X_1 P_1 + X_2 P_2 + \cdots + X_n P_n$$

【例 1－9】股票 A 在三种状态下的收益率如表 1－9 所示，求股票 A 收益率的数学期望。

**表 1－9　　股票 A 在三种状态下的收益率**

| 状态 | 概率 | 收益率 |
| --- | --- | --- |
| 繁荣 | 1/4 | 12% |
| 正常 | 2/4 | 7% |
| 萧条 | 1/4 | －5% |

【解析】$E(x) = X_1P_1 + X_2P_2 + X_3P_3 = 12\% \times 1/4 + 7\% \times 2/4 + (-5\%) \times 1/4 = 5.25\%$

股票 A 收益率的数学期望为 5.25%。

# 任务 2　货币时间价值的计算

## 一、货币时间价值的概念

货币时间价值也称为资金的时间价值，是指资金在使用过程中随着时间推移而发生的价值增值。只有资金进入社会资金的流通过程中，如存入银行、进行生产投资或证券投资，参与到社会生产过程中，资金才会随时间推移而增值。实质上，货币时间价值是没有风险和没有通货膨胀下的社会平均资金利润率。货币时间价值一般用相对数表示，也可用绝对数表示。在通货膨胀率很低的情况下，一般用银行存贷款利率或国债利率来表示货币时间价值。

学习货币时间价值，有三点需要注意：

（1）时间价值产生于生产领域、投资领域和流通领域，消费领域不产生时间价值，家庭理财应将更多资金进行投资，而不是进行消费。

（2）时间价值产生于资金运动中，只有运动着的资金才能产生时间价值，停顿状态的资金不会产生时间价值，家庭理财应尽量减少资金的停顿时间和数量。

（3）时间价值与资金周转速度成正比，家庭理财应采取各种有效措施提高资金使用效率。

## 二、货币时间价值的计算

货币时间价值的计算方法包括查表法、金融计算器法、Excel 表格法等。本节重点介绍金融计算器的计算方法。

### （一）单利终值与现值的计算

单利就是只计算本金所带来的利息，不考虑利息再产生的利息。

1. 单利终值的计算

单利终值是指资金经过一定时期运动以后所产生的本利和。

【例 1 - 10】现在的 100 元，年利率 10%，按照单利计算，这 100 元在第一年年末、第二年年末、第三年年末分别值多少元?

【解析】

100 元 1 年后的终值 = 100 × (1 + 10% × 1) = 110 (元)。

100 元 2 年后的终值 = 100 × (1 + 10% × 2) = 120 (元)。

100 元 3 年后的终值 = 100 × (1 + 10% × 3) = 130 (元)。

归纳得出单利终值的一般计算公式为：$FV = PV \times (1 + i \times n)$。

式中的 $PV$ 为现值，即第一年年初的价值；$FV$ 为终值，即第 $n$ 年年末的价值；$i$ 为年利率；$n$ 为计息期数；$(1 + i \times n)$ 称为单利终值系数，可查表取得。

2. 单利现值的计算

单利现值是指未来一定数量的资金折成现在的价值，即由终值倒推现值，一般称为折现，所使用的利率为折现率。

【例 1 - 11】假设年利率 10%，按照单利计算，那么第一年年末、第二年年末、第三年年末的 100 元折到现在的现值分别多少元?

【解析】

第一年年末的 100 元折到现在的现值 = 100/(1 + 10% × 1) = 90.91 (元)。

第二年年末的 100 元折到现在的现值 = 100/(1 + 10% × 2) = 83.33 (元)。

第三年年末的 100 元折到现在的现值 = 100/(1 + 10% × 3) = 76.92 (元)。

归纳得出单利现值的一般计算公式为：$PV = FV/(1 + i \times n)$。

式中的 $PV$ 为现值，即第一年年初的价值；$FV$ 为终值，即第 $n$ 年年末的价值；$i$ 为年利率；$n$ 为计息期数；$1/(1+i\times n)$ 称为单利现值系数，可查表取得。

## （二）复利终值与现值的计算

复利就是本金产生利息，利息在下期也转作本金并与原先的本金一起再计算利息，以此类推，即通常所说的“利滚利”。

1. 复利终值的计算

复利终值是指现在的一笔收付款在未来的本利和。

【例1-12】现在的100元，年利率10%，按照复利计算，这100元在第一年年末、第二年年末、第三年年末分别值多少元?

【解析】

100元1年后的终值 $=100\times(1+10\%\times1)=110$（元）。

100元2年后的终值 $=100\times(1+10\%)^2=121$（元）。

100元3年后的终值 $=100\times(1+10\%)^3=133.1$（元）。

归纳得出单利终值的一般计算公式为: $FV=PV\times(1+i)^n$。

式中的 $PV$ 为现值，即第一年年初的价值；$FV$ 为终值，即第 $n$ 年年末的价值；$i$ 为年利率；$n$ 为计息期数；$(1+i)^n$ 称为复利终值系数，可通过复利终值系数表求得。因此，复利终值等于复利现值与复利终值系数的乘积。

下面以 HP12c Platinum 为工具，介绍如何利用金融计算器计算复利终值。

【例1-13】刘先生现在存入银行账户50 000元，年复利10%，问10年后该账户的金额是多少元?

【解析】已知 $PV=50\ 000$，$i=10\%$，$n=10$，求 $FV$。

在金融计算器中输入：$PV=-50\ 000$；$i=10$；$n=10$，得出 $FV=129\ 687.12$（元）。

因此，10年后该账户的金额为129 687.12元。

2. 复利现值的计算

复利现值是指未来的一笔收付款折成现在的价值。

【例1-14】假设年利率10%，按照复利计算，那么第一年年末、第二年年末、第三年年末的100元折到现在的现值分别多少元?

【解析】

第一年年末的100元折到现在的现值 $=100/(1+10\%)=90.91$（元）。

第二年年末的100元折到现在的现值 $=100/(1+10\%)^2=82.64$（元）。

第三年年末的100元折到现在的现值 $=100/(1+10\%)^3=75.13$（元）。

归纳得出复利现值的一般计算公式为: $PV=FV/(1+i)^n$。

式中的 $PV$ 为现值，即第一年年初的价值；$FV$ 为终值，即第 $n$ 年年末的价值；$i$ 为年利率；$n$ 为计息期数；$1/(1+i)^n$ 称为复利现值系数，可查复利现值系数表求得。因此，复利现值等于复利终值与复利现值系数的乘积。

【例1-15】刘先生希望10年后银行账户中有150 000元，年复利10%，那么他现在应往银行存入多少元?

【解析】已知 $FV=150\ 000$，$i=10\%$，$n=10$，求 $PV$。

在金融计算器中输入：$FV=150\ 000$；$i=10$；$n=10$，得出 $PV=-57\ 831.49$（元）。

因此，刘先生现在应往该账户存入57 831.49元。

### （三）年金

年金是指一定时期内每期相等金额的收付款项。按收付款时点的不同分为先付年金和后付年金。先付年金又称预付年金，它是在每期期初收付等额款项。后付年金又称普通年金，它是在每期期末收付等额款项。通常不加说明即指后付年金。另外，还有永续年金和递延年金。永续年金是指无限连续的等额收付款项，永续年金没有终值，只有现值。递延年金是指在开始的若干期没有资金收付，然后有连续若干期的等额资金收付的年金序列。

1. 后付年金终值和现值的计算

（1）后付年金终值的计算。后付年金终值是指一定时期内每期期末收付款项的复利终值的和。年金终值实际上就是复利终值的特殊形式。后付年金终值现金流计算如图1－2所示。

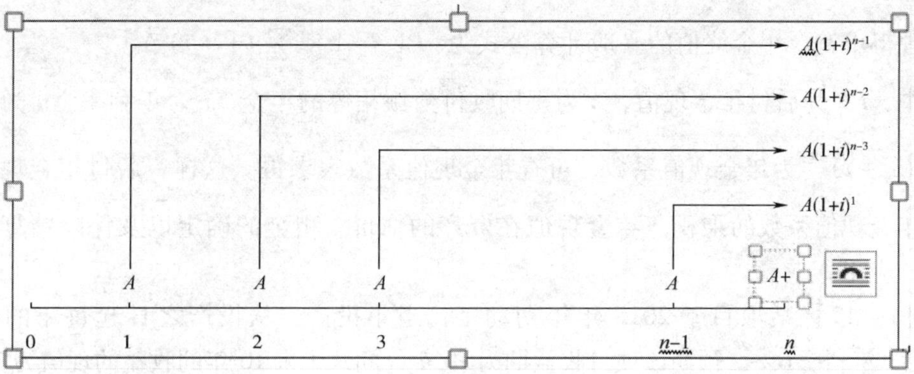


图1－2　后付年金终值现金流计算图

由图1－2可知，后付年金终值 $FV = A(1+i)^{n-1} + A(1+i)^{n-2} + A(1+i)^{n-3} + \cdots + A(1+i)^{1} + A$。

整理得出符合年金终值的一般计算公式为：$FV = A \times \sum_{k=1}^{n}(1+i)^{k-1}$。

式中，$FV$ 为后付年金终值，$A$ 为每期期末收付金额相等的年金，$i$ 为年利率，$n$ 为计息期数，$\sum_{k=1}^{n}(1+i)^{k-1}$ 为年金终值系数，可查年金终值系数表求得。这样，后付年金终值等于年金与年金终值系数的乘积。年金终值在零存整取的储蓄存款、保险分红、租赁等业务中有广泛的应用。

【例1－16】李女士为了筹集购房款，每年年末向银行存入20 000元，连续存满5年，年利率为5%，问5年后到期的本息和为多少元？

【解析】已知 $PMT = 20\,000$；$n = 5$；$i = 5\%$；求 $FV$。

金融计算器中输入：$PMT = 20\,000$；$n = 5$；$i = 5$；则 $FV = 110\,512.63$（元）。

因此，李女士5年后得到的本息和为110 512.63元。

（2）后付年金现值的计算。后付年金现值是指一定时期内每期期末发生等额收付款项的复利现值的和。年金现值实际上就是复利现值的特殊形式。后付年金现值现金流计算如图1－3所示。

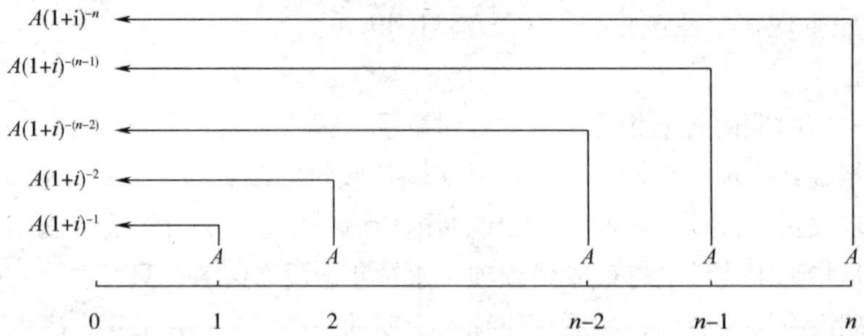


图 1－3　后付年金现值现金流计算图

由图 1－3 可知，后付年金现值 $PV = A(1+i)^{-n} + A(1+i)^{-(n-1)} + A(1+i)^{-(n-2)} + \cdots + A(1+i)^{-2} + A(1+i)^{-1}$。

整理得出符合年金终值的一般计算公式为：$PV = A \times \sum_{k=1}^{n}(1+i)^{-k}$。

式中，$PV$ 为后付年金现值，$A$ 为每期收付金额相等的年金，$i$ 为年利率，$n$ 为计息期数，$\sum_{k=1}^{n}(1+i)^{-k}$ 为年金现值系数，可查年金现值系数表求得。这样，后付年金现值等于年金与年金现值系数的乘积。年金现值在资产的估价、租金的确定以及保险精算中有非常广泛的应用。

【例 1－17】某项目于 2015 年年初动工，当年投产，从投产之日起每年的收益为 50 000元，年利率 6%，预期该项目收益期为 10 年，问这未来 10 年的收益的现值为多少元?

【解析】已知 $PMT = 50\ 000$；$n = 10$；$i = 6\%$；求 $PV$。

金融计算器中输入：$PMT = 50\ 000$；$n = 10$；$i = 6$；则 $PV = 368\ 004.35$（元）。

因此，该项目未来 10 年收益的现值为 368 004. 35 元。

2. 先付年金终值和现值的计算

先付年金是指在一定时期内每期期初等额收付的系列款项，又称预付年金。先付年金与后付年金的区别仅在于付款时间的不同。

（1）先付年金终值的计算。先付年金终值是指一定时期内每期期初收付款项的复利终值的和。先付年金终值现金流计算如图 1－4 所示。

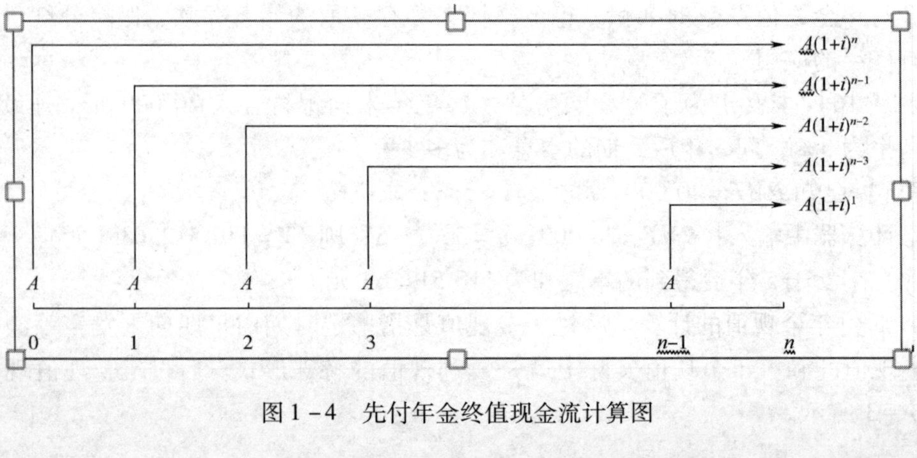


图 1－4　先付年金终值现金流计算图

由图 1－4 可知，先付年金终值 $FV = A(1+i)^n A(1+i)^{n-1} + A(1+i)^{n-2} + A(1+i)^{n-3} + \cdots + A(1+i)^1$。

整理得出符合年金终值的一般计算公式为：$FV = A \times \sum_{k=1}^{n}(1+i)^k$。

式中，$FV$ 为先付年金终值，$A$ 为每期期初收付金额相等的年金，$i$ 为年利率，$n$ 为计息期数，$\sum_{k=1}^{n}(1+i)^k$ 为先付年金终值系数，可查先付年金终值系数表求得。这样，先付年金终值等于年金与先付年金终值系数的乘积。

【例 1－18】王先生每年年初存入银行 20 000 元，年利率 6%，问 5 年后本息和为多少元？

【解析】已知 $PMT = 20\ 000$；$n = 5$；$i = 6\%$；求 $FV$。

首先将金融计算器设置成 Begin 模式（即先付年金状态），然后输入：$PMT = 20\ 000$；$n = 5$；$i = 6$；则 $FV = 119\ 506.37$（元）。

因此，王先生 5 年后的本息和为 119 506. 37 元。

（2）先付年金现值的计算。先付年金现值是指一定时期内每期期初收付款项的复利现值的和。先付年金现值现金流计算如图 1－5 所示。

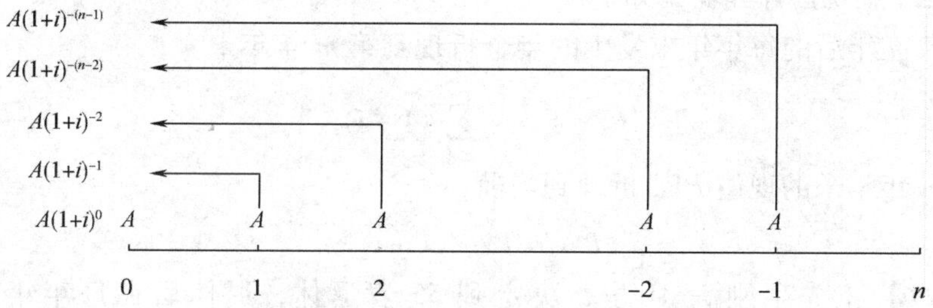


图 1－5　先付年金现值现金流计算图

【例 1－19】某企业租入一套设备，若每年年初支付租金 10 000 元，年利率 8%，租期 5 年。问 5 年的租金现值为多少元？

【解析】已知 $PMT = 10\ 000$；$n = 5$；$i = 8\%$；求 $PV$。

首先将金融计算器设置成 Begin 模式（即先付年金状态），然后输入：$PMT = 10\ 000$；$n = 5$；$i = 8$；则 $PV = 43\ 121.27$（元）。

因此，该企业 5 年支付的租金的现值为 43 121. 27 元。

（3）永续年金现值。永续年金是指无限期连续发生的等额收付款。它是普通年金的特殊形式，即期限趋于无穷的普通年金。对于那些收付期限较长甚而长到无法估计的情形，如某些基金、股利稳定的优先股股利、养老金支付、商誉等无形资产产生的收益等，计算时可以把它近似看作永续年金来处理。

永续年金现值计算公式为：$PV = A/i$。

【例 1－20】某协会计划存入银行一笔基金，预期以后无限期地于每年年末取出 20 000元利息，用以支付年度科研奖励。若存款利率为 5%，则该协会应于年初一次性存入的款项是多少元？

【解析】已知 $PMT=20\ 000$；$i=5\%$；$n\to\infty$；求 $PV$。

$PV=20\ 000/5\%=400\ 000$（元）

因此，该协会应在年初一次性存入款项400 000元。

（4）递延年金。递延年金是指开始的若干期没有款项收付，之后有连续若干期的等额收付款项的年金序列。递延 $m$ 年后的每年年末发生的等额收付款项，成为期末递延年金，递延 $m$ 年后的每年年初发生的等额收付款项，称为期初递延年金。它是普通年金的特殊形式。期末递延年金现值现金流计算如图1－6所示。

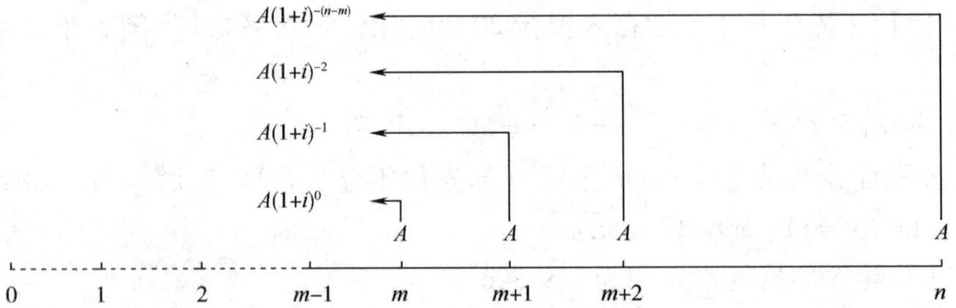


图1－6 期末递延年金现值现金流计算图

期末递延年金现值计算步骤如下：

首先，将 $m$ 年后的每年年末发生的年金折现到第 $m$ 年年末。

$$PV_m = A \times \sum_{k=1}^{n-m} (1+i)^{-k}$$

再将第 $m$ 年年末的现值 $PV_m$ 折现到当前：

$$PV_0 = PV_m/(1+i)^m$$

【例1－21】王先生刚满31岁，决定到55岁退休，退休后在每年年末将有一笔10 000元的退休收入到账，该客户预计退休后能生活20年，假设折现率为5%，问王先生的这笔退休收入的现值是多少元?

【解析】王先生从31岁至55岁之间没有现金流发生，从55岁末到74岁末这20年间每年年末有一笔10 000元的退休收入入账。因此，是一个递延年金求现值的问题。

首先，将55岁至74岁之间每年年末的10 000元收入折现到55岁末：

金融计算器设置成end模式（即普通年金状态），输入 $PMT=10\ 000$；$n=20$；$i=5$；求得 $PV_{55}=124\ 622.10$（元）。

然后，将55岁末的现值再折现到31岁初：

输入 $FV=PV_{55}=124\ 622.10$；$n=25$；$i=5\%$；求得 $PV_{31}=36\ 801.25$（元）。

因此，王先生该笔退休收入的现值为36 801.25元。

## 任务3 收益指标的计算

衡量投资工具收益大小需要计算各种收益率，包括预期收益率、净现值、内部收益率、持有期收益率、到期收益率、当期收益率、贴现收益率、必要收益率、息票收益率等。总的来说，收益率是投资工具产生的收益与本金的比率。正确计算收益率，是做好理财规划的重要一步。

## 一、预期收益率

### （一）单个投资项目的预期收益率

预期收益率是综合考虑未来可能发生的各种情况，并根据每种情况可能发生的结果及发生的概率来计算的收益率。投资者评价一个投资项目时，一般首先考察的是其未来的预期收益率。预期收益率的计算公式如下：

$$E(R) = \sum_{i=1}^{n} P_i R_i = P_1 R_1 + P_2 R_2 + \cdots + P_n R_n$$

式中，$P_i$ 表示第 $i$ 种收益发生的概率，$R_i$ 表示第 $i$ 种可能的收益率。

【例1－22】理财规划师预计某项目收益率为15%的概率是40%，收益率为20%的概率是20%，收益率为8%的概率是40%。那么该项目的预期收益率是多少？

【解析】$E(R) = P_1 R_1 + P_2 R_2 + \cdots + P_n R_n = 15\% \times 40\% + 20\% \times 20\% + 8\% \times 40\% = 13.2\%$

因此，该项目的预期收益率为13.2%。

### （二）投资组合的预期收益率

投资组合的预期收益率的计算公式为：

$$E(R) = \sum_{i=1}^{n} W_i R_i = W_1 R_1 + W_2 R_2 + \cdots + W_n R_n$$

式中，$W_i$ 为第 $i$ 项在投资组合中的比重，$R_i$ 为第 $i$ 项投资的预期收益率。

【例1－23】某公司的一项投资组合中包含A、B、C三种股票，它们的权重分别为30%、40%、30%，预期收益率分别为15%、12%，10%，计算该投资组合的预期收益率。

【解析】$E(R) = W_1 R_1 + W_2 R_2 + \cdots + W_n R_n = 30\% \times 15\% + 40\% \times 12\% + 30\% \times 10\% = 12.3\%$

该投资组合的预期收益率为12.3%。

## 二、净现值

净现值（Net Present Value，*NPV*）是指一个项目未来实现的现金流入的现值与实施该项目的现金流出的现值的差额。净现值为正值的项目可以为股东创造价值，净现值为负值的项目会损害股东价值。因此，净现值大于零则方案可行，净现值小于零则方案不可行，且净现值越大，投资收益越高，方案越优。净现值的计算公式为：

$$NPV = CF_0 + \frac{CF_1}{(1+r)} + \frac{CF_2}{(1+r)^2} + \cdots + \frac{CF_n}{(1+r)^n}$$

式中 $CF_0$、$CF_1$、$CF_2$、$CF_n$ 分别表示第0，1，2，…，$n$ 期发生的现金流；$r$ 表示折现率，通常用该项目的投资收益率来代替。

【例 1-24】某项目的初始投资为 1 400 万元，分两年投资，投资收益率为 8%，每年的收入和支出的现金流如表 1-10 所示。问该项目是否值得投资？

表 1-10　　收入和支出的现金流统计表　　单位：万元

| 年度 | 2016 | 2017 | 2018 | 2019 | 2020 |
|---|---|---|---|---|---|
| 投入 | 800 | 600 | — | — | — |
| 成本 | — | — | 1 500 | 1 200 | 1 000 |
| 收入 | — | — | 2 000 | 1 800 | 1 900 |

【解析】该项目的收入和支出的现金流如表 1-9 所示，折现率为 8%，那么：

2016 年的净现值 $=(0-800)/(1+0.08)=-740.74$。

2017 年的净现值 $=(0-600)/(1+0.08)^2=-514.40$。

2018 年的净现值 $=(2\,000-1\,500)/(1+0.08)^3=396.92$。

2019 年的净现值 $=(1\,800-1\,200)/(1+0.08)^4=441.02$。

2020 年的净现值 $=(1\,900-1\,000)/(1+0.08)^5=612.52$。

$NPV=-740.74-514.40+396.92+441.02+612.52=195.32$（万元）

该项目的净现值为 195.32 万元，是正数，值得投资。

【例 1-25】项目 A 第一年年初投资 100 万元，从第一年年末连续 3 年有 40 万元的回报，而项目 B 第一年年初投资 100 万元，第一年年末收益有 30 万元，第二年年末收益有 40 万元，第三年年末收益有 50 万元，假设年利率为 5%。问项目 A 和项目 B 哪个投资有价值？

【解析】从总投资来看，两个项目的投资额都是 100 万元，从总收益来看，两个项目的总回报都是 120 万元，但是由于货币的时间价值，两个项目带来的净现值是不同的。

项目 A：$CF_0=-1\,000\,000$；$CF_1=400\,000$；$CF_2=400\,000$；$CF_3=400\,000$；$i=5$；求得 $NPV_A=8.93$（万元）。

项目 B：$CF_0=-1\,000\,000$；$CF_1=300\,000$；$CF_2=400\,000$；$CF_3=500\,000$；$i=5$；求得 $NPV_B=8.04$（万元）。

$NPV_A>NPV_B$，项目 A 更有投资价值。

## 三、内部收益率

内部收益率（Internal Rate of Return，*IRR*），就是资金流入量的现值与资金流出量的现值相等，即净现值为 0 时的折现率。该指标越大越好。一般情况下，内部收益率大于投资人要求的投资收益率时，说明投资项目的净现值大于 0，该项目是可行的；相反，内部收益率小于投资人要求的投资收益率时，说明投资项目的净现值小于 0，该项目不可行。

当前，股票、基金、黄金、房产、期货等投资方式已为众多理财者所熟悉和运用。但投资的成效如何，许多人的理解仅仅限于收益的绝对量上，缺乏科学的判断依据。对于他们来说，内部收益率（*IRR*）指标是个不可或缺的工具。

内部收益率的优点是能够把项目寿命期内的收益与其投资总额联系起来，指出这个项目的内部收益率，便于将它同行业基准投资收益率对比，确定这个项目是否值得建设。使用借款进行建设，在借款利率不很明确时，内部收益率法可以避开借款利率，先求得内部收益率，作为可以接受借款利率的上限。但内部收益率表现的是比率，不是绝对值，一个内部收益率较低的方案，可能由于其规模较大而有较大的净现值，因而更值得投资。所以在各个方案选比时，必须将内部收益率与净现值结合起来考虑。

内部收益率的计算公式为：

$$0 = CF_0 + \frac{CF_1}{(1+IRR)} + \frac{CF_2}{(1+IRR)^2} + \cdots + \frac{CF_n}{(1+IRR)^n}$$

式中 $CF_0$、$CF_1$、$CF_2$、$CF_n$ 分别表示第 0，1，2，…，$n$ 期发生的现金流；$IRR$ 表示内部收益率。

【例 1－26】某项投资总金额为 200 万元，预计今后 5 年内的收益额分别是 20 万元、35 万元、60 万元、90 万元和 115 万元。如果投资人对该项目要求的投资收益率为 10%，问该项目是否值得投资？

内部收益率的计算，可以利用金融计算器的 $CF_j$ 键来输入各期的现金流量。在金融计算器中输入 $CF_0 = -2\ 000\ 000$；$CF_1 = 200\ 000$；$CF_2 = 350\ 000$；$CF_3 = 600\ 000$；$CF_4 = 900\ 000$；$CF_5 = 1\ 150\ 000$，求得 $IRR = 13.68\%$。

该项目的内部收益率 13.68% 大于投资人要求的投资收益率 10%，值得投资。

## 四、持有期收益率

持有期收益率是投资者最关心的指标，是投资者投资于证券的综合收益率。持有期收益率（Holding Period Yield，*HPY*）是指从买进至卖出某金融工具，整个持有期间其所提供的平均回报率。实际上，它是投资者在持有金融工具期间获得的各个现金流的净现值等于 0 时的贴现率。

持有期收益率有一种特例。当所有的现金流发生在期初和期末，且持有的时间刚好为 1 年时，持有期收益率等于持有证券期间的股利或利息收入与买卖价差占买入证券实际价格的比率。此时，持有期收益率可以写成如下公式：

$$持有期收益率(HPY) = \frac{年股息收入 + (售价 - 买价)}{买价}$$

【例 1－27】王先生在 2012 年年初买进平价发行的面值 100 元的债券 10 000 元，该债券票面利率为 5%，每年年末付息。2015 年年底，该投资者以 10 550 元的价格将债券卖出。问王先生投资该债券的持有期收益率是多少？

【解析】从 2012 年年初买入债券至 2015 年年底卖出债券，4 年持有期间的各个现金流如表 1－11 所示。

**表 1－11　持有期间各期的现金流**

| 年度 | 现金流 | 年度 | 现金流 |
|---|---|---|---|
| 2012 年年初 | －10 000 | 2014 年年底 | 500 |
| 2012 年年底 | 500 | 2015 年年底 | 11 050 |
| 2013 年年底 | 500 | | |

金融计算器中输入：$CF_0 = -10\ 000$；$CF_1 = 500$；$CF_2 = 500$；$CF_3 = 500$；$CF_4 = 11\ 050$；求得 $HPY = 6.25\%$。

王先生投资该债券的持有期收益率为6.25%。

【例1-28】李先生于2015年1月1日以120元的价格购买了面值为100元、利率为10%、每年1月1日支付利息的2010年发行的10年期国库券，并持有到2016年1月1日以140元的价格卖出，问持有期收益率是多少？

【解析】

$$持有期收益率 = \frac{[年股息收入 + (售价 - 买价)]/持有年数}{买价}$$

$$= \frac{[100 \times 10\% + (140 - 120)]}{120} = 25\%$$

李先生的持有期收益率为11.67%。

## 五、到期收益率

所谓到期收益率，是指将债券持有到偿还期所获得的收益，包括到期的全部利息。到期收益率（Yield to Maturity，*YTM*），又称最终收益率，是投资购买国债的内部收益率，是使投资购买债券获得的未来现金流量的现值之和等于债券购买价格的贴现率，也就是使债券各期现金流的净现值等于0的贴现率。它相当于投资者按照当前市场价格购买并且一直持有至到期时可以获得的年平均收益率，其中隐含了每期的投资收入现金流均可以按照到期收益率进行再投资。在其他因素相同的情况下，债券的持有期收益率越高，表明投资该债券获得的收益率越高，越具有吸引力。

到期收益率的公式为：

$$0 = P - \frac{C}{(1+YTM)} - \frac{C}{(1+YTM)^2} - \frac{C}{(1+YTM)^3} - \cdots - \frac{C}{(1+YTM)^n} - \frac{面值}{(1+YTM)^n}$$

式中 $P$ 表示债券的实际购买价格，$YTM$ 表示债券的到期收益率，$C$ 表示债券每年支付的票面利息，$n$ 表示债券的到期期限。

【例1-29】某债券票面利率为8%，面值为100元，当前实际购买价格为90元，离到期还有3年，每年付息1次。问该债券的到期收益率为多少？

【解析】该债券的到期收益率的关系式为：

$$0 = 90 - \frac{8}{(1+YTM)} - \frac{8}{(1+YTM)^2} - \frac{8}{(1+YTM)^3} - \frac{100}{(1+YTM)^3}$$

金融计算器输入 $PV = -90$；$PMT = 8$；$FV = 100$；$n = 3$；求得 $YTM = 12.18$。

该债券的到期收益率为12.18%。

## 六、当期收益率

当期收益率（也叫当前收益率），是债券的年利息收入与债券的实际买入价格的比率。当期收益率可以写成如下公式：

$$i_c = \frac{C}{P_b}$$

式中 $i_c$ 为当期收益率；$C$ 为年票面利息；$P_b$ 为债券的购买价格。

当债券价格等于债券面值时，当期收益率就等于到期收益率，而且，债券价格越接近其面值，当期收益率也就越接近到期收益率。当期收益率总是与到期收益率同向变动。

【例1-30】某债券面值为100元，票面利率为10%，每年付息一次，到期还本。王先生以98元的价格从二级市场买入该债券。问该债券的当期收益率是多少？

【解析】债券的年票面利息为10元，债券的购买价格为98元。根据当期收益率的计算公式可以得出：

$$i_c = \frac{C}{P_b} = \frac{10}{98} = 10.2\%$$

该债券的当期收益率为10.2%。

## 七、贴现收益率

贴现业务形式上是票据的买卖，实际上是短期融资业务，是信用业务，即银行通过贴现间接将资金短期贷给票据持有人。具体来说，贴现是指票据持有人将未到期的票据背书后送交银行，银行受理后从票据到期值中扣除按银行贴现率计算确定的贴现利息，然后将余额垫付给持票人。待票据到期时，银行持票据向票据载明的付款人索取票面金额的款项。通常是已知贴现率，求贴现额。贴现额的计算公式为：

$$贴现额 = 票面金额 \times (1 - 年贴现率 \times 未到期天数/360天)$$

$$P_d = F \times (1 - R_{BD} \times N/360)$$

式中 $P_d$ 是持票人从银行贴现的金额，又是银行买进客户票据的购买价格；$F$ 是票面金额；$R_{BD}$ 是票据的年贴现率；$N$ 表示票据尚未到期的天数。由上述公式可以推导出贴现率的计算公式：

$$贴现率 = \frac{票面金额 - 购买价格}{票面金额} \times \frac{360}{未到期天数}$$

$$R_{BD} = \frac{F - P_d}{F} \times \frac{360}{N}$$

该贴现率的计算有两点需要注意：

（1）计算贴现收益率使用的是票面金额的百分比收益 $\frac{F - P_d}{F}$，而不是计算到期收益率时采用的购买价格的百分比收益 $\frac{F - P_d}{P_d}$。这就会导致贴现收益率必然会小于到期收益率。票据的购买价格与面值之差越大，贴现收益率低估到期收益率的程度就越大。

（2）一年按360天而不是365天来计算年贴现收益率。

【例1-31】某客户持有面值为50万元的商业票据，距离到期期限还有60天，由于资金紧张，因此到银行进行票据贴现，银行的商业票据贴现率为6%。问该客户从银行可以贴现多少元？

【解析】已知 $F = 500\,000$；$N = 60$；$R_{BD} = 6\%$；求 $P_d$。

$$P_d = F \times (1 - R_{BD} \times N/360) = 500\,000 \times (1 - 6\% \times 60/360) = 495\,000(元)$$

因此，该客户从银行可以贴现的金额为495 000元，余下的5 000元被银行扣收了。

【例1-32】面值为100 000元的国债市场价格为98 500元，距离到期日还有90天。

计算银行贴现率。

【解析】已知 $F=100\ 000$；$P_d=98\ 500$；$N=90$；求 $R_{BD}$。

$$R_{BD} = \frac{F-P_d}{F} \times \frac{360}{N} = \frac{100\ 000-98\ 500}{100\ 000} \times \frac{360}{90} = 6\%$$

因此，该银行贴现率为6%。

## 八、必要收益率

必要收益率又叫必要报酬率，是指投资者对投资对象所要求获得的最低收益率。

投资人的必要报酬率由三部分组成：一是投资期间的纯时间价值；二是投资期间的预期通货膨胀率；三是投资包含的风险补偿。前二者之和称为无风险收益率，投资包含的风险补偿可以看成是风险溢价。必要报酬率可以写成如下公式：

必要收益率 = 无风险收益率 + 风险收益率

= 无风险收益率 + 预期通货膨胀率 + 风险溢价

## 九、息票收益率

息票收益率又称票面利率，它是指证券票面注明的利率。票面利率的大小通常由证券发行机构根据当时的市场利率来确定。当市场利率高于票面利率时，证券折价发行；当市场利率低于票面利率时，证券溢价发行；当市场利率等于票面利率时，证券平价发行。

# 任务4 风险指标的计算

风险即为事件未来可能发生的不确定性。风险包括系统风险和非系统风险。其中系统风险又称市场风险，非系统风险又称特有风险。通常，用收益率的方差、变异系数来度量金融产品的风险，通过量化风险增强投资大众对风险的认识，用 $\beta$ 系数来衡量系统风险的大小。

## 一、方差与标准差

方差和标准差是测算离散程度最重要、最常用的指标。方差是各变量值与其均值的差的平方的加权平均数，它是测算数值型数据离散程度的最重要的方法。方差的算术平方根就是标准差。

方差的计算公式为：

$$\sigma^2 = \sum_{n=1}^{\infty} \{X_n - E(X)\}^2 \times P_n$$

式中 $\sigma^2$ 为方差，$X_n$ 为离散性随机变量的值，$E(X)$ 为随机变量的平均值，$P_n$ 为随机变量出现的概率。

标准差计算公式为：

$$\sigma = \sqrt{\sigma^2}$$

标准差较大，表明大部分数值偏离其平均值的程度较大；标准差较小，表明大部分数值较集中于平均值，偏离程度较小，因此标准差（方差）可以衡量预期收益率的波动程度。标准差越大，说明投资风险较大，标准差越小，说明投资风险较小。标准差与方差不同的是，标准差和变量的计算单位相同，比方差清楚，因此更多时候使用的是标准差。

【例1－33】理财规划师预计某理财产品实现20%收益率的概率是25%，实现10%收益率的概率是50%，发生－4%收益率的概率是25%。问该理财产品预期收益率的方差、标准差分别为多少？

【解析】先计算预期收益率的平均值$E(X)$：

$$E(X) = 20\% \times 25\% + 10\% \times 50\% - 4\% \times 25\% = 9\%$$

再计算方差：

$$\sigma^2 = \sum_{n=1}^{\infty} \{X_n - E(X)\}^2 \times P_n$$
$$= (20\% - 9\%)^2 \times 25\% + (10\% - 95)^2 \times 50\% + (-4\% - 9\%)^2 \times 25\% = 0.007\,3$$

最后计算标准差：

$$\sigma = \sqrt{\sigma^2} = \sqrt{0.007\,3} = 8.5\%$$

因此，该产品预期收益率的方差为0.007 3，标准差为8.5%。

【例1－34】李先生想投资股票市场，现在有A、B两只股票可供选择。这两只股票在不同形势下的收益情况及其概率如表1－12和表1－13所示。问李先生该投资哪只股票？

**表1－12　　股票A在三种状态下的收益率**

| 状态 | 概率 | 收益率 |
|---|---|---|
| 繁荣 | 50% | 25% |
| 正常 | 30% | 10% |
| 萧条 | 20% | －25% |

**表1－13　　股票B在三种状态下的收益率**

| 状态 | 概率 | 收益率 |
|---|---|---|
| 繁荣 | 50% | 13% |
| 正常 | 30% | 25% |
| 萧条 | 20% | 5% |

【解析】（1）分别计算A、B的期望收益率：

$$E(A) = 25\% \times 50\% + 10\% \times 30\% - 25\% \times 20\% = 10.5\%$$
$$E(B) = 13\% \times 50\% + 25\% \times 30\% + 5\% \times 20\% = 15\%$$

（2）分别计算A、B的标准差：

$$\sigma_A = \sqrt{(25\% - 10.5\%)^2 \times 50\% + (10\% - 10.5\%)^2 \times 30\% + (-25\% - 10.5\%)^2 \times 20\%}$$
$$= 0.1890$$

$$\sigma_B = \sqrt{(13\% - 15\%)^2 \times 50\% + (25\% - 15\%)^2 \times 30\% + (5\% - 15\%)^2 \times 20\%}$$
$$= 0.0721$$

经过计算，B 股票的预期收益率比 A 股票高，同时，B 股票的标准差比 A 股票的标准差小，从风险收益角度分析，李先生应该选择投资 B 股票。

## 二、变异系数

变异系数是衡量资料中各观测值变异程度的另一个统计量。当进行两个或多个资料变异程度的比较时，如果度量单位与平均数相同，可以直接利用标准差来比较。如果度量单位与平均数不同时，比较其变异程度就不能采用标准差，而需采用变异系数来比较。变异系数（Coefficient of Variance，*CV*）就是标准差与平均数的比值，它可以消除单位或平均数不同对两个或多个资料变异程度比较的影响。变异系数代表每一单位收益所承担风险的大小。变异系数越小，说明每一单位收益所承担的风险越小，因此变异系数越小越好。变异系数的数学公式为：

$$CV = \frac{\text{标准差}}{\text{数学期望}} \times 100\%$$

【例 1－35】已知 2016 年 A 股市场股票甲的预期收益率为 21.5%，标准差为 0.147，B 股市场股票乙的预期收益率为 20.8%，标准差为 0.098。问投资哪只股票较合适？

【解析】$E$（甲）=21.5%；$E$（乙）=20.8%；$\sigma_{甲}=0.147$；$\sigma_{乙}=0.098$；求 $CV_{甲}$；$CV_{乙}$。

$$CV_{甲} = \frac{\sigma_{甲}}{E(甲)} = \frac{0.147}{21.5\%} = 0.6837$$

$$CV_{乙} = \frac{\sigma_{乙}}{E(乙)} = \frac{0.098}{20.8\%} = 0.4712$$

乙股票的变异系数小于甲股票的变异系数，说明乙股票每股收益承担的风险小于甲股票，所以投资乙股票较合适。

## 三、$\beta$ 系数

证券的特有风险可以通过投资组合来分散，市场风险就成了投资者关注的焦点，因此 $\beta$ 系数就成为证券投资决策的重要依据。$\beta$ 系数也称为贝塔系数（Beta coefficient），是用来衡量个别股票或基金的收益受整个股市收益变化影响程度的指标，是一种评估证券系统性风险的工具。$\beta$ 系数衡量个别股票的市场风险（或系统风险），而不是公司的特有风险。它的计算公式为：

$$\beta_i = \frac{COV(i,M)}{\sigma_M^2}$$

式中 $\beta_i$ 表示股票 $i$ 的 $\beta$ 系数；$COV(i,M)$ 表示股票 $i$ 与市场投资组合 $M$ 之间的协方差；$\sigma_M^2$ 表示市场投资组合 $M$ 的方差。

掌握 $\beta$ 值的含义要注意：

$\beta=1$，表示该单项资产的风险收益率与市场组合平均风险收益率呈同比例变化，其风险情况与市场投资组合的风险情况一致。$\beta>1$，说明该单项资产的风险大于整个市场投资组合的风险，且$\beta$值越大，风险越大。$\beta<1$，说明该单项资产的风险程度小于整个市场投资组合的风险，且$\beta$值越小，风险越小。

$\beta=0$，表示该资产没有风险；$\beta=0.5$，表示该资产的风险仅为市场的一半；$\beta=1$，表示该资产风险与市场风险相同；$\beta=2$，表示该资产风险是市场的2倍。

$\beta$系数反映了个股对市场（或大盘）变化的敏感性，也就是个股与大盘的相关性。可根据市场走势预测选择不同$\beta$系数的证券从而获得额外收益，特别适合作波段操作时使用。当有很大把握预测到一个大牛市或大盘某个上涨阶段的到来时，应该选择那些高$\beta$系数的证券，它将成倍地放大市场收益率，带来高额的收益。比如某个股$\beta$系数为1.5，说明当大盘涨1%时，它有可能涨1.5%；相反在一个熊市到来或大盘某个下跌阶段到来时，应该调整投资结构以抵御市场风险，避免损失，办法是选择那些低$\beta$系数的证券。

## 总结与回顾

1. 归根结底，理财规划就是在遵循六大理财规划原则的前提下，运用七大财务比率来制定人生的八大规划。

2. 理财规划的目标包括两个层级。初级目标就是实现财务安全，最终目标就是实现财务自由。初级目标是实现终极目标的物质基础，终极目标是初级目标追求的方向。

3. 宏观经济政策对个人理财具有实质性影响。积极的财政政策可以有效刺激投资需求的增长；紧缩的财政政策可以降低通货膨胀带来的影响。宽松的货币政策下，央行采取降低存款准备金率、再贴现率以及公开市场买进的政策，促使资本市场价格上扬；反之，央行采取紧缩的货币政策，造成资本市场价格下跌。

4. 客户信息包括非财务信息和财务信息。在全面了解客户非财务信息的基础上，根据客户的财务信息调查表来编制客户资产负债表、收入支出表，据以分析客户的提高净资产水平的能力、综合偿债能力、财务负担能力、支出能力的高低。

5. 货币是有时间价值的。只有运动着的货币才能产生时间价值。货币时间价值是在没有风险和没有通货膨胀下的社会平均资金利润率。一般用银行存贷款利率或国债利率来表示货币时间价值。

6. 算术平均数、几何平均数、中位数、众数和数学期望都反映了投资收益的平均水平和集中程度，方差、标准差、变异系数反映了投资收益的波动性和离散程度，贝塔系数则反映了个别投资收益受整个市场收益变化的影响程度。

## 同步自测练习

### 一、单项选择题

1. 个人理财规划要解决的首要问题是（ ）。

A. 财务预算　　B. 收支相抵　　C. 财务安全　　D. 财务自由

2. 在表示收入与支出的坐标轴中，当（　　）位于支出线的上方时，我们说该客户实现了财务安全。

A. 总收入　　B. 投资收入　　C. 工资收入　　D. 其他收入

3. 理财规划师进行任何理财规划前首先要考虑和重点安排的目标是（　　）。

A. 投资规划　　B. 养老保障　　C. 教育保障　　D. 现金保障

4. 应对客户家族的亲友出现生产、生活、教育、疾病等重大事件需要的紧急支援储备属于（　　）。

A. 日常生活覆盖储备　　B. 意外现金储备

C. 投资资金储备　　D. 风险覆盖储备

5. 从理论上说，（　　）是中央银行调整货币供给量最简单的办法，但却因效果十分猛烈，并不轻易使用。

A. 公开市场操作　　B. 调整再贴现率

C. 调整国债利率　　D. 变动法定存款准备金率

6. 某国流通中的现金总量3万亿元，城乡存款8万亿元，企业活期存款9.5万亿元，企业定期存款3万亿元，在途资金2 000亿元，则该国的$M_2$是（　　）万亿元。

A. 3　　B. 20.5　　C. 23.5　　D. 23.7

7. 一般来说，物价指数越高，货币的购买力（　　）。

A. 波动越剧烈　　B. 越高

C. 波动越不剧烈　　D. 越低

8. 已知某股票市场上预期某只股票未来能够取得10%收益率的概率为0.4，遭遇-5%收益率的概率为0.6，则该股票的期望收益率为（　　）。

A. 1%　　B. 2%　　C. 3%　　D. 4%

9. 我们通常所说的利率是指（　　）。

A. 市场利率　　B. 名义利率　　C. 实际利率　　D. 固定利率

10. 在一国经济过度繁荣时，最有可能采取以下哪种政策？（　　）

A. 扩张性财政政策，抑制通胀

B. 紧缩性财政政策，抑制通胀

C. 扩张性财政政策，防止通货紧缩

D. 紧缩性财政政策，防止通胀

11. 宏观经济政策对投资理财具有实质性的影响，下列说法正确的是（　　）。

A. 国家减少财政预算，会导致资产价格的上涨

B. 法定存款准备金率下调，有助于刺激投资需求增长

C. 在股市低迷时期，提高印花税可以刺激股市反弹

D. 偏紧的收入分配政策会刺激当地的投资需求，造成相应的资产价格上涨

12. 在财力范围内为自己和配偶安排尽可能舒适的老年生活，做好遗产安排是（　　）个人理财的主要任务。

A. 退休空巢期　　B. 安享晚年期

C. 年富力强期　　D. 稳定成熟期

13. 在经济增长放缓、处于收缩阶段时，个人和家庭应考虑（　　）。

A. 增持储蓄产品　　B. 增持股票

C. 增持股票基金　　D. 减持固定收益类产品

14. 经济处于收缩阶段时，个人和家庭在资产的行业配置中应考虑更多投资于(　　)行业。

A. 房地产　　B. 建材　　C. 汽车　　D. 电力

15. 当预期未来有通货膨胀时，个人和家庭应回避（　　），以对自己的资产进行保值。

A. 股票　　B. 浮动利率产品

C. 固定利率产品　　D. 外汇

16. 零贝塔系数的投资组合的预期收益率是（　　）。

A. 市场收益率　　B. 零收益率

C. 负收益率　　D. 无风险收益率

17. 经济环境的变化会对个人投资理财策略产生影响，一般而言，（　　）可能导致减少储蓄、增加基金股票配置。

A. 预期未来通货紧缩　　B. 预期未来本币贬值

C. 预期未来利率上升　　D. 预期未来经济景气

18. 小华月投资 1 万元，报酬率为 6%，10 年后累计多少元钱？(　　)

A. 年金终值为 1 438 793. 47 元　　B. 年金终值为 1 538 793. 47 元

C. 年金终值为 1 638 793. 47 元　　D. 年金终值为 1 738 793. 47 元

19. 下列理财产品不能用来保本的是（　　）。

A. 国债　　B. 股票市场基金　　C. 货币市场基金　　D. 央行票据

20. 张君 5 年后需要还清 100 000 元债务，从现在起每年年末等额存入银行一笔款项。假设银行存款利率为 10%，则需每年存入银行（　　）元。

A. 16 350 元　　B. 16 360 元　　C. 16 370 元　　D. 16 380 元

21. CPI 上涨了，则债券投资者承担的风险是（　　）。

A. 价格风险　　B. 再投资风险　　C. 通货膨胀风险　　D. 违约风险

22. 证券投资基金可以同时投资于数十种甚至数百种证券，使基金所持有的证券组合的（　　）降低。

A. 系统风险　　B. 非系统风险　　C. 利率风险　　D. 市场风险

23. 张三的投资组合包括股票和债券，金额分别为股票 25 万元和债券 45 万元，预计今年股票的投资报酬率为 20%，债券为 5%，那么今年张三的投资组合的预期报酬率为（　　）。

A. 10%　　B. 12%　　C. 14%　　D. 16%

24. 某资产在第 1 年的现金流为 10 元，第 2 年的现金流为 –20 元，第 3 年的现金流为 10 元，第 4 年年末的卖出价为 150 元。假定折现率为 8. 5%，此资产的现值为(　　)元。

A. 163.42　　B. 150.00　　C. 135.58　　D. 108.29

25. 金融市场上的一系列价格的定价都有重要的影响，其中（　）对于个人理财策略来说是最基础、最核心的影响因素之一。

A. 利率　　B. PPI　　C. 汇率　　D. CPI

26. 投资者投资于股票、期权、期货、外汇、股权、艺术品等产品，那么该投资者属于（　）。

A. 成长型投资者　　B. 保守型投资者

C. 稳健型投资者　　D. 进取型投资者

27. 假定某投资在未来3年每年年末收到的现金流分别为500元、200元和800元，年收益率为12%。这项投资的现值为（　）元。

A. 835　　B. 1 175　　C. 1 235　　D. 1 500

28. 股票的风险构成中属于非系统性风险的是（　）。

A. 政策风险　　B. 市场风险　　C. 利率风险　　D. 财务风险

29. 小张分别以8万元和5万元投资了理财产品A和理财产品B。若理财产品A的期望收益率为10%，理财产品B的期望收益率为15%，则该投资组合的期望收益率是（　）。

A. 10.9%　　B. 11.9%　　C. 12.9%　　D. 13.9%

30. 在经济处于扩张阶段时，个人和家庭应考虑减少配置（　）。

A. 股票　　B. 储蓄产品　　C. 房地产　　D. 股票基金

## 二、多项选择题

1. 在理财规划常用的统计量中，平均数是最常用的，能够表明资料中各个观测值相对集中较多的中心位置，平均数主要包括（　）。

A. 算术平均数　　B. 几何平均数　　C. 中位数

D. 众数　　E. 样本方差

2. 关于宏观经济状况对个人理财策略的影响描述中，正确的有（　）。

A. 经济增长较快时，个人和家庭应考虑买入对周期波动比较敏感的行业资产

B. 在经济扩张阶段，特别是成长性、高投机性股票价值表现良好

C. 当经济处于景气周期时，个人和家庭应考虑增持固定收益类产品

D. 当经济增长较快时，应减持股票、房产等资产避免经济波动造成损失

E. 当经济衰退时，企业亏损股票的收益和价值显著下降，可能引发熊市

3. 下列是关于市场利率和汇率变化对股票价格的影响的描述，其中正确的是(　)。

A. 市场利率下降，则股票的收益率也下降，从而股价下降

B. 市场利率上升，发行公司的债务负担加重，净利润下降，从而股价下降

C. 市场利率上升，投资者的机会成本上升，对股票的需求增加，股价上升

D. 市场利率上升，投资者的机会成本上升，对股票的需求降低，股价下降

E. 市场利率下降，部分投资者资金成本降低，增加对股票的需求，股价上涨

4. 一般来说，不考虑其他因素的变化，市场利率的上升会引起（　）。

A. 储蓄收益率增加，增加储蓄配置
B. 股票面临下跌风险
C. 固定收益品价格上升，增加债券配置
D. 房地产贷款成本增加，房产市场走低
E. 人民币回报高，减持外汇
5. 下列哪些因素带来的股票投资风险属于非系统风险？（　　）
A. CPI 上涨
B. 发行公司发新股增加资本额
C. 公司高层人事变动
D. 股票分割
E. 央行在公开市场大量售出政府债券
6. 下列关于风险测定指标的说法，正确的是（　　）。
A. 标准差和方差可以用来衡量投资的风险
B. 方差越大，数据的波动也越大
C. 标准差表示一组数据偏离其均值的平均距离
D. 变异系数就是标准差与预期收益率的比值
E. 变异系数越大，投资项目越优
7. 一般而言，按流动性从高到低顺序排列正确的是（　　）。
A. 股票、公司债券、国债
B. 公司债券、国债、股票
C. 股票、国债、公司债券
D. 短期国债、长期国债
E. 长期国债、短期国债
8. 关于资产的风险和收益的关系，下列论述正确的有（　　）。
A. 资产的收益与其风险存在正相关关系
B. 资产的风险越大，收益越大
C. 资产的系统风险越大，投资者要求的收益率越高
D. 资产具有的系统风险不是市场固有的，可以要求获得额外的风险报酬
E. 资产的风险越大，即收益率的方差越大，其期望收益率一般也越大
9. 以下属于理财规划内容的有（　　）。
A. 现金、消费和债务管理
B. 保险规划
C. 税收规划
D. 退休规划
E. 投资规划
10. 对个人而言，利率水平的变动会影响（　　）。
A. 消费支出和投资决策的意愿
B. 从银行获取的各种信贷的融资成本
C. 对存款收益的预期
D. 现在贷款买房还是将来攒够钱买房的决策
E. 购买股票还是购买债券的决定

## 三、判断题

1. 货币时间价值表明一定数量的货币距离终值时间越远，利率越高，终值越大；一

定数量的未来收入距离当期时间越远，贴现率越高，现值越小。(　　)

2. 在经济增长放缓、处于收缩阶段时，个人和家庭应该买入对周期波动比较敏感的行业的资产，以获取经济波动带来的收益。(　　)

3. 风险是对预期的不确定性，是不可以被度量的。(　　)

4. 证券投资基金通过集合资金，分散投资组合，使得基金的风险降低到无风险的程度。(　　)

5. 投资于房地产需要承担经济周期性变动所带来的购买力下降的风险。(　　)

6. 若本币大幅贬值，则持有一定比例的外汇资产可以减小本币贬值的影响。(　　)

## 基础技能训练

一、客户夏女士家庭的财务状况如表1-14、表1-15所示。

**表1-14　　资产负债表**　　单位：元

客户：夏女士家庭　　日期：2014年12月31日

| 资产 | 金额 | 负债 | 金额 |
|---|---|---|---|
| 现金与现金等价物 | | 房屋贷款 | 758 311 |
| 活期存款 | 150 000 | 汽车贷款 | 0 |
| 其他金融资产 | | 信用卡贷款 | 0 |
| 定期存款 | 300 000 | | |
| 基金 | 200 000 | | |
| 实物资产 | | | |
| 自住房 | 2 800 000 | | |
| 资产总计 | 3 450 000 | 负债合计 | 758 311 |
| 净资产 | 2 691 688 | | |

**表1-15　　收入支出表**　　单位：元

客户：夏女士家庭　　日期：2014年12月31日

| 收入 | 金额 | 支出 | 金额 |
|---|---|---|---|
| 工薪类收入 | | 房屋按揭还款 | 71 575 |
| 夏女士 | 360 000 | 日常生活支出 | 60 000 |
| 奖金收入 | | 子女教育费用 | 24 000 |
| 夏女士 | 150 000 | 旅游开支 | 10 000 |
| | | 其他 | 24 000 |
| 收入总计 | 510 000 | 支出总计 | 189 575 |
| 年结余 | 320 425 | | |

要求：请对该家庭的财务比率进行分析并提出简要的理财建议。

二、某企业有甲、乙两个投资项目，计划投资额均为1 000万元，其收益率的概率分布如表1-16所示。

**表1-16　　甲、乙投资项目收益率分布表**

| 市场状况 | 发生的概率 | 甲项目的报酬率 | 乙项目的报酬率 |
| --- | --- | --- | --- |
| 好 | 0.3 | 20% | 30% |
| 一般 | 0.5 | 10% | 10% |
| 差 | 0.2 | 5% | -5% |

要求：

1. 分别计算甲、乙两个项目收益率的期望值。
2. 分别计算甲、乙两个项目收益率的标准差。
3. 比较甲、乙两个投资项目风险的大小。

第二模块 **现金规划**

## 学习目标

1. 掌握现金及现金规划的含义。
2. 了解家庭现金规划的必要性。
3. 掌握现金规划的投资工具和融资工具。
4. 掌握现金规划的工作流程。

## 案例导读

张先生夫妇现金规划案例

张军，现年30岁，广州某外资公司销售部经理，年薪168 000元。张太太，29岁，某礼品公司推销员，年薪50 000元。无子女。现有活期存款10 000元、一年定期存款100 000元，家具和家电价值70 000元，首饰价值30 000元。股票市值50 000元，基金市值45 000元，年末现金余额6 000元。自住房产价值700 000元（尚欠银行贷款550 000元、月供3 000元）。每年个人支出10 000元，张太太购置衣服、化妆品等支出15 000元，家庭水、电、煤、气等支出2 000元，电话费支出4 000元，交通费4 000元，日常生活用品8 000元，外出就餐支出6 000元，其他各项支出7 000元。除拥有社保外，张先生还为自己额外购买了一份保额为15万元的终身寿险。

如何为张军夫妇制定现金规划？他们需保留多少现金类资产作为储备？当现金储备不足急需资金时如何处理？

# 项目一　现金规划的必要性

现金规划可以说是家庭/个人理财规划中最核心、最基础的部分，无论是日常消费，还是买房、买车、教育投资，都要从家庭现金流中体现出来，都必须以合理的现金规划为前提。家庭进行现金管理，首先要计划好手中的流动资金数量，太少容易发生资金周转困难，太多又使资金的收益性过低，在通货膨胀时导致资产贬值。

## 任务1 现金的界定

在金融活动中，现金的含义实际上有广义和狭义两种。狭义的现金一般仅指手中持有的现金以及随时可用于支付的货币。广义的现金包括狭义的现金以及现金等价物。现金等价物虽然不是现金，但其支付能力与现金的差别不大，可视为现金。如家庭为保证支付能力，手持必要的现金，为了不使现金闲置，可以持有现金等价物，在需要现金时，随时可以变现。一项投资被确认为现金等价物必须同时具备四个条件：

（1）期限短。

（2）流动性强。

（3）易于转换成已知金额的现金。

（4）价值变动的风险较小。

其中，期限短、流动性强所强调的是现金等价物的变现能力，而易于转换成已知金额的现金、价值变动风险小则强调了现金等价物的支付能力的大小。

现金规划中所指现金为广义现金，既包含现金及现金等价物，也可以统称为客户的流动资产，含现金、各类储蓄存款、货币市场基金以及其他短期投资工具。

## 任务2 现金规划的必要性

### 一、现金规划

现金规划是针对家庭/个人短期资金需求而进行的现金及现金等价物（流动资产）管理和短期融资活动，就是确保家庭/个人有足够的费用来支付计划中和计划外的费用，并且消费模式是在家庭/个人的预算限制之内。

一般来说，家庭/个人建立的现金储备主要包括日常生活覆盖储备和意外现金储备。因为各个家庭的现金收入数额、来源、稳定性，现金支出数额、稳定性，非现金类资产流动性、家庭保障水平、持有现金类流动资产的机会成本以及风险偏好程度等存在的差异，每个家庭储备现金的数额不同。但对于绝大多数家庭来说，一般应保持相当于家庭3~6个月支出数额的现金，即保持家庭的流动性比率在3~6。

### 二、现金规划的必要性

#### （一）通过现金规划满足家庭日常费用需求

在个人财务规划中，现金规划有助于所拥有的资金既能满足家庭的费用又能满足储蓄的计划。使得即期的需求可以用手头现金来满足，而未预期的或者将来的需求则可以通过各种类型的储蓄或短期工具来满足。

**（二）减少资金机会成本**

对于金融资产来说，通常流动性和回报率是成反方向变化的。现金具有很高的流动性，因此它必将伴随着一定的机会成本。现金的机会成本在金融资产里，一般被看作是进行活期储蓄的所得。如果你持有现金，就意味着你放弃收益。因此要在资本的流动性和收益上进行权衡。合理的现金规划可以防止资金闲置，提高家庭/个人资产收益。

**（三）增强家庭紧急或意外事件应对能力**

（1）我们每个人都会碰到意外收入突然减少，甚至中断，若没有一笔意外现金储备可以动用，则会陷入财务困境。如因为失业或失能（因为意外身心遭受伤害，导致无法工作，在保险术语上称之为失能）导致收入中断，则会面临生活费用，买车或买房的月供款，房租等债务压力。或者因为紧急医疗或者意外灾害而导致的超支费用，这时也需要意外现金储备来应付这些突发状况。

（2）假如有突发事件发生，需要大量资金，而我们把资金都投入到收益较高的投资上去，而没有建立紧急准备金，这就会导致我们不得不将投资变现，而将高收益投资变现将会付出巨大的成本，并且大多投资还会损失掉大量的收益。因此，意外现金储备能够很好地防止这类损失的出现，保证自己在投资规划上的正常运作。

# 项目二　现金规划的工具

## 任务1　现金规划的投资工具

### 一、储蓄存款

储蓄存款指为居民个人积蓄货币资产和获取利息而设定的一种存款。储蓄存款基本上可分为活期和定期两种。活期储蓄存款虽然可以随时支取，但取款凭证——存折不能流通转让，也不能透支。传统的定期储蓄存款的对象一般仅限于个人和非营利性组织，且若要提取，必须提前七天事先通知银行，同时存折不能流通和贴现。目前，美国也允许营利公司开立储蓄存款账户，但存款金额不得超过 15 万美元。除此之外，西方国家一般只允许商业银行的储蓄部门和专门的储蓄机构经营储蓄存款业务，且管理比较严格。

目前我国储蓄的种类主要有以下 8 种。

**（一）活期存款**

活期存款指不规定期限，可以随时存取现金的一种储蓄。活期储蓄以 1 元为起存点。多存不限。开户时由银行发给存折，凭折存取，每年结算一次利息。参加这种储蓄的货币大体有以下几类：①暂不用作消费支出的货币收入。②预备用于购买大件耐用消费品的积攒性货币。③个体经营户的营运周转货币资金，在银行为其开户、转账等问题解决之前，以活期储蓄的方式存入银行。活期储蓄流动性强、灵活方便，适合个人日常生活待用资金的存储，但收益低。

### （二）定期存款

定期存款指存款人同银行约定存款期限，到期支取本金和利息的储蓄形式。定期储蓄存款的货币来源于城乡居民货币收入中的结余部分、较长时间积攒以购买大件消费品或设施的部分。这种储蓄形式利率高于活期储蓄，但若提前支取，银行将只按活期存款利率付息，因此要注意安排好存款的长短期限，避免因计划不当提前支取而造成的利息损失。

### （三）整存整取

整存整取指开户时约定存期，整笔存入，到期一次整笔支取本息的一种个人存款。人民币 50 元起存，外汇整存整取存款起存金额为等值人民币 100 元的外汇。另外，提前支取时必须提供身份证件，代他人支取的不仅要提供存款人的身份证件，还要提供代取人的身份证件。该储种只能进行一次部分提前支取。计息按存入时的约定利率计算，利随本清。整存整取存款可以在到期日自动转存，也可根据客户意愿，到期办理约定转存。人民币存期分为三个月、六个月、一年、两年、三年、五年六个档次。外币存期分为一个月、三个月、六个月、一年、两年五个档次。

### （四）零存整取

零存整取指开户时约定存期、分次每月固定存款金额（由您自定）、到期一次支取本息的一种个人存款。开户手续与活期储蓄相同，只是每月要按开户时约定的金额进行续存。储户提前支取时的手续比照整存整取定期储蓄存款有关手续办理。一般五元起存，每月存入一次，中途如有漏存，应在次月补齐。计息按实存金额和实际存期计算。存期分为一年、三年、五年。利息按存款开户日挂牌零存整取利率计算，到期未支取部分或提前支取按支取日挂牌的活期利率计算利息。这种方式对每月有一定固定收入的人来说，无疑是一种很好的积累财富的方法。

### （五）整存零取

整存零取指在存款开户时约定存款期限、本金一次存入，固定期限分次支取本金的一种个人存款。存款开户的手续与活期相同，存入时一千元起存，支取期分一个月、三个月及半年一次，由客户与营业网点商定。利息按存款开户日挂牌整存零取利率计算，于期满结清时支取。

### （六）存本取息

存本取息指在存款开户时约定存期、整笔一次存入，按固定期限分次支取利息，到期一次支取本金的一种个人存款。一般是五千元起存。可一个月或几个月取息一次，可以在开户时约定的支取限额内多次支取任意金额。利息按存款开户日挂牌存本取息利率计算，到期未支取部分或提前支取按支取日挂牌的活期利率计算利息。存期分一年、三年、五年。其开户和支取手续与活期储蓄相同，提前支取时与定期整存整取的手续相同。

### （七）定活两便

定活两便指在存款开户时不必约定存期，银行根据客户存款的实际存期按规定计息，可随时支取的一种个人存款种类。50 元起存，存期不足三个月的，利息按支取日挂牌活期利率计算；存期三个月以上（含三个月），不满半年的，利息按支取日挂牌定期整存整取三个月存款利率打六折计算；存期半年以上的（含半年）不满一年的，整个存期按支取日定期整存整取半年期存款利率打六折计息；存期一年以上（含一年），无论存期多长，整个存期一律按支取日定期整存整取一年期存款利率打六折计息。

**（八）通知存款**

通知存款是指在存入款项时不约定存期，支取时事先通知银行，约定支取存款日期和金额的一种个人存款方式。最低起存金额为人民币五万元（含），外币等值五千美元（含）。为了方便，您可在存入款项开户时即可提前通知取款日期或约定转存存款日期和金额。个人通知存款需一次性存入，可以一次或分次支取，但分次支取后账户余额不能低于最低起存金额，当低于最低起存金额时银行给予清户，转为活期存款。个人通知存款按存款人选择的提前通知的期限长短划分为一天通知存款和七天通知存款两个品种。其中一天通知存款需要提前一天向银行发出支取通知，并且存期最少需两天；七天通知存款需要提前七天向银行发出支取通知，并且存期最少需七天。

## 知识拓展

储蓄存款五大技巧

1. 阶梯存储法

如有5万元需要储蓄，可以将其中的2万元存为活期，方便自己使用的时候随时支取。然后将剩余的3万元分别分成3等份存为定期，存期分别设置为1年、2年、3年。1年之后，将到期的那份1万元再存为3年期。其余的以此类推。等到3年后，我们手中所持有3张存单则全都成了3年期的，只是到期的时间有所不同，依次相差1年。采用这样的储蓄方法可以让年度储蓄到期额达到平衡，既能应对储蓄利率的调整，又能获取3年期存款的高利息，所以是工薪家庭为子女积累教育基金的一个不错的储蓄方式。

2. 连月存储法

我们可以每月将自己结余的钱存为一年期整存整取定期储蓄。这样在一年后，第一张存单到期，我们便可取出储蓄本息，再凑为整数，然后进行下一轮的周期储蓄，像这样一直循环下去。于是我们手头的存单始终保持在12张，每月都能获得一定数额的资金收益，储蓄额流动增加，家庭积蓄也会逐渐增多。这里储蓄法的灵活性比较强，具体每月需要存储多少，可以根据家庭经济的收益情况做出决定，并没有必要定一个数额。如果有急需使用资金的情况，我们只要支取到期或近期所存的储蓄即可，从而为我们减少了一些利息损失。

3. 四分储蓄法

如有1万元要储蓄，我们可以将其分存成4张定期存单，每张存额可以分为1 000元、2 000元、3 000元和4 000元，将这4张存单都存为一年的定期存单。采用这种方式，如果我们在一年内需要动用4 000元，那么只要支取4 000元的存单就可以了，从而避免了“牵一发而动全身”的弊端，很好地减少了由此而造成的利息损失。

4. 组合存储法

这种方法的本质就是本息和零存整取组合。比如用5万元来储蓄，我们就可以先开设一个存本取息的储蓄账户，在一个月后，取出存本取息储蓄的第一个月利息，然后再开设一个零存整取的储蓄账户，在接下来的每月中都可以将利息存入零存整取这个账户中。这种方式不但能获得存本取息利息，而且存入了零存整取储蓄后还可以得到利息。

5. 自动转存

储蓄的时候，可以和银行约定进行转存，这样做的好处就是它可以避免存款到期后如果不及时转存，逾期部分按活期计息的损失。另外，如果存款到期后正遇上了利率下调，之前约定自动转存的，就能按下调前较高的利率计息。而如到期后遇到利率上调，我们也可取出后再存，同样能享受到调高后的利率。

【资料来源：和讯财经】

## 二、货币市场基金

### （一）货币市场基金的定义

货币市场基金是指投资于货币市场上短期（一年以内，平均期限120天）有价证券的一种投资基金。与现金、活期存款以及其他储蓄存款品种相比，货币市场基金最大的优势在于收益率高，多数货币市场基金一般具有国债投资的收益水平，远超同期定期银行存款利率。同时，货币基金也具备良好的流动性，多数货币基金支持T+1或T+2赎回，还有部分货币基金支持T+0赎回。从本金安全性来讲，由货币市场基金投资范围就决定了其风险较低，货币基金合约一般都不会保证本金的安全，但事实上由于基金性质决定了货币基金在现实中极少发生本金的亏损。因此货币基金被看作现金等价物。

### （二）货币市场基金的投资范围

根据2004年8月16日中国证监会、中国人民银行共同制定的《货币市场基金管理暂行规定》，货币市场基金的投资范围主要包括以下内容。

（1）货币市场基金应当投资于以下金融工具：

①现金。

②一年以内（含一年）的银行定期存款、大额存单。

③剩余期限在三百九十七天以内（含三百九十七天）的债券。

④期限在一年以内（含一年）的债券回购。

⑤期限在一年以内（含一年）的中央银行票据。

⑥中国证监会、中国人民银行认可的其他具有良好流动性的货币市场工具。

（2）货币市场基金不得投资于以下金融工具：

①股票。

②可转换债券。

③剩余期限超过三百九十七天的债券。

④信用等级在AAA级以下的企业债券。

⑤中国证监会、中国人民银行禁止投资的其他金融工具。

实际上，货币市场基金投资的范围都是一些高安全系数和稳定收益的品种，所以对于很多希望回避证券市场风险的企业和个人来说，货币市场基金是一个天然的避风港，在通常情况下既能获得高于银行存款利息的收益，又保障了本金的安全。

**（三）货币市场基金的选择**

在选择货币市场基金时，应综合安全性、流动性、收益性三个要素进行分析，参考以下几个指标选择最适合自己的货币市场基金。

1. 基金收益率

基金收益率有万份收益和七日年化收益率两个指标。万份收益指标为投资者当日（双休日和法定节假日可能是多日）的实际收益扣除相关费用后计算出的当日实际收益率，七日年化收益率为基金最近七天年化收益率。

在参考收益率指标选择货币市场基金时，投资者应重点关注货币市场基金的万份收益的历史表现和未来预期。七日年化收益率虽具有一定参考价值，但基金公司每天的七日年化收益率的计算是以当天的收益曲线中最有利于基金公司的价格计算出来的，有可能造成报价收益与实际收益的差异。同时，需注意的是，已公布的业绩属于历史业绩，不能完全代表基金未来的收益状况。

2. 基金规模大小

一般而言，货币市场基金规模与收益基本成正比，但基金的管理和服务也很重要。规模较小的货币市场基金为应付赎回，现金持有比例要高于规模大的基金，相应的可用于投资的资金自然会减少，那就会对收益率有明显的影响。因此为了保证投资人能够随时进行赎回，基金必须保有一定量的现金。而规模较大的货币市场基金其规模与业绩通常能够实现良性循环，在流动性等风险控制方面也具有较强的能力。同样受赎回压力影响，为了保持较高的流动性，规模小的基金投资于期限较长、流动性较差的券种的资金就相对较少，而这些券种往往有着较高的收益率，这也是小规模的货币市场基金收益率低的重要原因之一。

投资者应选择规模较大，且规模增长较为稳定的产品。这样的货币市场基金通常实现了规模与业绩的良性循环，并且在流动性等风险控制方面具有较强的能力。

3. 赎回款的到账速度

有的货币市场基金支持7×24赎回（全天无周末支持赎回）、T+0赎回（T日指基金交易或基金账户管理的业务申请受理日），完全可以作为活期存款的替代品。有的货币市场基金赎回款的到账日期为T+1日，有的只能提供T+2的流动性，同时还有每天赎回截止日期的限制。不过投资者需要注意的是：一般来说，星期六和星期日这两天不计入T之中，如果在星期五申请赎回，资金要到下一个星期一才能到账；如果在双休日期间申请赎回，那么资金只能在下一个星期二才能到账。而且春节和“十一”等长假期间，也不计入T日。因此，投资者应根据资金流动性需求合理选择相应的基金。

## 任务2　现金规划的融资工具

### 一、信用卡融资

**（一）信用卡定义**

信用卡是商业银行向个人和单位发行的，凭以向特约单位购物、消费和向银行存取现金，具有消费信用的特制载体卡片，其形式是一张正面印有发卡银行名称、有效期、号码、持卡人姓名等内容，背面有磁条、签名条的卡片。我们现在所说的信用卡，一般单指贷记卡。

**（二）信用卡特点**

信用卡相比普通银行储蓄卡来说，最方便的使用方式就是可以在卡里没有现金的情况下进行普通消费，在很多情况下只要按期归还消费的金额就可以了。信用卡主要特点如下所述：

（1）不需存款即可透支消费，并可享有20~50天的免息期，按时还款分文利息不收。

（2）购物时刷卡不仅安全、卫生、方便，还有积分礼品赠送。

（3）持卡在银行的特约商户消费，可享受折扣优惠。

（4）积累个人信用，在个人的信用档案中增添诚信记录，让个人终身受益。

（5）通行全国无障碍，在有银联标识的ATM和POS机上均可取款或刷卡消费。

（6）全年多种优惠及抽奖活动，让您只要用卡就能时刻感到惊喜。

（7）每月免费邮寄对账单，让个人透明掌握每笔消费支出。

（8）特有的附属卡功能，适合夫妻共同理财，或掌握子女的财务支出。

（9）自由选择的一卡双币形式，通行全世界，境外消费可以境内人民币还款。

（10）免费800电话24小时服务，挂失即时生效，失卡零风险。

**（三）信用卡还款方式**

1. 发卡行内还款

该方式包括：发卡行柜台、ATM、网上银行、自动转账、电话银行还款等方式。还款后，信用卡额度即时恢复，款项一般在当天系统处理后，即可入账。

2. 跨行转账/汇款还款

主要分为：同城跨行、异地跨行两种方式。无论是何种方式进行转账或者汇款，汇出行将收取一定的费用，同时款项在到账的时间和还款便捷程度上都不如同行内还款、网络还款、便利店还款等方式。

3. 网络还款

目前，国内比较常见的网络平台有：银联在线、快钱、盛付通、支付宝等。选择不同的平台和银行，收费标准和款项具体到账时间均有所不同。

4. 便利店还款

该种方式主要是通过安装在便利店中的“拉卡拉”智能支付终端完成还款。一般到账时间需 2 ~ 3 个工作日，同时利用这种方式还款免收取手续费。

5. 柜面通还款

柜面通指各联网金融机构发行的银行卡，通过在银联交换中心主机系统注册的他行银行网点柜面，进行人民币活期存取款交易。

6. 信付通还款

“信付通”智能刷卡电话是中国银联自主研发，通过银行卡检测中心认证，并由中国银联跨行信息交换网络提供金融服务支持的创新电子产品。

7. 还款通

利用“还款通”进行还款，收费一般按当地人民银行规定的同城跨行转账与异地跨行汇划收费标准收取。

8. 其他还款方式

除了上面提到的几种方式外，发卡行为了便于持卡人还款，还开通了各自特色的还款方式。

**（四）信用卡功能**

1. 购物消费

购物消费是信用卡最基本、最原始的用途，这项功能持卡人基本都了解。具体使用是持卡人可以在受理信用卡的酒店、宾馆、餐厅、饭店、商场、超市、KTV 等商业机构或网点凭卡进行消费结算，持卡人凭卡购物、用餐、住宿后，无须即时支付任何费用，只要出示信用卡即可，收银人员通过使用 POS 机对交易进行处理，持卡人消费的账款可以即时或延时从使用卡账户中转入商户账户，从而完成购物或支付行为。

另外，在酒店或饭店支付房费时，持卡人还可以通过刷信用卡预付权的方式来免交押金，如一次性冻结 1 000 元，退房时再根据实际消费进行结算。

2. 小额信贷融资

先消费再还款，这就是小额信贷。如果有用户着急用现钱，又该怎么办？多数人会想到向熟人借钱，等资金回笼或是发工资后再还款。那么为何不向银行借款呢？既方便，又不用那么难于开口。

首先，信用卡具有透支功能，其根据申请人的信用情况核定一个信用额度，申请者可以在这个额度范围内透支消费。比如你的还款日是每月 12 日，那么你在 12 日之前的消费在本月最后还款日 30 日前还清就可以了；如果你在 12 日以后消费，在下个月的月底还款就可以，这样可以获得更多的免息时间。举个例子：消费 5 万元，享受最长 50 天免息期，按当前短期 5.6% 的贷款利率算，仅一个免息期，即可省下 400 元左右的利息。换句话来说，如果自己有钱，消费刷信用卡，自己就可以拿自己的钱去投资赚钱了。

其次，信用卡还具有循环信用功能，当持卡人透支消费后，在还款日无法全部还清账单时，只需缴付月结单上所列之“最低应缴金额”，剩余延后还款便计入循环信用。循环信用按日计息，无需担保，并可随时结清。需注意的是，循环计息的计算方式由于各家银行规定不同，持卡人一定要先弄懂所持信用卡的循环计息方式，再使用此项功能。国内就曾经出现过持卡人因一时疏忽少还 0.5 元，结果因整个账单还款额被取消免息期待遇而多支付了 1 000 多元的利息，最终投诉未果的事件。

此外，信用卡还有取现功能，不过要按天收取较高的利息，而且每天取现也有一定限额，一般不提倡使用此项功能。

3. 节省开支

信用卡有记账理财功能。每月月底银行会寄一张消费账单给信用卡用户，持卡人每期的账单都清楚地记录了本月生活开支用在什么地方、有没有超额，使下个月能进行合理的调整。另外，为了增加客户黏度，银行也会经常举办购物刷卡赠送礼品活动，持卡人也能省一笔钱。特别是在重大节假日，许多银行都会与一些大型商场和超市联手搞活动，此时刷卡消费就能获赠价值不等的礼品，如刷卡买 1 000 元左右的商品，或可获赚 100 元左右的礼品。

另外，信用卡的积分也可以换商品。持卡人持信用卡到发卡银行指定的特约商场刷卡购物，只要在刷卡时告知收银员用积分消费，就可以使用信用卡中的积分折算现金，折扣货款。刷卡消费时，信用卡积分不足抵扣消费金额时，不足部分按一般刷卡消费从持卡人的信用卡中扣除。

4. 购物省钱

随着生活水平的提高，人们对生活要求也越来越高，汽车、高档家电、电子产品都已成为人们追求时尚的必需品。

以购买一部当下比较流行的苹果 7 Plus 手机来说，可通过信用卡分期付款业务。该业务可将持卡人一次性支付的消费金额分成 3 ~ 12 期，以减轻还款压力，提前获得想购买的商品。分期付款业务一般不收利息，但要一次性或逐期收取一定的手续费。更有一些商家与银行直接合作，开展免息免手续费的分期业务。

还有一种方式是用现金卡现金分期付款，银行将一定金额的款项直接转入持卡人开立的借记账户（储蓄卡）内，由客户自由支配，客户按选定期限归还该笔款项。这项业务免抵押、免担保、免利息，只要一次性支付一定的手续费，还款期数分成 3 ~ 12 期不等。

5. 获得免费保险

给信用卡用户提供某种回报或增值服务，是信用卡市场营销和产品设计中常用的方法。如平安银行在市场上发行的所有信用卡均额外赠送给持卡客户高额的意外伤害保险，根据客户群的不同，分别有：公共交通意外保险、居家燃气意外保险、自驾车全车人员意外保险，甚至一般意外伤害保险等，保额也从 5 万元至 1 000 万元不等。并且，这些保险均可以通过信用卡消费来支付第二年的保费，从而无需让持卡人每年交保费即可获得至 67 周岁的免费保险。

6. 资信凭证

由于信用卡一般是发卡机构根据申请者的社会身份地位、经济实力、购买消费能力、信用等级等标准来发放的，因此卡片一般按照持卡人的资信水平划分为不同的等级。信用卡还具有信用购买的功能，因此信用卡在很多场合都可以作为持卡人的一种身份地位象征，一种资信程度的体现。例如白金卡、金卡等级的信用卡通常具有很多高级别的附加值服务，包括 VIP 服务、全球机场贵宾礼遇、特约商户折扣，等等。

信用卡的信用凭证用途已经逐渐显现。拥有一张信用卡，也可体现持卡人的信用。

## 知识拓展

信用卡神必备的四个小技巧你还差几个

在使用信用卡过程中，一部分卡友已经用到了卡神的级别，而也有部分卡友沦为了卡奴，同样是用信用卡，为什么差距会如此大呢？下面小编就为卡友们推荐几个用卡小技巧，绝不会让你沦为卡奴的。

1. 信用卡要求质而非量

据了解，现在绝大多数卡友的手中都有3～5张信用卡，而卡奴普遍有10张以上的卡，先不提是否好管理，就每张卡能否都用得上还是个问题。所以一般建议每人的信用卡数量在2～3张最为合适，当然也可以根据自己的需求留下最合适的信用卡。

2. 充分利用免息期

信用卡最大的一个亮点就是用卡消费后，可以享受50天左右的免息期，也就是可以白白用银行50天左右的钱，还不用任何利息和手续费，这段期间可以利用信用卡做一个短期的理财，若想获得最长的免息期，最好在账单日的次日刷卡交易，这样就会获得50～56天的超长免息期。

3. 免息期也可以延长

用信用卡理财，如果到账单日前一天，你投资理财的钱还没到账，也不用担心，可以在出账单之前向银行申请修改账单日，这样你获得的免息期就更长了，但通常账单日一年只能修改一次或两次，并不是每次都可以改的，因此最好还是算好时间再做理财。

4. 信用卡丢失、被盗

申请信用卡时千万不要一抹黑地就申请，即使别人说某张卡不错，你申请的时候各个条条框框的也要看清楚，不要申请一些高风险银行的信用卡，这些银行通常将信用卡风险转嫁至持卡人身上，让持卡人来承担信用卡丢失被盗后的损失。

即便银行会承诺承担挂失前48小时内的被盗损失，但真正赔偿起来，各种条件就都来了，所谓盗刷容易赔偿难啊！因此还是尽量保管好自己的卡片及个人信息。

【资料来源：和讯财经】

### 二、个人无抵押小额贷款

个人无抵押小额贷款也称小额信用贷款，是以个人或家庭为核心的短期贷款，其特征就是债务人无须提供抵押品或第三方担保，仅凭自己的信誉就能取得贷款，并以借款人信用程度作为还款保证。很多银行都设定只要月收入3 000元以上，拥有当地的居住证明即可申请。与其他融资工具相比，“申办简单、无须担保”是其突出优势。

### 三、国债质押贷款

国债质押贷款是指借款人以未到期的国债作为质押，从贷款银行取得人民币贷款，到期一次性归还贷款本息的一种贷款业务。不过大多银行只接受凭证式国债质押贷款。

国债质押贷款的贷款期限最长不超过一年或国债的到期日，国债质押贷款额度起点一般为5 000元，每笔贷款不超过债券质押价值的90%；贷款利率按照中国人民银行规定的同期同档次贷款利率执行，贷款期限不足6个月的按6个月利率执行，期限超过6个月至一年的按一年的利率执行。银行也会根据客户的不同情况对贷款利率有所调整，贷款利率的下限是基准利率的0.85～0.9倍，上限不设。

## 知识拓展

中国银行国债质押贷款

一、产品名称

国债质押贷款

二、产品说明

国债质押贷款是指借款客户以中国银行承销的未到期的国债作质押，从中国银行取得人民币贷款，到期归还贷款本息的一种贷款业务。可接受的国债包括凭证式国债、记账式国债和储蓄式国债，能够满足借款人理财和个人消费需求或正常经营活动的贷款资金需求。

（一）贷款期限

国债质押贷款期限最长不超过用以质押的国债到期日。

（二）贷款额度

凭证式国债质押贷款额度起点5 000元，凭证式国债和储蓄式国债质押贷款最高限额应不超过质押权利面额的90%，记账式国债质押贷款最高限额应不超过质押权利面额的80%。

（三）贷款申请

1. 国债质押贷款借款申请书；

2. 出示本人有效身份证件原件（指居民身份证、户口簿或其他有效居留身份证），并提供复印件；

3. 本人名下的财政部1999年后发行，由中国银行承销的国债权利原件；

4. 使用第三人（出质人）的国债办理质押贷款，须出示第三人书面同意的文件及有效身份证件，并提供其有效身份证复印件；

5. 中国银行要求提供的其他证明文件或资料。

（四）贷款利率

按中国人民银行公布的同档次贷款利率执行。

三、适用对象

具有完全民事行为能力的中华人民共和国公民。

四、办理流程

1. 客户申请。客户向银行提出申请，填写书面申请表，同时提交相关资料。

2. 签订合同。银行对借款人提交的申请资料审核通过后，双方签订借款合同，视情况办理相关公证、质押手续等。

3. 发放贷款。经银行审批同意发放的贷款，办妥所有手续后，银行按合同约定将贷款转入指定账户。

4. 按期还款。借款人按借款合同约定的还款计划、还款方式偿还贷款本息。

5. 贷款结清。贷款结清包括正常结清和提前结清两种。①正常结清：在贷款到期日（一次性还本付息类）或贷款最后一期（分期偿还类）结清贷款；②提前结清：在贷款到期日前，借款人如提前部分或全部结清贷款，须按借款合同约定，提前向银行提出申请，由银行审批后到指定柜台进行还款。

温馨提示：

为节约您的时间，请在贷款申请前向当地挂有“理想之家”品牌标识的中国银行网点进行咨询或者拨打95566。

## 四、存单质押贷款

存单质押贷款是指借款人以贷款银行签发的未到期的个人本外币定期储蓄存单（也有银行办理与本行签订有保证承诺协议的其他金融机构开具的存单的抵押贷款）作为质押，从贷款银行取得一定金额贷款，并按期归还贷款本息的一种信用业务。存单质押贷款的贷款期限最长不超过一年或存单的到期日；存单质押贷款额度起点一般为5 000元，每笔贷款不超过存单质押价值的90%，最高可达质押价值的95%；贷款利率按照中国人民银行规定的同期同档次贷款利率执行，可视借款人情况最多下浮10%。

## 五、保单质押贷款

保单质押贷款是保单所有者以保单作为质押物，按照保单现金价值的一定比例向银行或保险公司获得短期资金的一种融资方式，投保人的保单在办理质押贷款后，仍具有保障功能。

投保人可以把保单直接抵押给保险公司，直接从保险公司取得贷款；也可以把保单质押给银行，从银行取得贷款。目前国内保单质押贷款的期限较短，一般最多不超过6个月，最高贷款余额也不超过保单现金价值的70%～80%。

可以用来贷款的是具有储蓄功能的养老保险、投资分红型保险及年金保险等人寿保险合同，此类保险合同只要投保人缴纳保费超过一年，人寿保险单就具有了一定的现金价值，保单持有人可以随时要求保险公司返还部分现金价值以实现债权，而医疗费用保险和意外伤害保险以及财产保险都不能质押。

## 六、典当融资

典当是以实物为抵押，以实物所有权转移的形式取得临时性贷款的一种融资方式。与银行贷款相比，典当贷款成本高、贷款规模小，但典当也有银行贷款所无法相比的优势。

第一，与银行对借款人的资信条件近乎苛刻的要求相比，典当行对客户的信用要求几乎为零，典当行只注重典当物品是否货真价实。而且一般商业银行只做不动产抵押，而典当行则可以动产与不动产质押二者兼为。

第二，到典当行典当物品的起点低，千元、百元的物品都可以当。与银行相反，典当行更注重对个人客户和中小企业服务。

第三，与银行贷款手续繁杂、审批周期长相比，典当贷款手续十分简便，大多立等可取，即使是不动产抵押，也比银行要便捷许多。

第四，客户向银行借款时，贷款的用途不能超越银行指定的范围。而典当行则不问贷款的用途，钱使用起来十分自由。周而复始，大大提高了资金使用率。

典当也有一定的缺点，除贷款月利率外，典当贷款还需要缴纳较高的综合费用，包括保管费、保险费、典当交易的成本支出等，因此它的融资成本高于银行贷款。

### 七、P2P 融资

随着 P2P 借贷的兴起，个人与个人之间的小额信用借贷交易，可以通过借助电子商务专业网络平台帮助借贷双方确立借贷关系并完成相关交易手续。借款人只需在相关互联网第三方 P2P 网贷平台发布借款需求信息，通过平台方的借款信息、个人信息等方面审核后，投资者即可根据自己的投资需求决定是否将盈余资金拆借给借款人。这种操作模式其实就是一种民间借贷方式，只要贷款利率不超过银行同期贷款利率的 4 倍，是属于合法的。

## 项目三　现金规划的工作流程

现金规划的编制一般遵循以下程序。

### 一、分析客户的现金需求

（1）首先向客户说明什么是现金规划，现金规划的需要因素及现金规划的内容。

（2）在此基础上收集客户与现金规划相关的信息，如年龄、职业、收入状况、支出状况、社保状况等信息。

（3）根据收集到的信息，引导客户编制现金流量表进行现金流量分析。如果把现金看作是日常财务活动的“血液”，那么现金流量表就好比“验血报告”。个人日常理财的好坏，从这份报告中可以有个初步判断。因为从其他财务报表中，只能掌握现金的静态情况，而现金流量表却反映了现金流动的动态情况。

### 二、制定现金规划方案

（1）分析影响现金规划的因素，确立家庭应储备的现金额度。现金规划的影响因素主要有家庭收入来源及稳定性、现金支出情况及稳定性，非现金类资产流动性、家庭保障水平、持有现金类流动资产的机会成本以及风险偏好程度等，一般应保持相当于家庭 3 ~6 个月支出数额的现金，即家庭的流动性比率保持在 3 ~6。

（2）通过现金、现金规划投资工具对确立的现金额度进行配置。将上述确立的现金储备额度在现金、活期存款、其他各类银行储蓄存款、货币市场基金之间进行分配，配置时应兼顾流动性与收益性。一般遵循1/3为现金及活期，2/3为其他储蓄存款以及货币市场基金的法则。

（3）通过融资工具配置解决超额现金需求。向客户介绍家庭短期融资方式，选择合适的融资工具进行超额资金需求配置，形成现金需求短期融资方案。

（4）形成完整的现金规划报告交付客户。根据以上工作流程，现对本模块一开始的张军夫妇现金规划案例进行分析，给出如下现金规划建议：

## 案例分析

张先生夫妇现金规划案例

从家庭收入来源及稳定性来看，张军夫妇均从事与销售相关的工作，收入稳定性相对较低；从现金支出状况看，两人每个月的开支主要包括交通费、美容费、交际费以及一些必要的生活开支上，相对稳定；从家庭保障水平来看，张军夫妇拥有社保，张军先生还有一份保额为10万元的终身寿险。同时，张军夫妇尚未有孩子，家庭意外支出概率相对较小。

综合以上情况，结合流动性比率指标，建议两人现金储备保留在月均支出的3倍。

①现金储备额度。建议两人储蓄金保留为家庭月均支出的3倍，大概在23 000元。

②现金储备额度配置。除了家里的6 000元现金，另外把银行存款中的3 000元作为生活覆盖储备金。另建议购买14 000元的T+0或T+1货币市场基金作为家庭意外储备，因为货币市场基金收益高于银行存款，又可以灵活取现。

③超额现金需求配置。建议张军夫妇俩各办一张信用卡，可以作为临时应急资金来源，而且信用卡又有许多消费优惠，可以减少一部分消费支出。另外，当需要大笔资金使用周期相对较长时，可考虑办理张先生的人寿保单质押贷款，手续简便，放款速度快，可及时获得所需资金。

## 总结与回顾

1. 现金规划中所指现金，含现金、各类储蓄存款、货币市场基金以及其他短期投资工具。

2. 现金规划是针对家庭/个人短期资金需求而进行的现金及现金等价物（流动资产）管理和短期融资活动。

3. 大多数家庭一般应保持相当于家庭3～6个月支出数额的现金。

4. 现金规划的必要性体现在：一是通过现金规划满足家庭日常费用需求，二是减少流动资产持有的机会成本，三是增强家庭紧急或意外事件应对能力。

5. 现金规划的投资工具主要有：储蓄存款（含活期存款、定期存款、整存整取、零存整取、整存零取、存本取息、定活两便、通知存款）以及货币市场基金。

6. 现金规划的融资工具主要有：信用卡、个人无抵押小额贷款、国债质押贷款、存单质押贷款、保单质押贷款、典当融资以及 P2P 融资。

## 同步自测练习

### 一、单项选择题

1. 下列选项中属于现金等价物的是（　　）。

A. 股票及权证　　B. 债券　　C. 货币市场基金　　D. 基金

2. 理财规划师建议进行家庭财产规划时，流动性比率最低应保持在（　　）左右。

A. 4　　B. 3　　C. 2　　D. 1

3. 关于零存整取，下列说法中错误的是（　　）。

A. 比较适合刚参加工作，需逐步积累每月结余的客户

B. 存款金额由储户自定，每月需以固定金额存入

C. 若储户中途漏存，可在到期支取前补齐

D. 适应面较广，手续简便

4. 不约定存期，支取时需提前通知银行，约定支取日期和金额方能支取的存款是（　　）。

A. 整存零取　　B. 定活两便储蓄

C. 个人支票储蓄存款　　D. 个人通知存款

5. 从狭义上说，信用卡主要是指由金融机构或商业机构发行的（　　），持卡人在信用额度内可先消费后还款的信用卡。

A. 贷记卡　　B. 准借记卡　　C. 准贷记卡　　D. 借记卡

### 二、多项选择题

1. 现金规划中所指的现金等价物是指流动性比较强的（　　）等金融资产。

A. 活期储蓄　　B. 各类银行存款

C. 货币市场基金　　D. 股票

2. 理财规划师在为客户确定现金及现金等价物的额度时，应该（　　）。

A. 将该额度确定在个人或家庭每月支出的 3 ~ 6 倍

B. 只考虑持有现金及现金等价物的机会成本

C. 参考客户资金的流动性比率

D. 最终现金规划的具体额度一定要通过收入支出表中收入和支出构成的稳定性角度来确定

3. 个人通知存款按存款人提前通知的期限长短划分为（　　）两个品种。

A. 1 天通知存款　　　　　　　　B. 5 天通知存款

C. 7 天通知存款　　　　　　　　D. 10 天通知存款

4. 下列说法中正确的是（　　）。

A. 个人通知存款适合于有款项在一定时期内不需动用，只需定期支取利息以作生活零用的客户

B. 整存零取适合那些有整笔较大款项收入且需要在一定时期内分期陆续支取使用的客户

C. 零存整取比较适合刚参加工作，需逐步积累每月结余的客户

D. 个人通知存款比较适合那些有较大额度的结余，但在不久的将来需随时全额支取使用的客户

三、判断题

1. 对于凭证式国债质押贷款，贷款期限不足 6 个月的，按 6 个月的法定贷款利率执行。（　　）

2. 现金规划目标着眼于保证客户资产增值最大化。（　　）

3. 利用信用卡进行预借现金的利息和手续费不是很高，所以可以经常采取预借现金的方式进行短期融资。（　　）

4. 股票属于现金规划的工具。（　　）

5. 当家庭突然需要大笔现金来应付意外开支时，信用卡临时透支等可以作为紧急备用金。（　　）

## 基础技能训练

陈女士有一个幸福的三口之家：陈女士 32 岁，央企高管；先生黄先生 35 岁，私企老板，夫妻俩都是广东人，工作 10 年，结婚 7 年，女儿小黄 7 岁，现读小学二年级。双方都有社保，收入稳定，身体健康。双方父母均已退休在老家生活。陈女士家庭现有银行存款 5 万，债券基金 10 万元，固定收益理财产品 30 万，股票 2 万元，一套自住房 120 万，无贷款；一套投资房产 70 万，无贷款，出租租金 2 万元一年。一辆价值 10 万元轿车。陈女士跟先生年工资收入 17 万元。陈女士家庭每年支出 13 万元，其中自己每年人寿保险支出 2 万元。陈女士跟先生五险一金齐全。

根据以上资料，为陈女士家庭做一份现金规划。

## 第三模块 住房规划

### 学习目标

1. 能够根据客户的住房消费需求选择适当的支付方式。
2. 能够计算并制定住房消费信贷方案。
3. 能够根据房地产市场发展调整住房消费方案。
4. 能够根据客户资产变化调整住房消费方案。

## 项目一 住房规划的必要性

家庭消费规划是理财业务不可或缺的内容。如果消费支出缺乏计划或计划不得当，家庭很可能支付过高的消费成本，甚至导致家庭出现理财危机。家庭消费规划的宗旨就是合理安排消费资金，树立正确的消费观念，节省成本，保持稳健的财务状况。家庭消费支出包括住房消费支出、汽车消费支出、信用卡消费支出以及其他消费支出等。随着商品住房价格的日益高涨，个人住房支出占家庭消费支出结构的比重越来越大。有些家庭不幸成为“房奴”而背上沉重的房贷包袱。如何规划住房支出成为人们越来越关心的问题。合理规划住房消费支出也显得尤为重要。住房规划的重要性体现在以下三个方面。

### 一、合理安排住房计划的需要

家庭处于生命周期的不同阶段对住房有不同的需求。如新婚家庭的首次购房，以小户型两居室为首选；当小孩出生长大后可考虑换购三居室，注重小学、中学学区、生活品质与生活功能；退休后子女成家搬出去了，可换购小面积兼顾医疗、休闲、景观的养老社区，释放出部分资金补充退休以后的生活需求。因此，购房时要结合自身家庭的经济能力和实际需求，根据家庭生命周期循序渐进地购房、换房。

### 二、强迫家庭有意识的储蓄

家庭可根据购房规划制定首付款及购房后还贷款的储蓄目标，达到控制消费、增加储蓄的功效。

### 三、防止购房后无力负担按揭贷款

在制定购房规划时，重点考察房贷按揭的负担能力。一是要考察住房负担比（房屋月供款与税后月收入的比值）不应超过25%～30%；二是要考察财务负担比（年负债支出与年税后收入的比值）一般控制在40%以内，防止家庭沦为“房奴”。对于工作收入随业务量大幅变化的人群来说，应以保守的收入来衡量贷款负担能力，稳健购房。

## 项目二　购房与租房的基本决策方法

住房支出包括住房投资和住房消费。我国大多数家庭在购买住房时消费目的和投资目的并存。住房投资是指将住房看成投资工具，通过住房价格上升来应对通货膨胀、获得投资收益以期资产保值或增值。住房消费是指居民为取得住房提供的庇护、休息、娱乐和生活空间的服务而进行的消费，这种消费的实现形式可以是租房也可以是买房。

目前，我国房地产平均购房资金成本和月供分别是租金的1.1倍和1.3倍。即购房成本（或月供）已经超过租房成本，即“买房不如租房”，但并不表示所有人都愿意放弃买房的打算，转而租房。买房好还是租房好？什么样的人适合买房？什么样的人适合租房？租房还是买房，取决于生活方式，买房与租房的优劣势比较如表3－1所示。

**表3－1　　买房与租房的优劣势比较**

| | 买房 | 租房 |
|---|---|---|
| 优势 | 1. 有属于自己的房子，有归属感<br>2. 可以随意装修、买家具<br>3. 不用忍受房东催缴房租、搬家等<br>4. 孩子可以就近入托、入学<br>5. 可出租、转让，当作家庭的保值资产 | 1. 租房只需拎包入住，无处置房产的麻烦<br>2. 不用担心能否拿上房产证<br>3. 可以随时炒掉房东<br>4. 省出的贷款，可提高生活质量或存起来<br>5. 不担心房价下跌 |
| 劣势 | 1. 必须当房奴<br>2. 担心房子质量不过关，不能顺利交房、拿到房产证，小区环境、物管不符合自己期望<br>3. 担心房价下跌<br>4. 担心小区治安、邻居人品<br>5. 就学、工作，房产处置很麻烦 | 1. 没有归属感，不能随意装修、置办家电<br>2. 担心房东涨租、催租，提前毁约收房<br>3. 担心房屋质量、邻居人品、小区治安状况<br>4. 孩子没法落户，入托、入学需要付择校费 |
| 适宜人群 | 1. 这类人群相对应该成熟一些，包括工作多年、经济实力雄厚的白领<br>2. 还有些置业升级愿望强劲、追求舒适居住环境的购房者，也可以卖掉旧房买新房，满足对生活品位的追求<br>3. 准备结婚的新人如果资金不足的话，二手房则是不错的婚房选择 | 1. 初入职场的年轻人，特别是刚毕业的大学生，经济能力不强，选择租房尤其是合租比较划算<br>2. 工作流动性较大的人群，在工作尚未稳定时买房，一旦工作调动会产生一笔不菲的交通成本支出<br>3. 收入不稳定的人群，一旦出现难以还贷的情况，房产甚至有可能被银行没收 |

购房与租房各有优劣，分别适合于生命周期不同阶段的不同需求的人群。购房与租

房的基本决策方法主要包括年成本法和净现值法。

## 任务1 年成本法

年成本法是指通过计算购房与租房的年使用成本，选择使用成本较小方式的一种决策方法。

购房的年使用成本主要由首付款的机会成本与房屋按揭贷款利息支出组成，也包括小额的年维修费和折旧费等。用公式表示如下：

购房年成本 = 首付款 × 机会成本率 + 贷款余额 × 贷款利率 + 年维修费 + 年折旧费

租房的年使用成本由房租和租房押金的机会成本所构成。用公式表示如下：

租房年使用成本 = 年租金 + 租房押金 × 机会成本率

【例3－1】姜先生已成家，想在长沙发展自己的事业，暂无理想住所，最近看中了岳麓区一套房产，该房产可租可售。租房的话，每月3 000元，需交3个月押金。购房的话，总价80万元，首付30万元，可以办理年利率6%的房屋按揭贷款。假设押金和首付的机会成本都是3%。试通过计算比较购房和租房的年成本，提出合理化的建议。

【解析】购房和租房的年成本计算如下：

租房年成本 = 3 000 × 12 + 3 000 × 3 × 3% = 36 270(元)

购房年成本 = 300 000 × 3% + 500 000 × 6% = 39 000(元)

租房年成本比购房年成本少2 730元。对姜先生而言，喜欢且需要固定住所，如果他有经济实力能支付首付款，建议他购买此房；如果无力购买，则只能租房。

需要指出的是，购房后总价固定，如果贷款利率不变，随着每年还款，贷款余额逐年减少，购房年资金成本逐年降低。当然，在购房或租房决策时还应考虑房租的变化趋势、未来房价涨跌的预期、房贷利率走向等因素的影响。

## 任务2 净现值法

净现值法考虑居住年数。它是指在既定的居住期间，将租房与购房的现金流量还原成现值，比较两者的净现值的一种决策方法。该方法更科学，但处理较复杂。净现值计算公式如下：

$$NPV = \sum_{k=0}^{n} \frac{CF_k}{(1+i)^k}$$

式中 $NPV$ 为净现值；$k$ 为年份数；$i$ 为折现率；$CF_k$ 为各年的净现金流。

【例3－2】何女士看中了武汉的一处房产，房屋可租可售。如果租房的话，每月租金5 500元，另交1个月押金。如果选择购房，房屋总价120万元，首付款60万元，余款可办理年利率6%、期限为20年的住房按揭贷款。假设：

（1）第1年月房租5 500元，以后每年调高500元，第5年年底将押金5 500元收回；

在每年期初一次性支付本年租金。

（2）自住房屋维护成本第一年 5 000 元，逐年提高 5 000 元；假设首付在期初一次性支付，房贷及维修成本在每年年末支付。

（3）押金与首付款的机会成本按 3% 考虑。假定折现率为 3%。假定第 5 年年底房屋可售 125 万元。

请按净现值法计算分析购房与租房哪个合算？

【解析】购房与租房的现金流比较分析如下：

租房净现值：
- 现金流入：期满收回押金
- 现金流出：每期租金；期初押金

购房净现值：
- 现金流入：售房净所得（＝售房款－房屋出售日的贷款余额）
- 现金流出：首付款；房屋月供款；房屋维护费

1. 租房

（1）在每年年初一次性支付本年租金，则第 1～5 年年初现金流出为：

$$CF_0 = -(5\,500 + 5\,500 \times 12) = -71\,500$$
$$CF_1 = -(5\,500 + 500) \times 12 = -72\,000$$
$$CF_2 = -(6\,000 + 500) \times 12 = -78\,000$$
$$CF_3 = -(6\,500 + 500) \times 12 = -84\,000$$
$$CF_4 = -(7\,000 + 500) \times 12 = -90\,000$$
$$CF_5 = 5\,500$$

（2）租房的净现值：

$$= \frac{-71\,500}{(1+3\%)^0} + \frac{-72\,000}{(1+3\%)^1} + \frac{-78\,000}{(1+3\%)^2} + \frac{-84\,000}{(1-3\%)^3} + \frac{-90\,000}{(1+3\%)^4} + \frac{5\,500}{(1+3\%)^5}$$

$= -367\,019$（元）

2. 购房

（1）首付 $CF_0 = -600\,000$。

（2）每年年末房屋按揭 $PMT$。

已知 $PV = 600\,000$，$i = 6\%$，$n = 20$，计算器求得 $PMT = 52\,311$（元）。

（3）第五年年末该房屋的贷款余额（即该房屋尚未偿还的贷款金额，相当于求现值 $PV$）：

已知 $PMT = 52\,311$，$i = 6\%$，$n = 15$，计算器求得 $PV = 508\,057$（元）。

（4）第 1～4 年年末现金流出为：

$$CF_1 = -52\,311 - 5\,000 = -57\,311$$
$$CF_2 = -52\,311 - 10\,000 = -62\,311$$
$$CF_3 = -52\,311 - 15\,000 = -67\,311$$
$$CF_4 = -52\,311 - 20\,000 = -72\,311$$

（5）第 5 年年末，有房贷按揭及房屋维护支出、第 5 年年底贷款余额要还清，又有房屋出售收入，第 5 年年末净现金流为：

$$CF_5 = -52\,311 - 25\,000 - 508\,057 + 1\,250\,000 = 664\,632 \text{（元）}$$

（6）购房净现值为：

$$= \frac{-600\ 000}{(1+3\%)^0} + \frac{-57\ 311}{(1+3\%)^1} + \frac{-62\ 311}{(1+3\%)^2} + \frac{-67\ 311}{(1-3\%)^3} + \frac{-72\ 311}{(1+3\%)^4} + \frac{664\ 632}{(1+3\%)^5}$$

$$= -266\ 905(元)$$

租房净现值为 -367 019 元，购房净现值为 -266 902 元，可见购房净现值大于租房净现值。因此，根据净现值方法的判断标准，购房合算。

如果不打算在同一个地方住 3 年以上，最好还是以租代购较为划算。因为无论 3 年内房租再怎么上涨，也不会高过房贷利息的负担。若购房后又装修且只住三年，房屋折旧成本、装修费摊销、房屋的交易成本，如共同维护基金、契税、过户费等加起来肯定会比房租要高。因此，在一个地方住得越久，用净现值法计算的购房比租房要更划算。

### 任务 3　影响购房与租房决策的主要因素

影响购房与租房决策的主要因素包括：

（1）房租增长率。房租增长率越高，购房越划算。

（2）房价增长率。房价增长率越高，购房越划算。

（3）居住年数。居住年数越久，购房越划算。

（4）利率水平。利率水平越低，购房越划算。

（5）房屋的持有成本。房屋的持有成本越高（如房产税等），租房越划算。

## 项目三　购房规划

### 任务 1　购房需求分析

购房需求分析包括客户家庭计划购房的时间、希望的居住面积、届时房价三要素，而房价主要取决于区位和面积两个因素。

房屋面积大小主要取决于居住人数，但区位的单价相差很大，理财规划师必须综合考虑客户的负担能力，包括居住社区的生活质量、上班的距离、子女上学、配套设施等，都是购房时必须考虑的问题。

购房面积需求应把握以下原则：

（1）不必盲目求大。房屋的主要功能太大，势必会有一部分面积闲置，并为其买单。

（2）无须一次到位，一劳永逸。

（3）量力而行。购房面积的大小，取决于客户的资金及还贷能力。

对不同家庭购房面积的建议：

（1）单身客户。对于工作趋于稳定的单身一族，选择 30 ~ 60 平方米的小户型较为合适。

（2）夫妇两人。夫妇两人同样也适用于上述小户型。对于尚没有小孩的年轻夫妻来说，购买市区一些小户型的住宅，以作为过渡性住所，待日后经济实力增强了再考虑以小换大，以旧换新是一项非常明智的选择。对于和子女分开居住的老年人夫妇来说，小户型住宅也是养老的较佳选择。

（3）三口之家。一对夫妇带一个孩子组成的三口之家，适宜购买中户型房屋，即面积在 80 ~ 120 平方米的套型。

（4）三代同堂。这里的三代同堂是指一对夫妇加一个孩子再加上夫妇一方的父母，总共五口人，年轻人可以照顾老年人，老年人可以照看一下孙辈，互补性强，可以选择 110 ~ 130 平方米的中户型。从经济实用的角度考虑，对于高层住宅来说，130 平方米以上的房子其实都存在不同程度的浪费。

## 任务 2　购房规划的主要指标

购房规划的主要财务指标包括：

（1）住房负担比 = 房屋月供款/税后月收入。房屋月供款占借款人税后月总收入的比率，一般不应超过 25% ~30%。

（2）财务负担比 = 年负债支出/年税后收入。所有贷款供款（房贷、车贷、卡贷）与税后收入的比率，一般控制在 33% ~38% 以内。

（3）经验数据显示，贷款购房房价最好控制在家庭年收入的 6 倍以下，贷款期限在 8 ~ 15 年。因为在这个范围内，月均还款额下降较快，每月还款压力较小，而且承担的压力也比较合理。

【例 3 -3】赵先生家庭房贷月供款是 5 000 元，月税后收入是 11 000 元。那么，赵先生家庭的住房负担（　　）。

A. 较重　　　　B. 较轻

C. 比较合适　　　　D. 无法判断

【解析】一般用住房负担比来分析客户的住房负担情况，即房屋月供款占借款人月税后总收入的比率，一般在 25% ~30% 比较合理。赵先生的住房负担比为 5 000/11 000 = 45. 45%，远远超过参考值，所以其住房负担较重。答案是 A。

## 任务 3　购房规划的基本决策方法

### 一、购房规划要考虑的因素

（1）以储蓄及还贷能力估算负担得起的房屋总价。

（2）按想购买的房屋价格来计算每月需要负担的费用。

（3）契税。普通住宅按房屋成交价的1.5%缴纳契税。

（4）评估费。商业银行对不同类型的住房抵押贷款是否需要评估有不同规定。

（5）律师费。办理商业贷款时，银行委托律师事务所或公证部门对借款个人进行资格认证，借款人需按每单申请贷款额0.3%支付律师费或公证费。

（6）保险费。保险费是贷款费用中的额度最大的一笔费用，贷款银行一般都要求进行抵押担保的借款人到其认可的保险公司办理抵押物财产保险及贷款信用保险。

（7）抵押登记费、印花税。

（8）装修费用。

## 二、购房规划的基本决策方法

### （一）年收入顺推法

年收入顺推法是以储蓄及交费能力来测算可负担的房屋总价的决策方法。该方法的计算步骤如下：

（1）可负担首付款＝目前资产净值在未来购房时的终值＋以目前到未来购房这段时间内的年收入在未来购房时的终值×年收入中可负担首付款的比例上限。

（2）可负担房贷＝以未来购房时年收入为年金的年金现值×年收入中可负担贷款的比例上限。

（3）可负担房屋总价＝可负担首付款＋可负担房贷。

（4）可负担房屋单价＝可负担房屋总价/需求面积。

【例3－4】李先生一家打算在武汉定居，计划五年后购房，贷款至多15年。李先生家庭目前有金融资产30万元，其中50%可用于购房。李先生一家目前每年可结余10万元，其中可用于购房的额度为4万元。假定目前银行房贷利率为6%，李先生的投资报酬率为4%。李先生一家可买总价多少元的房屋？

【解析】按年收入顺推法来测算李先生可负担的房屋总价。

（1）可负担首付款＝金融资产15万元在5年后的终值＋每年用于购房的4万元结余在5年后的终值 $= FV(PV = 150\ 000, i = 4\%, n = 5) + FV(PMT = 40\ 000, i = 4\%, n = 5) = 182\ 497.94 + 216\ 652.90 = 399\ 150.84$（元）。

（2）可负担房贷＝未来15年每年用于购房的4万元结余的现值 $= PV(PMT = 40\ 000, i = 6\%, n = 15) = 388\ 489.96$（元）。

（3）可负担房屋总价＝可负担首付款＋可负担房贷＝399 150.84＋388 489.96＝787 640.80（元）。

### （二）总房价倒推法

总房价倒推法是以拟购房屋总价来倒推每月需要负担的费用的决策方法。该方法的计算步骤如下：

（1）拟购房屋总价＝房屋单价×拟购面积。

（2）需支付的首付款＝拟购房屋总价款×(1－按揭贷款比例)。

（3）需支付的房贷＝拟购房屋总价款×按揭贷款比例。

（4）每月偿还的贷款本息＝*PMT*（*PV*＝需支付的房贷，*i*＝贷款月利率，*n*＝贷款的总月数）。

【例3－5】王先生拟购100平方米的房子作为婚房，假设其所在城市房屋均价为10 000元/平方米，按现行政策，首付款三成，七成按揭，贷款利率6%，贷款期限20年，等额本息还款。请计算王先生购买婚房后每月需负担的费用是多少元？

【解析】用房屋总价来倒推每月要负担的费用。

（1）拟购房屋总价＝10 000×100＝1 000 000（元）。

（2）需支付的首付款＝1 000 000×30%＝300 000（元）。

（3）需支付的房贷＝1 000 000×70%＝700 000（元）。

（4）每月偿还的贷款本息＝$PMT$（$PV$＝700 000，$i$＝0.5%，$n$＝240）＝5 015（元）。

因此，王先生购买婚房后每月需负担的费用是5 015元。

**（三）借贷平衡法**

此方法适合那些参加工作时间不长，目前存款不多，首付款以及装修费都需要亲戚朋友无偿资助，但是预期未来收入较高较稳定的年轻一族的购房决策。该方法的基本原理就是运用5年时间实现房屋资金的借贷平衡。即利用买房后5年的收入结余来还清房屋的首付借款以及装修借款。

【例3－6】冯先生28岁，某大学任教，年税后收入10万元，每月有住房公积金0.15万元；冯太太26岁，某中小企业财务人员，月平均税后收入0.4万元，每月有住房公积金0.1万元。两人账户共有住房公积金7万元。冯先生和冯太太除单位缴纳的基本养老保险外，无其他商业保险。双方父母身体健康，有退休金保障。近期两人有生孩子的打算。家庭活期存款3万元，投资基金成本为7万元，市值为7.9万元。股票投资成本3万元，投资时间有三年，现在市值3万元。近期购买五年期国债5万元。两人目前无自有房产，每年支付房租1.8万元。有一辆小排量汽车，市值6万元，是由父母提供的结婚礼物，但暂无变卖汽车的计划。未来有购房打算。年支出情况如下：年日常生活支出为3万元，汽车维护保养以及使用费为1.5万元，健身、娱乐、美容等支出约为0.8万元。资料收集时间为2015年12月31日。

假设购房首付比例为3成，房贷按揭利率为6%，冯先生最高贷款期限为30年，房屋装修费预计20万元。冯先生首付款不足的部分、装修款均可通过借款来满足，且不需支付借款利息。假定冯先生计划5年内还清房屋首付以及装修的借款，请计算冯先生可以承购的房屋总价款是多少元？

【解析】

（1）冯先生家庭资产负债情况见表3－2。

**表3－2　冯先生家庭资产负债表**　单位：万元

客户：冯先生家庭　编制日期2015年12月31日

| 资产 | 金额 | 负债 | 金额 |
|---|---|---|---|
| 现金及活期存款 | 3 | 各种负债 | 0 |
| 住房公积金 | 7 | | |

续表

| 资产 | 金额 | 负债 | 金额 |
|---|---|---|---|
| 国债 | 5 | | |
| 股票 | 3 | | |
| 基金 | 7.9 | | |
| 汽车（无变现计划） | — | | |
| 资产总计 | 25.9 | 负债总计 | 0 |
| 净资产 =（资产总计 - 负债总计） | 25.9 | | |

（2）冯先生家庭收入支出情况见表 3 - 3。

**表 3 - 3　　冯先生家庭收入支出表　　单位：万元**

| 客户：冯先生家庭 | 2015 年 1 月 1 日至 2015 年 12 月 31 日 | | |
|---|---|---|---|
| 收入 | 金额 | 支出 | 金额 |
| 工薪类收入 | | 房屋租金 | 1.8 |
| 冯先生（税后） | 10 | 日常生活支出 | 3 |
| 冯太太（税后） | 4.8 | 汽车维护保养使用费 | 1.5 |
| 住房公积金收入 | | 健身娱乐等支出 | 0.8 |
| 冯先生 | 1.8 | | |
| 冯太太 | 1.2 | | |
| 收入总计 | 17.8 | 支出合计 | 7.1 |
| 现金结余 | 10.7 | | |

（3）房屋按揭贷款分析。按照 5 年内还清首付以及装修借款的借贷资金平衡原理来测算冯先生可负担的房屋总价 $V$。

①房屋首付款为 $30\% V$，贷款为 $70\% V$。

②房屋首付以及装修的借款为 $30\% V - 25.9 + 20$。

③买房后的月供款为：每贷款 1 万元，按 6% 的贷款年利率，贷款期限 30 年计算，则每月月供款为 0.006 万元，那么冯先生贷款 $70\% V$ 万元，需支付的月供款为 $70\% V \times 0.006$ 万元。

④买房后每年的年结余为 $[(10.7 + 1.8) \div 12 - 70\% V \times 0.006] \times 12$。

⑤假定买房后的 5 年内的累计结余能够还清购房的首付以及装修的借款，则有如下资金借贷等式：

$$[(10.7 + 1.8) \div 12 - 70\% V \times 0.006] \times 12 \times 5 = 30\% V - 25.9 + 20$$

求得 $V \approx 123.95$（万元）。

⑥检验：

首付款 $123.95 \times 30\% = 37.19$（万元）。

首付不足以及装修费依靠借款 $37.19 - 25.9 + 20 = 31.29$（万元）。

房贷月供款 123.95×70%×0.006=0.5205（万元）。

每月结余=（10.7+1.8）÷12-0.5205=0.5215（万元）。

五年累计结余 31.29 万元刚好弥补所有借款。

# 项目四　购房筹资规划

## 任务1　购房筹资规划的种类

一般地，购房筹资规划主要包括住房公积金贷款、住房商业贷款、住房组合贷款三种类型。

### 一、住房公积金贷款

住房公积金制度是指由职工所在的国家机关、国有企业、城镇集体企业、外商投资企业、城镇私营企业以及其他城镇企业、事业单位及职工个人缴存的长期住房储金，用以日后支付职工家庭购买自住住房、房屋维修等住房费用的制度。住房公积金制度是一种社会性、互助性、政策性的住房社会保障制度，有利于筹集、融通住房资金，大大提高了职工的商品房购买能力。发展住房金融是深化城镇住房制度改革的目标之一，也是城镇住房制度改革得以进一步推行的动力。

**知识拓展**

住房公积金贷款的特点

1. 普遍性。只要是具有完全民事行为能力、正常缴存住房公积金的职工，都可申请公积金个人住房贷款。

2. 利率低。相对于商业贷款，公积金个人住房贷款的利率较低。

3. 互助性。公积金个人住房贷款的资金来源为单位和个人共同缴存的住房公积金。

4. 期限长。目前，公积金个人住房贷款最长期限为 30 年（贷款期限不得超过法定离退休年龄后 5 年）。

5. 还款方式灵活，提前还款方便。只要每月的还款额不低于“最低还款额”，就可以随意确定月还款数额，非常便于借款人的资金安排。

### 二、住房商业贷款

住房商业贷款是中国公民因购买商品房而向银行申请的一种贷款，是银行用其信贷资金所发放的自营性贷款。具体指具有完全民事行为能力的自然人，购买本市城镇自住住房时，以其所购买的产权住房（或银行认可的其他担保方式）为抵押，作为偿还贷款的保证而向银行申请的住房商业性贷款。

**（一）申请条件**

（1）具有合法有效的身份证明。本市居民的身份证、户口簿；外省市居民除身份证、户口簿外，还需提供所在地户籍管理部门提供的户籍证明或暂住证；境外人士提供护照；未满18周岁需提供出生证或独生子女证。

（2）必须有稳定合法的经济收入，能够提供相应的收入和资产证明。收入证明由借款人所在的工作单位出具，加盖公司人事章或公章加营业执照复印件；个体户、私营、民营借款人可提供近三个月税票和营业执照复印件；所开具的月收入超过2 000元人民币的，应提供税单或其他资产证明（银行存单、有价证券、投资证明、房产等）。

（3）具有完全民事行为能力的自然人，无不良信用记录。

（4）与卖方签订有效的购房合同或购房协议。

（5）支付了规定比例的首付款（一般是不低于所购房屋总价的30%）或在贷款银行存入了不低于首付款的存款。

（6）贷款人年龄在18~65周岁，不同年龄所贷款年限的限制有所不同。

（7）贷款银行规定的其他条件。

**（二）办理住房商业贷款需提供的证件**

（1）贷款申请人、配偶、共同借款人、产权共有人的身份证（暂住证、护照、未成年人出生证或独生子女证）复印件。

（2）贷款申请人、配偶、共同借款人、产权共有人的户口簿复印件。

（3）贷款人婚姻情况证明（已婚提供结婚证、未婚提供单身证明、离婚提供离婚证）。

（4）贷款人收入证明。

（5）房屋买卖合同原件一本。

（6）买卖合同上所述的出售方签字的首付款收据。

（7）所购买房屋的产权证复印件。

**（三）贷款成数**

（1）二手房住宅贷款成数最高为购房总价与房屋评估价两者之间低值的70%，根据不同银行不同套数贷款额度有所浮动，具体以贷款银行的要求为准。

（2）贷款期限最长为30年，借款人到贷款期限年龄男不超过65岁，女不超过60岁。

（3）贷款利率按照中国人民银行有关贷款利率的规定执行。

**（四）贷款流程**

了解住房商业贷款的流程不仅有助于购房者提前准备好相关资料，而且可以根据房贷的时间安排买房的进度。办理商业贷款时，符合贷款条件并向银行提交贷款申请只是完成了买房贷款的第一步，住房商业贷款在银行审批并通过之后，还需要贷款申请人办理相关手续。

1. 提交贷款申请

当客户签好房屋买卖合同后就可以向银行申办商业贷款了。无论是一手房贷还是二手房贷，都需要将银行认可的齐全材料递交给银行审核，这是商业贷款流程中最重要的一步。主要包括身份证、户口本、结婚证原件以及复印件；外地户籍需要提供暂住证或者居住证；工作单位出具的收入证明；买卖合同、首付款发票或者收据；近半年的工资流水或其他资产证明。除了以上五项资料外，不同银行对商业贷款要求有一定的差异，还要详细询问贷款银行要求的其他资料。

2. 银行受理调查

银行收到贷款人的申请材料后，需对其材料进行审核，商业贷款一般审核时间是15个工作日，最长不超过1个月。

3. 银行核实审批

贷款银行会核实：房屋的情况、借款人的资质信用情况等。这是商业贷款流程中比较重要的环节，如果贷款人的信用不良，会直接导致贷款申请的失败，因此生活中积累良好的个人信用是很重要的。

4. 双方办理相关手续

银行通知贷款人，贷款审批通过后需要在该银行开户，领取借记卡并签订贷款合同。同时，办理抵押、保证、质押和保险等有关担保手续。在签订贷款合同、办理担保手续的时候，客户一定要详细了解合同中的细则，明确自己的权利和义务，以免发生不必要的误会。

5. 银行发放贷款

所有贷款手续办理完毕后，银行会将贷款资金打入到房产开发商的账户，借贷关系成立，贷款人按规定偿还贷款。

## 三、住房组合贷款

住房组合贷款是指个人申请住房公积金贷款不足以支付购买住房所需费用时，其不足部分向贷款银行申请住房商业性贷款的两种贷款之总称。

通常，一手房总贷款额度不得超过房价总价的80%；二手房总贷款额度不得超过房价总价的65%；贷款额度按住房公积金个人购房贷款和个人住房商业性贷款分别计算。住房组合贷款可贷年限：一手房最长可贷期限为30年；二手房最长可贷期限为15年；贷款年限具体到借款人，最长不超过法定离退休后的5年。

# 任务2 住房按揭贷款的偿还

住房按揭贷款的偿还方式很多，其中最基本的还款方式是等额本金和等额本息两种。在贷款期限相同的情况下，等额本息还款法承担的利息要高一些。如果计划提前还款，最好优先选择等额本金还款法。

## 一、等额本息还款法

等额本息还款法是指借款人在贷款期间内每月等额归还贷款本息。即每月还款月供金额相等，其中本金部分逐月递增，利息部分逐月递减，还款压力比较小，容易做资金规划，但全期支付总利息较多，适用收入处于稳定状态的家庭，如公务员、教师。

【例3-7】王女士向银行申请了20年期40万元的贷款，年贷款利率为6%，采用等额本息还款法，每月需要偿还多少元？

【解析】金融计算器输入：$N=240$，$PV=400\ 000$，$i=6/12$。

求得 $PMT=2\ 851.47$（元）。

王女士每月需要偿还2 851.47元。

## 二、等额本金还款法

等额本金还款法是指在贷款期间内每月等额归还本金，利息每月按剩余本金乘以月利率计算。即每月还款本金相等，利息逐月递减，因此每月月供总额逐月递减，刚开始还本金比较多，还款压力较大，但总体会较前者少还一些利息。每月付款金额不同，不易做资金规划，前期负担较重，但后期还款越还越轻松，全期承担的利息较少。适用于经济能力充裕、初期可负担较多还款、想省利息的购房者。

每月还款本金 = 贷款本金／还款期数

每月还款利息 =（贷款本金 - 累计已还本金）／月利率

每月还款金额 = 每月还款本金 + 每月还款利息

【例3-8】王女士向银行申请了20年期40万元的贷款，年贷款利率为6%，采用等额本金还款法，第一个月需要偿还多少元？还款一年后，一共还了多少利息？累计还款金额为多少元？

【解析】根据公式可得：

每月还款本金=400 000/240=1 666.67（元）。

第一个月还款利息=（400 000-0）×6%/12=2 000（元）。

第一个月还款金额=1 666.67+2 000=3 666.67（元）。

借助等差数列的求和公式可以算出还款一年后，累计偿还的利息金额：

第一个月还款利息=（400 000-0）×6%/12=2 000（元）。

第二个月还款利息=（400 000-1 666.67）×6%/12=1 991.67（元）。

第三个月还款利息=（400 000-1 666.67×2）×6%/12=1 983.33（元）。

第四个月还款利息=（400 000-1 666.67×3）×6%/12=1 975（元）。

……

第十二个月还款利息=（400 000-1 666.67×11）×6%/12=1 908.33（元）。

每个月还款利息是递减的，而且减少的额度是相等的，因此在计算还款一年后的累计偿还的利息时，可以运用等差数列求和公式：

$$S_n = \frac{(a_1 + a_n) \times n}{2}$$

其中，$S_n$为 $n$ 个月后所还的利息之和。

$a_1$为第一个月所还的利息。

$a_n$为第 $n$ 个月所还的利息。

$n$ 为需要计算的期数。

还款一年后一共偿还的利息为：

$$S_{12} = \frac{(2\,000 + 1\,908.33) \times 12}{2} = 23\,450(\text{元})$$

还款一年后，一共偿还了23 450元利息。

还款一年后，累计还款金额为：

$$1\,666.67 \times 12 + 23\,450 = 43\,450(\text{元})$$

## 三、提前还贷

借款人具有一定偿还能力时，可提前15天持原借款合同等资料向贷款机构提出书面部分或全部提前还贷的申请。其中公积金贷款向住房公积金管理部门提出申请，银行商业住房贷款向贷款银行提出申请，经其审核同意方可提前还款。提前还款应视为借款人违约，未按合同规定期限还款，银行要收取罚金和手续费。

## 四、延期还贷

借款人出现财务紧张或其他原因不能按时还贷，应提前20个工作日向贷款银行提出延长贷款的申请。在提交延长贷款申请前，借款人必须先清偿其应付的贷款利息、本金及违约金。借款人申请延期只限一次，且原借款期限与延长期限之和最长不能超过30年。

# 项目五　住房规划工作流程

理财规划师在给客户制定住房规划时，可遵循以下工作流程：

第一步，与客户充分交流，确定客户有购房意愿，并了解客户购房目标。

第二步，收集客户的财务及非财务信息，包括家庭成员构成、家庭收入、支出情况以及家庭现有资产等信息。

第三步，分析客户信息，对其现状进行分析，编出家庭资产负债表和收入支出表。

第四步，帮助客户制定购房目标。具体化客户住房要求，明确购房目的。在保障客户一定财务弹性下，以储蓄及缴息能力估算负担得起的房屋总价，以及每月能承担的费用。由于购房开支除房款本身以外，还需要缴纳契税、印花税、房屋买卖手续费、公证费、律师费等各种费用，加上上述费用，就可以得出客户家庭在预期的购房时间上总的资金需求，这就是购房规划要实现的财务目标。

第五步，帮助客户进行贷款计划，如选择何种贷款方式、还款方式以及还款期限，并运用相关税收及法律知识，为客户提供必要的支持。

## 总结与回顾

1. 购房与租房各有优劣，分别适合于生命周期不同阶段的不同需求的人群。购房与租房的基本决策方法主要包括年成本法和净现值法。在同一个地方住的时间比较短，以租代购较为划算。在一个地方住得越久，购房比租房要划算。

2. 影响购房与租房决策的主要因素包括：房租增长率；房价增长率；居住年数；利率水平；房屋的持有成本等。

3. 购房需求分析包括客户家庭计划购房的时间、希望的居住面积、届时房价三要素。而房价主要取决于区位和面积两个因素。

4. 购房规划的主要财务指标包括：住房负担比一般不应超过25%～30%；财务负担比一般控制在33%～38%以内；另外，贷款购房房价最好控制在家庭年收入的6倍以下，贷款期限在8～15年。

5. 购房规划的基本决策方法：年收入顺推法；总房价倒推法；借贷平衡法。

6. 购房筹资规划主要包括住房公积金贷款、住房商业贷款、住房组合贷款三种方式。

7. 购房按揭贷款最基本的还款方式是等额本金和等额本息两种。在贷款期限相同的情况下，等额本息还款法承担的利息要高一些。如果计划提前还款，最好优先选择等额本金还款法。

## 同步自测练习

### 一、单项选择题

1. 理财师应对客户的财务状况进行分析，以（　　）估算负担得起的房屋总价，以及每月能负担的费用。

A. 储蓄以及缴息的能力　　B. 储蓄与投资能力

C. 投资与缴息能力　　D. 收入增长与投资能力

2. 住房消费是指居民为取得住房提供的休息、娱乐等而进行的消费，其实现形式可以是租房，也可以是买房，按照国际惯例，住房的消费价格常常是由（　　）来衡量的。

A. 税后单位面积价格　　B. 租金价格

C. 税前单位面积价格　　D. 税后经过调整后的单位面积价格

3. 购房目标包括客户家庭计划购房的时间、（　　）和届时房价三大要素。

A. 希望的居住面积　　B. 实际使用面积

C. 房子所在区位　　D. 购房的环境需求

4. 若办理住房商业按揭贷款提前还款，借款人一般需要提前（　　）天持原合同资料向贷款机构提出书面申请提前还贷。

A. 15　　B. 30　　C. 50　　D. 60

5. 资产负债表中，下列不属于中长期负债的是（　　）。

A. 房贷余额　　B. 医疗费用

C. 车贷余额　　D. 创业贷款余额

6. 根据经验数据显示，贷款购房价最好控制在年收入的（　　）倍以下。

A. 5　　B. 6　　C. 10　　D. 15

7. 关于住房公积金说法错误的是（　　）。

A. 贷款利率比商业银行低　　B. 对贷款对象有特殊要求
C. 提供经济收入证明　　D. 贷款额度一般比商业银行高

8. 软件设计师张先生最近购买了一套总价为 50 万元人民币的住房。由于他工作刚 3 年，积蓄不足，所以他按最高限 80% 向银行申请了贷款，20 年期，贷款利率 5.5%。如果采用等额本息还款方式，小张每月需还款（　　）元。

A. 3 539.44　　B. 2 751.55
C. 2 539.44　　D. 2 851.55

9. 接第 8 题，如果采用等额本金还款方式，小张第一个月需还款（　　）元。

A. 3 539.44　　B. 3 751.50
C. 3 500.00　　D. 3 700.00

10. 30 岁的某先生在一家企业从事财务工作，每月税前收入 6 500 元，最近他准备贷款购买一套住房。假定贷款利率为 5.5%，在等额本息还款方式条件下，采用（　　）的贷款安排比较适合。

A. 20 万元、10 年期　　B. 35 万元、15 年期
C. 25 万元、30 年期　　D. 30 万元、30 年期

11. 接第 10 题，某先生准备在未来向银行提前偿还部分贷款，则他应当在按月正常偿还贷款本息（　　）提出。

A. 3 个月后　　B. 6 个月后
C. 12 个月后　　D. 18 个月后

12. 某购房者以抵押贷款的方式购买住房，贷款总额为 60 万元，贷款期限 25 年，年利率 5.08%。等额本金还款，在某年一月份，经过计算得知其累计已还本金为 67 865 元，那么当月应还款金额为（　　）元。

A. 2 352.70　　B. 4 352.70
C. 2 252.70　　D. 4 252.70

13. 房屋月供占借款人税前收入的比例，合适的区间为（　　）。

A. 20% ~30%　　B. 25% ~30%　　C. 30% ~38%　　D. 33% ~38%

14. 一般而言，住房公积金的最长期限为（　　）年。

A. 15　　B. 20　　C. 25　　D. 30

15. 王先生计划向银行申请贷款，他能申请的利率最低是（　　）。

A. 个人住房按揭贷款　　B. 个人商用房贷
C. 个人住房公积金贷款　　D. 个人综合消费贷款

16. 刘先生向房产开发商购买了一套价值 200 万元的住房，由于资金不够，向银行申请贷款。刘先生目前 25 岁，他申请的贷款期限最多为（　　）年。

A. 15　　B. 20　　C. 25　　D. 30

17. 刘先生向房产开发商购买了一套价值 200 万元的住房，由于资金不够，向银行申请贷款。刘先生目前 40 岁，他申请的贷款期限最多为（　　）年。

A. 15　　B. 20　　C. 25　　D. 30

18. 个人申请二手房贷款需要具备的申请条件不包括（　　）。

A. 具有常住户口或者有效居留身份　　B. 稳定的职业和收入
C. 单位出具的工作证明　　D. 信用良好，有按期偿还贷款本息的能力

19. 公务员适合的房贷还款方式是（　　）。
A. 等额本息还款法　　B. 等额本金还款法
C. 等额递减还款法　　D. 等额递增还款法

20. 收入较高，还款初期希望归还较大款项来减少利息支出的群体适合的房贷还款方式是（　　）。
A. 等比递增还款法　　B. 等额递增还款法
C. 等额本金还款法　　D. 等额本息还款法

## 二、多项选择题

1. 等额本息还款方式说法正确的是（　　）。
A. 适用于收入稳定的家庭
B. 公务员、教师适合采用该方法
C. 目前绝大多数采用该方法
D. 借款人还款操作比较简单，等额支付月供方便安排每月收支
E. 等额本息还款操作相对简单

2. 理财规划师应给（　　）推荐等额本金还款法，因为这种方法随着时间的推移，还款负担会逐渐减轻。
A. 目前收入高但预计将来收入减少的人
B. 收入和支出都很稳定的公务员
C. 初期还款能力强，并希望在还款初期归还较多款项来减少利息支出的人
D. 面临退休的人
E. 父母条件比较好的大学生

3. 下列关于等额本金还款法，说法正确的有（　　）。
A. 每月的还款额相等
B. 每月还款的本金相等
C. 适用于教师、公务员等人群的购房还款
D. 适用于目前收入较高，但预计将来收入会减少的人群的购房还款
E. 适用于希望在还款初期归还较大款项以减少利息支出的借款人

# 基础技能训练

一、王先生年收入为15万元，每年的储蓄比率为30%，目前有存款2万元，打算5年后买房，假设王先生的投资报酬率为15%，王先生买房时准备贷款20年，计划采用等额本息还款方式，假设房贷利率6%。

1. 王先生可负担的首付款为（　　）元。

A. 40 227. 14　　B. 303 407. 16　　C. 343 634. 30　　D. 245 000. 00

2. 王先生可负担的贷款为（　　）元。

A. 900 000. 00　　B. 516 146. 45　　C. 1 655 351. 60　　D. 281 669. 92

3. 王先生可负担的房屋总价为（　　）元。

A. 859 780. 75　　B. 819 553. 61　　C. 124 364. 30　　D. 556 373. 59

二、张先生购买了一套总价100万的新房，首付20万，贷款80万，利率为6%，期限为20年。如果采用等额本息方式，每月还款额为多少？利息总额为多少？如果采用等额本金方式，利息总额为多少？第一月还款额为多少？

三、刘先生，某外企员工。2005年9月，刘先生在某高档小区购买了一处住宅，房屋总价120万元，贷款70万元。按照等额本金方式还款，贷款期限15年，按月还款，贷款利率为固定利率6.84%。根据资料回答下列问题。

1. 刘先生每个月所还的本金约为（　　）元。

A. 3 889　　B. 6 229　　C. 289　　D. 422

2. 刘先生第一个月所还利息约为（　　）元。

A. 3 690　　B. 3 790　　C. 3 890　　D. 3 990

3. 刘先生第二个月所还利息约为（　　）元。

A. 3 690　　B. 3 790　　C. 3 968　　D. 7 857

4. 刘先生第一年所还利息之和约为（　　）元。

A. 26 417　　B. 36 417　　C. 46 416　　D. 56 417

5. 刘先生如果按照这种方法将所有款项还清，则所还利息总额约为（　　）元。

A. 361 095　　B. 461 095　　C. 561 095　　D. 661 095

6. 刘先生把等额本金还款法与等额本息还款法进行了比较，若他采用等额本息法来偿还贷款，每月需要偿还贷款约为（　　）元。

A. 3 889　　B. 6 229　　C. 289　　D. 422

7. 若刘先生用等额本息的方法将所有款项还清，共需偿还约（　　）元利息。

A. 361 095　　B. 421 282　　C. 561 095　　D. 661 095

四、李先生一家打算在某城市定居，计划五年后购房，贷款至多20年。李先生家庭目前有金融资产30万元，其中40%可用于购房。李先生一家目前每年可结余10万元，其中可用于购房的额度为4万元。假定目前银行房贷利率为6%，李先生的投资报酬率为5%。李先生一家可买总价多少元的房屋？

# 第四模块 保险规划

## 学习目标

1. 认识个人/家庭面临的风险。
2. 熟悉家庭风险管理技术。
3. 掌握保险的原理、分类及基本原则。
4. 了解家庭保险规划的重要性。
5. 掌握家庭保险规划的影响因素以及工作流程。

## 案例导读

“单薪养三代”家庭如何进行保险规划

刘强从来没有买过商业保险，但他听说日本男人结婚时，都会给老婆孩子买份保险。他想到自己的孩子还小，父母又开始年老，而老婆还没有工作，有必要给自己和家人留一份保障，以防万一。

刘强是个生意男，在东北做建材生意有七八年了，需要常年出差，目前有40多万元的年收入。几年前，他在家人的介绍下和梅梅（现30岁）认识，并很快结婚生子。由于上有老下有小，他没让妻子梅梅出去工作，而是在家带小孩和照顾老人。

他今年35岁了，全家人除了定期缴纳社保外，没有购置任何商业保险。不过，他们现在也不愁吃穿，房子是婚前全额买的，是个三居室，目前市值98万元。今年还投资了一间80万元的商铺当仓库用，用来储放木材。该商铺用于出租的话，现在一年租金能收入2万元。

孩子刚满4岁，准备上幼儿园了。加上赡养父母的费用，这个家庭的每月开销在1.8万元左右。

一次与朋友的闲聊，朋友的一番话点醒了他：“如果哪天你发生了意外，你的家人可怎么办啊?”是啊，家里就他一个劳动力，全家老老小小都指望着他养家呢，他可不能出一点意外啊。可是月有阴晴圆缺，意外也是防不胜防。为此，他想到了商业保险，希望我们的规划师能就他的家庭给出一个保险规划。

# 项目一　风险相关概念

## 任务1　风险的界定

风险是普遍、客观存在的，人们只能在一定时间和空间内改变风险存在和发生的条件，降低风险发生的概率和频率，但却不能真正消除风险。正是风险的这一特性决定了保险规划在家庭理财规划中的重要性和必要性，通过合理的保险规划，可以有效规避和转移家庭风险。

### 一、风险的定义

在经济学领域，最早定义风险的是美国学者海斯，他认为，风险是损失发生的可能性。此后有很多学者纷纷对风险给出了自己的定义，综合众多学者观点，都认为风险是由不确定性引起的，其结果是不确定的。但对于不确定的结果，则有两种不同的具有代表性的观点：一种认为风险发生的结果是损失，没有从风险中获利的可能，这属于狭义风险。另一种认为风险发生的结果既可以是损失，也可以是额外的收益，这属于广义风险，金融风险属于此类。因对危险和损失的厌恶，我国传统风险管理者一般采用第一种观点。

### 二、风险的构成要素

1. 风险因素

风险因素是指促使某一特定风险发生，或者增加风险发生的可能性，或者扩大损失程度的原因及条件。风险因素是风险事故发生的潜在原因，是造成损失的内在或间接原因。

2. 风险事故

风险事故是指造成财产损失或人身伤害的偶发事件，是造成损失的直接的或外在的原因，是损失的媒介物，即风险只有通过风险事故的发生才能导致损失。

就某一事件来说，如果它是造成损失的直接原因，那么它就是风险事故；而在其他条件下，如果它是造成损失的间接原因，它便成为风险因素。

如以下两种情况：①下冰雹路滑发生车祸，造成人员伤亡；②下冰雹直接击伤行人。第二种情况中下冰雹是风险事故，第一种情况则不是。

3. 损失

在风险管理中，损失是指非故意的、非预期的、非计划的经济价值的减少。通常我们将损失分为两种形态，即直接损失和间接损失。直接损失是指风险事故导致的财产本身损失和人身伤害，间接损失则是指由直接损失引起的其他损失，包括额外费用损失、收入损失和责任损失。

上述三者之间存在如下关系：风险是由风险因素、风险事故和损失三者构成的统一体，风险因素引起或增加风险事故；风险事故发生可能造成损失。

## 知识拓展

风险的产生历史

“风险”一词的由来，最为普遍的一种说法是，在远古时期，以打鱼捕捞为生的渔民们，每次出海前都要祈祷，祈求神灵保佑自己能够平安归来，其中主要的祈祷内容就是让神灵保佑自己在出海时能够风平浪静、满载而归；他们在长期的捕捞实践中，深深地体会到“风”给他们带来的无法预测无法确定的危险，他们认识到，在出海捕捞打鱼的生活中，“风”即意味着“险”，因此就有了“风险”一词。

而另一种据说经过多位学者论证的“风险”一词的“源出说”称，风险（risk）一词是舶来品，有人认为来自阿拉伯语、有人认为来源于西班牙语或拉丁语，但比较权威的说法是来源于意大利语的“RISQUE”一词。在早期的运用中，也是被理解为客观的危险，体现为自然现象或者航海遇到礁石、风暴等事件。大约到了19世纪，在英文的使用中，风险一词常常用法文拼写，主要是用于与保险有关的事情上。

## 任务2 风险的特征

### 一、风险存在的客观性

风险是客观存在的，是不以人的意志为转移的。风险的客观性是保险产生和发展的自然基础。人们只能在一定的范围内改变风险形成和发展的条件，降低风险事故发生的概率，减少损失程度，而不能彻底消除风险。

### 二、风险的损失性

风险发生后必然会给人们造成某种损失，然而对于损失的发生人们却无法预料和确定。人们只能在认识和了解风险的基础上严防风险的发生和减少风险所造成的损失，损失是风险的必然结果。

### 三、风险损失发生的不确定性

风险是客观的、普遍的，但就某一具体风险损失而言其发生是不确定的，是一种随机现象。例如，火灾的发生是客观存在的风险事故，但是就某一次具体火灾的发生而言是不确定的，也是不可预知的，需要人们加强防范和提高防火意识。

## 四、风险存在的普遍性

风险在人们生产生活中无处不在、无时不有，并威胁着人类的生命和财产的安全，如地震灾害、洪水、火灾、意外事故的发生等。随着人类社会的不断前进和发展，人类将面临更多新的风险，风险事故造成的损失也可能越来越大。

## 五、风险的社会性

没有人和人类社会，就谈不上风险。风险与人类社会的利益密切相关，时刻关系着人类的生存与发展，具有社会性。随着风险的发生，人们在日常经济和生活中将遭受经济上的损失或身体上的伤害，企业将面临生产经营和财务上的损失。

## 六、风险发生的可测性

单一风险的发生虽然具有不确定性，但对总体风险而言，风险事故的发生是可测的，即运用概率论和大数法则对总体风险事故的发生是可以进行统计分析的，以研究风险的规律性。风险事故的可测性为保险费率的厘定提供了科学依据。

## 七、风险的可变性

世间万物都处于运动、变化之中，风险也是如此。风险的变化，有量的增减，有质的改变，还有旧风险的消失和新风险的产生。风险因素的变化主要是由科技进步、经济体制与结构的转变、政治与社会结构的改变等方面的变化引起的。

# 任务3 风险的种类

风险分类有多种方法，常用的有以下几种。

**（一）按照风险的性质，划分为纯粹风险和投机风险**

纯粹风险：只有损失机会而没有获利可能的风险。

投机风险：既有损失的机会也有获利可能的风险。

**（二）按照产生风险的环境，划分为静态风险和动态风险**

静态风险：自然力的不规则变动或人们的过失行为导致的风险。

动态风险：社会、经济、科技或政治变动产生的风险。

**（三）按照风险发生的原因，划分为自然风险、社会风险和经济风险**

自然风险：自然因素和物理现象所造成的风险。

社会风险：个人或团体在社会上的行为导致的风险。

经济风险：经济活动过程中，因市场因素影响或者管理经营不善导致经济损失的风险。

**（四）按照风险致损的对象，划分为财产风险、人身风险和责任风险**

财产风险：各种财产损毁、灭失或者贬值的风险。

人身风险：个人的疾病、意外伤害等造成残疾、死亡的风险。

责任风险：法律或者有关合同规定，因行为人的行为或不作为导致他人财产损失或人身伤亡，行为人所负经济赔偿责任的风险。

**（五）按风险涉及范围，划分为特定风险、基本风险**

特定风险：与特定的人有因果关系的风险，即由特定的人所引起的，而且损失仅涉及特定个人的风险。

基本风险：其损害波及社会的风险。基本风险的起因及影响都不与特定的人有关，至少是个人所不能阻止的风险。与社会或政治有关的风险，与自然灾害有关的风险都属于基本风险。

## 任务4 风险管理技术

### 一、风险管理的概念

风险管理是一个风险认识、风险确定、风险评估的决策过程，是指通过对风险的识别和衡量，采用必要且可行的经济手段和技术措施对风险加以处理，期望以最小的成本获取最大的安全保障的一种管理活动。

家庭进行风险管理主要是出于安全和经济方面的需要。家庭现在与未来的收支平衡、资产增值很大程度上取决于财务安全和风险管理。根据国际注册金融理财师协会的调查，无风险管理或理财规划的家庭遭受意外及其他事件造成的财产损失可达家庭财产总额的20%以上，最高可达100%，即所有财产损失殆尽。

### 二、风险管理技术

风险管理技术主要有控制型风险管理技术和财务型风险管理技术。

**（一）控制型风险管理技术**

控制型风险管理技术，即采取控制技术，达到避免和消除风险，或减少风险因素危害的目的的方法。控制型风险管理技术可以适用于灾前灾后。事故发生前，降低事故发生频率；事故发生后，降低损失程度。

控制型风险管理技术主要包括避免风险、预防风险、分散风险、抑制风险四种风险管理方法。

1. 避免风险

避免风险是指设法回避损失发生的可能性，即为从根本上消除特定的风险单位和中途放弃某些既存的风险单位，采取主动放弃或改变该项活动的方式。避免风险的风险管理方法一般在某特定风险所致损失频率和损失幅度相当高或处理风险的成本大于其产生的效益时采用，它是一种最彻底、最简单的方法，但也是消极的风险管理方法。

2. 预防风险

预防风险是指在风险事故发生前为了消除或减少可能引起损失的各种因素而采取的处理风险的具体措施，其目的在于通过消除或减少风险因素而降低损失发生频率。这是事前的措施，即所谓“防患于未然”。例如，定期体检，虽不能消除癌症的风险，但可获得医生的有效建议或及早防治。

3. 分散风险

分散风险是指增加同类风险单位的数目来提高未来损失的可预测性，以达到降低风险发生的可能性的目的。例如，发展连锁店，购买不同的理财产品等。

4. 抑制风险

抑制风险是指在损失发生时或损失发生之后为减小损失程度而采取的各项风险管理措施。抑制风险是处理风险的有效技术。例如，安装自动喷淋设备，堵修决口的堤坝等。

**（二）财务型风险管理技术**

财务型风险管理技术是指以提供基金的方式，降低发生损失的成本的主要方法。财务型风险管理技术主要包括自留风险和转移风险两种方法。自留风险有主动自留和被动自留之分。转移风险有非保险转移和保险转移两种方法。

1. 自留风险

自留风险是指对风险的自我承担，即决策主体自我承受风险损害后果的方法。自留风险有主动自留和被动自留之分。通常在风险所致损失频率和幅度低、损失在短期内可以预测，以及最大损失不影响决策主体财务稳定时采用自留风险管理的方法。

2. 转移风险

转移风险是指为避免承担风险损失，而有意识地将损失或与损失有关的财务后果转嫁给另一些单位或个人去承担的一种风险管理方式。转移风险又有非保险转移和保险转移两种方法。

非保险转移是指单位或个人通过订立经济合同，将损失或与损失有关的财务后果转移给另一些单位或个人去承担，如保证互助、基金制度等，或人们可以利用合同的方式，将可能发生的、指明的不确定事件的任何损失责任，从合同一方当事人转移给另一方，如销售、建筑、运输合同和其他类似合同的除外责任和赔偿条款等。

保险转移是指单位或个人通过订立保险合同，将其面临的财产风险、人身风险和责任风险等转嫁给保险人的一种风险管理技术。投保人缴纳保费，将风险转嫁给保险公司，保险公司则在合同规定的责任范围内承担补偿或给付责任。保险作为风险转移方式之一，有很多的优越之处，在社会上得到了广泛的运用，也是家庭/个人进行风险管理的重要手段。

## 知识拓展

保险与风险管理

风险管理和保险无论在理论上，还是在实际操作中，都有着密切的联系。从理论起源上看，是先出现保险学，后出现风险管理学。保险学中关于保险性质的学说是风险管理理论基础的重要组成部分，且风险管理学的发展很大程度上得益于对保险研究的深入。但是，风险管理学后来的发展也在不断促进保险理论和实践的发展。从实践看，一方面保险是风险管理中重要、常用的方法之一；另一方面通过提高风险识别水平，可更加准确地评估风险，同时风险管理的发展对促进保险技术水平的提高起到了重要作用。

要提高风险管理水平，最重要的一个环节就是要提高认识风险的水平。概率论的发展，为加深对风险的认识、风险的量化、提高风险管理水平提供了科学的方法。计算纯保费的前提是要知道潜在损失的概率分布。实践中就是以概率论为理论基础，利用经验数据来估计事故发生的概率分布。因此，概率论是保险的数理基础。

“大数法则”是概率论中一个重要法则，它揭示了这样一个规律：大量的、在一定条件下重复出现的随机现象将呈现出一定的规律性或稳定性。例如，我们知道掷一枚质量分布均匀的硬币，其正面向上的概率为0.5，但如果做50次实验，正面向上的次数很可能与期望值25次相差较大。换句话说，对该实验进行统计得出的频率（正面向上的次数除以实验次数）与客观的概率可能有较大的差距。但做一万次或更多次实验，其统计频率与客观概率相差将很小。由于“大数法则”的作用，大量随机因素的总体作用必然导致某种不依赖于个别随机事件的结果。这一法则对保险经营有着重要的意义。我们知道，保险行为是将分散的不确定性集中起来，转变为大致的确定性以分摊损失。根据“大数法则”，同质保险标的越多，实际损失结果会越接近预期损失结果。因此，保险公司可做到收取的保费与损失赔偿及其他费用开支基本平衡。

【资料来源：保宝网】

# 项目二　保险相关概念

## 任务1　保险的界定

### 一、保险的概念

保险，是指投保人根据合同约定，向保险人支付保险费，保险人对于合同约定的可能发生的事故因其发生所造成的财产损失承担赔偿保险金责任，或者被保险人死亡、伤残、疾病或者达到合同约定的年龄、期限等条件时承担给付保险金责任的商业保险行为。

### 二、保险的要素

#### （一）保险主体

保险主体，就是保险合同的主体，只包括投保人与保险人。而被保险人、受益人、保单所有人，除非与投保人是同一人，否则，都不是保险主体。

投保人，是指与保险人订立保险合同，并按照保险合同负有支付保险费义务的人。投保人可以是自然人也可以是法人，但必须具有民事行为能力。

保险人，又称“承保人”，是指与投保人订立保险合同，并承担赔偿或者给付保险金责任的保险公司。在中国有股份有限公司和国有独资公司两种形式。保险人是法人，公民个人不能作为保险人。

被保险人，是指根据保险合同，其财产利益或人身受保险合同保障，在保险事故发生后，享有保险金请求权的人。投保人往往同时就是被保险人。

受益人，是指人身保险合同中由被保险人或者投保人指定的享有保险金请求权的人，投保人、被保险人可以为受益人。如果投保人或被保险人未指定受益人，则他的法定继承人即为受益人。

保单所有人，拥有保险利益所有权的人，很多时候是投保人、受益人，也可以是保单受让人。

**（二）保险客体**

保险客体，即保险合同的客体，并非保险标的本身，而是投保人或被保险人对保险标的的可保利益。

可保利益，是投保人或被保险人对保险标的所具有的法律上承认的利益。这主要是因为保险合同保障的不是保险标的本身的安全，而是保险标的受损后投保人或被保险人、收益人的经济利益。保险标的只是可保利益的载体。

**（三）保险标的**

保险标的即保险对象，人身保险的标的是被保险人的身体和生命，而广义的财产保险是以财产及其有关经济利益和损害赔偿责任为保险标的的保险。其中，财产损失保险的标的是被保险的财产，责任保险的标的是被保险人所要承担的经济赔偿责任，信用保险的标的是被保险人的信用导致的经济损失。

**（四）保险费率**

保险费率是保险费与保险金额的比例，保险费率又被称为保险价格。通常以每百元或每千元保险金额应缴纳的保险费来表示。

**（五）保险利益**

保险利益是指投保人对保险标的具有的法律上承认的利益。通常投保人会因为保险标的的损害或者丧失而遭受经济上的损失，因为保险标的的保全而获得收益。只有当保险利益是法律上认可的、经济上的、确定的而不是预期的利益时，保险利益才能成立。一般来说，财产保险的保险利益在保险事故发生时存在，这时才能补偿损失；人身保险的保险利益必须在订立保险合同时存在，用来防止道德风险。

以寿险为例，投保人对自身及其配偶具有无限的可保权益，在一些国家地区，投保人与受保人如有血缘关系，也可构成可保权益。另外，债权人对未还清贷款的债务人也具有可保权益。

其成立条件是：保险利益必须是合法的利益，保险利益必须是经济上有价的利益，保险利益必须是确定的利益，保险利益必须是具有利害关系的利益。

**（六）保险价值**

保险价值是保险标的物的实际价值。根据我国《保险法》规定，投保人和保险人约定保险标的保险价值并在合同中载明的，保险标的发生损失时，以约定的保险价值为赔偿计算标准。投保人和保险人未约定保险标的的保险价值的，保险标的发生损失时，以保险事故发生时保险标的的实际价值为赔偿计算标准。

## 知识拓展

保险价值的确定

简单说来，保险价值可由以下三种方法确定：

（1）根据法律和合同法的规定，法律和合同法是确定保险价值的根本依据。

（2）根据保险合同和双方当事人约定。有些保险标的物的保险价值难以衡量，比如人寿保险、健康保险，人的身体和寿命无法用金钱来衡量，则其保险价值以双方当事人约定。

（3）根据市价变动来确定保险价值。一些保险标的物的保险价值并非一直不变的。大多数标的物也会随着时间延长而折旧，其保险价值呈下降趋势。

## 三、保险的职能

保险的职能可划分为基本职能和派生职能。

**（一）保险的基本职能**

保险的基本职能包括分散风险职能和补偿损失职能。保险将某一单位或个人因偶然的灾害事故或人身伤害事件造成的经济损失，以收取保费的方式平均分摊给所有被保险人，实现分散风险的职能。保险人将收取的保险费用为被保险人因合同约定事故所导致的经济损失提供补偿，实现补偿损失的职能。分散风险和补偿损失是保险本质的基本反映，是保险的基本职能。

**（二）保险的派生职能**

保险的派生职能是在保险固有的基础上发展而来，归根到底是伴随着保险分配关系的发展而产生，包括基金积累职能、风险监督职能和社会管理职能。

1. 基金积累职能

现代保险运用稳健的精算方法计算保险费率，通常是缴纳保费在先，履行赔付或给付责任在后，保险人在一定时间内持有资金并可以加以投资，形成保险资金，从而为分散风险提供了坚实的基础，这就是保险的基金积累职能。如果现代保险没有这一职能，就难以正常维系和发展保险分配关系。

2. 风险监督职能

分散风险的对价是分摊保险费，被保险一方必然要求以尽可能低的保费获取同样的保险保障。因此，被保险人之间，被保险人与保险人之间必然会对风险加强相互监督，以期尽量减小乃至消除不利的风险因素，达到减少损失和减轻负担的目的，这就是保险的风险监督职能。在行业协会保险和相互保险中，风险监督是在其会员之间进行的，对于商业保险，则是在保险人与被保险人之间进行的。

3. 社会管理职能

保险的社会管理职能主要是指在保险业提供商业保险产品时，能够满足人民群众需要，它在对社会生产、人民生活提供必要保障的同时，解除社会生产者后顾之忧，缓解国家财政支出，企业生产成本增长，社会矛盾激化等压力，从而对整个社会产生积极作用。

## 任务2 保险的分类

### 一、保险的分类

#### （一）商业保险与社会保险

商业保险是指按商业原则经营，以营利为目的的保险形式，由专门的保险公司经营。所谓商业原则，就是保险公司的经济补偿以投保人交付保险费为前提，具有有偿性、公开性和自愿性，并力图在损失补偿后有一定的盈余。

社会保险是指在既定的社会政策的指导下，由国家通过立法手段对公民强制征收保险费，形成保险基金，用以对其中因年老、疾病、生育、伤残、死亡和失业而导致丧失劳动能力或失去工作机会的成员提供基本生活保障的一种社会保障制度。社会保险不以营利为目的，运行中若出现赤字，国家财政将会给予支持。两者比较，社会保险具有强制性，商业保险具有自愿性；社会保险的经办者以财政支持作为后盾，商业保险的经办者要进行独立核算、自主经营、自负盈亏；商业保险保障范围比社会保险更为广泛。

#### （二）财产保险与人身保险

根据保险标的的不同，保险可分为财产保险和人身保险两大类。

财产保险是指以财产及其相关利益为保险标的的保险，包括财产损失保险、责任保险、信用保险、保证保险、农业保险等。它是以有形或无形财产及其相关利益为保险标的的一类补偿性保险。

人身保险是以人的寿命和身体为保险标的的保险。当人们遭受不幸事故或因疾病、年老以致丧失工作能力、伤残、死亡或年老退休时，根据保险合同的约定，保险人对被保险人或受益人给付保险金或年金，以解决其因病、残、老、死所造成的经济困难。

#### （三）原保险与再保险

发生在保险人和投保人间的保险行为，称为原保险。发生在保险人与保险人之间的保险行为，称为再保险。

再保险是保险人通过订立合同，将自己已经承保的风险，转移给另一个或几个保险人，以降低自己所面临的风险的保险行为。简单地说，再保险即“保险人的保险”。

## 二、财产保险的分类

以保险标的为标准划分，财产保险可分为财产损失保险、责任保险、信用保险和保证保险。

**（一）财产损失保险**

财产损失保险是指以各种有形财产及其相关利益为保险标的的财产保险。财产损失保险的保险标的须是以物质形式存在、可以用货币价值衡量的财产。财产损失是指某一财产的毁损、灭失所导致的财产价值的减少或丧失，包括直接物质损失以及因采取施救措施等引起的必要、合理的费用支出。财产损失保险主要包括企业财产保险、家庭财产保险、工程保险、运输工具保险、货物运输保险等。

### 知识拓展

汽车保险怎么买

很多新手在开车时，发生事故的频率相对较高，于是很多车主因为担心而又没有经验，所以将能买的保险都买了。而有的车主却认为除了交强险以外，其余的保险都没用处，其实这两种做法都是不对的。究竟汽车保险怎么买呢？

1. 首先是购买交强险

交强险是国家规定的强制险种，所有机动车都必须购买。但是很多车主在交强险上有一些误区，他们以为只要购买了交强险，一旦出现交通事故，就可以全部交给保险公司来负责。其实事实并不是这样，交强险主要是对被保车辆在发生交通事故时造成受害财产损失，伤亡，在责任限额内予以赔偿的强制性责任保险，但不包括本车人员和被保险人。

2. 其次是购买三种基本商业险

三种基本商业险就是所谓的车损险、第三者责任险、车上人员责任险。

（1）车损险。对于新手来说，在开车的过程中，难免会有一些小刮小蹭，所以需要购买一份车损险。车损险主要是指被保险的车辆在发生保险事故，造成车辆受损的情况下，保险公司会在合理的范围内给予赔偿。但是需要注意的是，车损险不包括被盗、被抢劫、车轮单独损坏等，所以说，并不是所有的交通事故发生之后都是可以得到赔付的。

（2）第三者责任保险。所谓第三者责任保险，就是保险车辆因意外事故导致上述人、物的财产损失，依法应由被保险人负责的，由保险公司来赔偿。

目前，保险公司规定的第三者责任险的赔偿金额主要有5万元、10万元、15万元、20万元、30万元、50万元、100万元及100万元以上。

（3）车上人员责任险。负责赔偿保险车辆交通意外造成的本车人员伤亡。这一险种的金额也由车主选择。从目前承保的情况看，每个座位的保额以1万～5万元居多，司机和乘客的投保人数一般不超过保险车辆的核定座位数。

【资料来源：中国大地保险公司官方网站】

### （二）责任保险

责任保险是指以被保险人对第三者依法应负的赔偿责任为保险标的的保险。这种保险以第三者请求被保险人赔偿为保险事故，以被保险人向第三者应赔偿的损失价值为实际损失。责任保险包括的范围十分广泛，从内容上看，主要包括公众责任保险、产品责任保险、雇主责任保险、职业责任保险等类型。

### （三）信用保险

信用保险是以信用交易中债务人的信用作为保险标的，在债务人未能如约履行债务清偿而使债权人遭受经济损失时，由保险人向债权人提供风险保障的一种保险。按保险标的性质的不同，可以将信用保险分为商业信用保险、银行信用保险和国家信用保险。按保险标的所处地理位置的不同，可以将信用保险分为进口信用保险和出口信用保险。

### （四）保证保险

保证保险属于一种担保业务，由保险人为被保证人向权利人提供担保，当被保证人违约或不忠诚而使权利人遭受经济损失时，权利人有权从保证人处获得补偿。保证保险通常有指名保证和总括保证两种承保方式。指名保证以指定的法人或自然人为被保证人，总括保证则以集团内全体人员为被保证人。

信用保险与保证保险同属一个范畴，是不同的当事人从不同角度向保险人提出保险请求。

## 三、人身保险的分类

按照保险责任的不同，人身保险可以分为人寿保险、人身意外伤害保险和健康保险。

### （一）人寿保险

人寿即人的寿命，人寿保险是以被保险人的生命为保险标的，以被保险人的生存或死亡为保险事故的人身保险。人寿保险是人身保险中最重要的部分。人寿保险分为传统保障型人寿保险和投资理财型人寿保险。

1. 传统保障型人寿保险

传统保障型人寿保险注重保障人的生存和死亡的风险，在实务中，人们习惯将其分为定期寿险、终身寿险、两全保险和年金保险。

（1）定期寿险。定期寿险是以被保险人在保险合同规定的一定期限内发生死亡事件，而由保险人给付保险金的一种人寿保险。保险期间通常为 1 年、5 年、10 年、20 年或者到被保险人指定年龄时止。定期寿险不积累现金价值，但价格低廉，适合收入较低或者短期内承担危险工作的人士购买。

（2）终身寿险。终身寿险是终身提供死亡或全残保障的保险，一般到生命表的终极年龄 100 岁为止。如果被保险人在 100 岁之前死亡，保险公司将给付相应的保险金。如果被保险人生存至 100 岁，则向其本人给付保险金。其特点是终身保障，保费是固定不变的，保单有现金价值，由保险公司每年派发的红利累积而成，又由于保险人 100 岁之前无论何时死亡，均可获得保险金，因此终身寿险具有储蓄性质。同时由于保单具有现金价值，很多保险公司此险种提供保单质押贷款服务。

终身寿险的缺点是保险费相对较高，适合于收入比较稳定，有较高资产，希望有稳定的回报又不想自己参与投资的人士。另外，其也是投资者希望赚取避税收入和财产完整继承的好选择。

（3）两全保险。生死两全保险又称“混合保险”或“储蓄保险”，就是死亡保险加生存保险，是以被保险人在保险期限内死亡或期满生存为条件，都可获得保险金的一种保险。投保人或被保险人交付保险费后，如果被保险人在保险有效期内死亡，向其受益人给付保险金；如果被保险人在保险期满仍生存，保险人也将向其本人给付保险金，保险人给付全数保险金后，保险合同即告终止，死亡后未到期的保险费也不再续交。两全保险是人身保险中最受欢迎的一个品种，可以作为储蓄的一种手段，也可为养老提供一种保障，还可以用于为特殊的目的积累一笔资金。因为两全保险承担了生和死双重的保险责任，因此保险费率要比单纯的生存保险或死亡保险都高，属于寿险品种中价格最高的产品。适合收入较高、希望以强制方式储蓄一笔资金的人群。

（4）年金保险。年金保险是指在被保险人生存期间或一约定期间内，保险人按照合同约定的金额、方式，在约定的期限内，有规则地、定期地向被保险人给付保险金的保险。年金保险，同样是由被保险人的生存为给付条件的人寿保险，但生存保险金的给付，通常采取的是按年度周期给付一定金额的方式，因此称为年金保险。

从某种意义上说，年金保险和其他人寿保险的作用正好相反。其他人寿保险为被保险人因过早死亡而丧失的收入提供经济保障，而年金保险则是预防被保险人因寿命过长而可能丧失收入来源或耗尽积蓄而进行的经济储备。如果一个人的寿命与他的预期寿命相同，那么他参加年金保险既未获益也未损失；如果他的寿命超过了预期寿命，那么他就获得了额外支付，其资金主要来自没有活到预期寿命的那些被保险人缴付的保险费。所以年金保险有利于长寿者。

2. 投资理财型人寿保险

传统人寿保险没有充分考虑通货膨胀的影响，特别是对长期寿险而言，由通货膨胀引起的货币购买力下降使得寿险的保障功能明显减弱。为此，保险公司开发了既具有保障功能又具有投资理财功能的寿险新品种，这些新险种主要包括分红保险、投资连结保险、万能寿险。从严格意义上讲，分红保险和万能寿险属于理财类产品，投资连结保险属于投资类产品。

（1）分红保险。分红保险是指保险公司在每个会计年度结束后，将上一会计年度该类分红保险的可分配盈余，按一定的比例、以现金红利或增值红利的方式，分配给客户的一种人寿保险。其特点在于投保人除取得传统保单规定的保障之外，还可以分享保险公司经营成果，参与保险公司经营与投资活动所得盈余分配。在发达国家和地区，分红保险是抵御通货膨胀和利率风险的主力险种，绝大多数寿险都具有分红功能。

（2）投资连结保险。投资连结保险是一种融保险与投资功能于一身的新险种。保障主要体现在被保险人保险期间意外身故，会获取保险公司支付的身故保障金，同时通过投连附加险的形式也可以使用户获得重大疾病等其他方面的保障。投资方面是指保险公司使用投保人支付的保费进行投资，获得收益。投资连结保险设有保证收益账户、发展账户和基金账户等多账户。每个账户的投资组合不同，收益率就不同，投资风险也不同。由于投资账户不承诺投资回报，保险公司在收取资产管理费后，将所有的投资收益和投资损失由客户承担。投资连结保险适合于具有理性的投资理念、追求资产高收益同时又具有较高风险承受能力的投保人。

## 知识链接

如何购买投连险

1. 四个比较挑准投连险

面对市场上繁杂的投连险产品，如何挑准有诀窍。保险专家表示，消费者可通过四个比较来筛选靠谱的产品。首先，对比不同保险公司投连险的投资业绩，在各家保险公司的网站上查找相关产品现在和以往不同时段的投资收益率，并进行比较，还可以通过比较各家保险公司筛选基金产品的“眼光”来挑选保险公司；第二，选择在股市波动的某个时段内，比较一家保险公司的不同投连险产品的抗跌能力；第三，要比较不同产品的前、后端各项费用的收费标准；第四，比较各家保险公司售前售后的服务质量。不过，保险专家提醒，收益率虽然是一项重要指标，但那只代表过往的收益水平，并不能代表该公司未来的收益率，对于投保人而言，保险公司筛选基金的水平和投连险产品的抗跌能力是最重要的。

2. 三点注意稳住投连险

保险专家指出，只要投保人把握住三点注意就能使投资投连险的风险降到最低。

(1) 投保人不要盯着一种品种投资，可将资金分散于股票账户和债券账户中，当然这其中尺度的把握需要结合自身的情况，比如承担风险的能力等，而且最好先向保险代理人咨询。

(2) 对于保险公司已经按照风险高中低进行投资组合的账户，投保人不必频繁调整账户，可以每半年按需调整一次，因为转换账户往往是需要手续费的；而对于仅仅按照投资品种设立的股票型账户、债券账户、货币账户，投资组合是完全由投保人自行配置的，投保人可每两个月根据市场走势做相应调整。

(3) 投保人不应盲目追求高收益，应设定合理的回报预期，并要清楚自己的风险承受能力。

(3) 万能寿险。万能保险指的是可以任意支付保险费以及任意调整死亡保险金给付金额的人寿保险。也就是说，除了支付某一个最低金额的第一期保险费以后，投保人可以在任何时间支付任何金额的保险费，并且任意提高或降低死亡给付金额，只要保单积存的现金价值足够支付以后各期的成本和费用就可以了。而且，万能保险现金价值的计算有一个最低的保证利率，保证了最低的收益率，这点与分红保险大致相同。

万能寿险之“万能”，在于在投保以后可根据人生不同阶段的保障需求和财力状况，调整保额、保费及缴费期，确定保障与投资的最佳比例，让有限的资金发挥最大的作用。万能险是风险与保障并存，风险介于分红险与投连险间的一种投资型寿险。所缴保费分成两部分，一部分用于保险保障，另一部分用于投资账户。保障和投资额度的设置主动权在投保人，可根据不同需求进行调节；账户资金由保险公司代为投资理财，投资利益上不封顶、下设最低保障利率。但是，值得注意的是，万能型养老险投入比较大，且不宜提前支取，否则将损失高额的手续费，适合家庭未来收入不稳定的家庭。

### （二）人身意外伤害保险

人身意外伤害保险简称意外伤害保险。意外伤害是指在人们没有预见到或违背被保险人意愿的情况下，突然发生的外来致害物对被保险人的身体明显、剧烈地侵害的客观事实。意外伤害保险是以被保险人因遭受意外事故造成的死亡或伤残为保险事故的人身保险。在全部人身保险业务中，只需支付少量保费就可获得高保障，投保简便，无须体检，所以承保人次较多，如旅行意外伤害保险、航空意外伤害保险等。

人身意外伤害保险的保障项目一般有四项：

（1）死亡给付。当被保险人因遭受意外伤害导致死亡时，保险人需给付保险金。

（2）残疾给付。当被保险人因遭受意外伤害导致残疾时，保险人需给付保险金。

（3）医疗给付。当被保险人因遭受意外伤害发生医疗费支出时，保险人需给付医疗保险金。意外伤害医疗险一般作为意外伤害死亡、残疾的附加险承保，不单独承保。

（4）停工给付。被保险人因遭受意外伤害导致暂时丧失劳动能力不能工作时，保险人需给付停工保险金。

### （三）健康保险

健康保险是以被保险人的身体为保险标的，保证被保险人在疾病或意外事故所致伤害时的费用或损失获得补偿的一种人身保险。按照保险责任，健康保险分为重大疾病保险、医疗保险、收入保障保险、长期护理保险。重大疾病保险指以疾病的发生为给付条件的保险；医疗保险指以约定医疗的发生为给付条件的保险；收入保障保险指以因意外伤害、疾病导致收入中断或减少为给付保险金条件的保险；长期看护保险指以因意外伤害、疾病失去自理能力导致需要看护为给付保险金条件的保险。

健康保险按给付方式划分，一般可分为以下三种。

1. 给付型

保险公司在被保险人患保险合同约定的疾病或发生合同约定的情况时，按照合同规定向被保险人给付保险金。保险金的数目是确定的，一旦确诊，保险公司按合同所载的保险金额一次性给付保险金。各保险公司的重大疾病保险等就属于给付型。

2. 报销型

保险公司依照被保险人实际支出的各项医疗费用按保险合同约定的比例报销。如住院医疗保险、意外伤害医疗保险等就属于报销型。

3. 津贴型

保险公司依照被保险人实际住院天数及手术项目赔付保险金。保险金一般按天计算，保险金的总数依住院天数及手术项目的不同而不同。如住院医疗补贴保险、住院安心保险等就属于津贴型。

## 任务3 保险的基本原则

根据1995年颁布的《中华人民共和国保险法》的规定，保险基本原则包括以下几个。

### 一、最大诚信原则

#### 案例导读

保险最大诚信原则

2000年12月，某保险公司承保了某纺织品公司企业财产险，保险金额10亿元。保险期限一年。2001年2月，纺织品公司告知保险公司其存放成品的仓库未安装消防自动喷淋设备，但纺织品公司强调，根据产品特性其仓库不能安装该设备，按照惯例也不需要安装。同时声称，已经采取了其他有效的消防措施，足以保证仓库安全，请求保险人按原保险条件承保。保险公司接到该申请后，随即以批单的形式同意按原保单条件继续承保。2001年9月，该纺织品公司发生火灾，其存放成品的仓库损失严重。纺织品公司向保险公司提出索赔请求，要求保险公司赔偿人民币4 000万元。保险公司经调查发现：2001年，消防部门多次书面要求其整改，并特别指出其成品仓库按照惯例应该安装消防自动喷淋设施，其现有条件根本不具备保证成品仓库安全的条件。经火灾专家鉴定，如果安装了消防自动喷淋设施就足以及时扑灭大火。因此，保险公司认为，纺织品公司在签订合同时未履行如实告知义务。在保险合同期间内，虽然补充告知了未安装消防自动喷淋设施的情况，但其声称按照惯例不应安装，且有其他消防措施足以保证安全。这与消防部门整改通知中所认定的情况不符。所以，保险公司有权解除保险合同、不承担赔偿责任。纺织品公司向法院起诉，请求法院判决保险公司赔偿其损失4 000万元。法院经审理后做出判决：纺织品公司败诉，保险公司不承担保险责任。

最大诚信原则是指保险合同的双方当事人在签订和履行保险合同时，必须保持最大限度的诚意，双方都应遵守信用，互不欺骗和隐瞒，投保人应向保险人如实申报保险标的的主要风险情况，否则保险合同无效。

### 二、可保利益原则

可保利益是指投保人或被保险人对保险标的因具有各种利害关系而享有的法律上承认的经济利益。投保人或被保险人对保险标的具有可保利益是保险合同生效的依据。在寿险中，一般以下几种情况投保人有可保利益：（1）投保人对本人；（2）配偶、子女、父母等；（3）具有收养、赡养等法定义务；（4）对有合同关系或其他债务关系的人；（5）对其他与之有合法经济关系的人。另外，我国《保险法》还规定，被保险人同意投保人为其订立保险合同的，视为投保人对被保险人具有可保利益。

### 三、补偿原则

补偿原则是指保险标的发生保险事故时，保险人无论以何种方式赔偿被保险人的损失，也只能使被保险人在经济上恢复到受损前的同等状态，被保险人不能获得额外收益。因此，保险人在理赔时一般按以下三个标准确定赔偿额度：以实际损失为限，以保险金额为限，以被保险人对保险标的的可保利益为限。在这三个标准中，以最低的为限。

### 四、近因原则

**案例导读**

保险近因原则

被保险人成明，1988 年单位为其投保了一年期“团体人身意外伤害保险”，保险金额 5 000 元。1998 年 12 月 23 号，成明下楼时不慎摔倒，致使右手上臂肌肉破裂。后由于伤口感染，导致右肩关节结核扩散至颅内及肾，送医院治疗两个月无效死亡。事后保险人经过调查发现，被保险人成明有结核病史，且动过手术，体内存留有结核杆菌。被保险人死亡后果与意外摔伤并无直接必然的因果联系，是病死，是其体内存留的结核杆菌感染伤口，扩散至颅及肾而死亡的。疾病死亡不属于“意外保险”的保险范围，所以保险人不承担保险责任。

近因是指造成保险标的损失的最主要、最有效的原因。也就是说，保险事故的发生与损失事实的形成有直接因果关系。按照这一原则，当被保险人的损失是直接由于保险责任范围内的事故造成的，保险人才给予赔偿。这是因为现实中保险标的的损失是由多种风险事故同时或者连续发生造成的，而这些风险事故往往同时有被保风险、非保风险或除外风险。近因原则是判断保险人是否需要赔偿的标准。

## 项目三　保险规划

### 任务 1　保险规划的必要性

合理的保险规划可以使家庭平时面临危难时损失得到延缓，减少家庭因为意外事故带来的伤害。除此之外，保险还具有储蓄理财功能，能够对家庭的财产起到很好的保护作用，等等。

## 一、风险保障功能

目前，我国的社会保障制度还不是很完善，并且家庭对灾害的承受能力比较脆弱，不论是家庭成员的生老病死还是火灾、水灾，对家庭的冲击都是巨大的。家庭在平时的资金宽裕的情况下缴纳保险费，而在面临危难时得到援助，使生活能够得以正常维持，这是保险最根本的职能，也是家庭理财规划中对保险的基本定位。

## 二、储蓄理财功能

对于长期寿险，保单现金价值的存在使得保单具有储蓄功能，并且保单现金价值采取复利计算账户收益，即在保险期间内投资账户中的现金价值以年为单位进行利滚利。而像银行等其他理财产品采取的主要是单利，即一定期限，一定数额的存款会有一个相对固定的收益空间，不论是固定收益还是采取浮动利息，在理财期限内，银行理财产品都采取单利计算。从这个角度看，部分寿险产品在储蓄生息方面具有一定优势。而大部分具有投资理财功能的保险在保底收益的基础上还有一个浮动收益，这个收益随着经济的变动而水涨船高，很好地抵御了通货膨胀。

## 三、资产保护功能

在特定的条件下，寿险保单能够起到资产保护的功能。以企业主为例，当由于债权债务问题发生法律诉讼时，银行里的资金甚至股票、房地产等都可能被冻结。但是，投保所形成的人寿保单的相应价值却不受影响。因为人寿保险合同是以人的寿命和身体为保险标的，依据《保险法》，未经被保险人书面同意，保单不得转让或者质押，因此当所有的财产都被冻结甚至被拍卖时，人寿保险的保单不会被冻结和拍卖，而其保单贷款功能则又使其成为最好的“变现”工具，即便企业遇到破产情形，也不会因此一贫如洗。

## 四、融通资金功能

保险，尤其是长期寿险，可为投保人提供临时的融资功能。这种功能主要通过保单质押贷款来实现。保单质押贷款的根本作用在于能够满足保险单的流动性和变现要求。金融理论认为，流动性是金融资产的基本属性，几乎所有的金融资产都需要有流动性和变现能力，保险单作为一种金融资产也不例外。一般金融资产的流动变现能力是依靠二级市场的资产交易得以实现的。但人寿保险单具有长期性的特征，同时它不能通过建立二级市场和保单交易来实现其流动性变现要求。因此，为赋予保险单一定的流动和变现能力，寿险公司设计的各种保单质押贷款行为应运而生。

# 任务2　家庭保险规划的影响因素

由于人生各阶段的生活重心、家庭情况不同，财务保障的需求也会有所不同，对保险的选择也会不同。每个人在家庭中的角色、地位不同，所需险种和保额也会有所不同。此外，资产较少的人也比资产较多的人更需要保险，因为他们本来就缺乏经济保障，更需要保险分散风险，没有社会保险的人也比拥有社会保险的人更需要保险。因此家庭生命周期、家庭角色和责任、收入水平以及有无社会保险都会影响家庭保险规划方案的设计与选择。

## 一、家庭生命周期

处于不同生命周期阶段的家庭，其保险需求有所不同，见表4－1。

**表4－1　　不同生命周期阶段的家庭的保险需求情况**

| 家庭所处人生阶段 | 特点 | 保险需求分析 |
| --- | --- | --- |
| 单身期 | 刚参加工作：经济收入低、经济开销大、家庭负担少、个性易冲动 | 人身险：意外险、定期寿险、住院医疗险<br>财产险：责任保险 |
| 家庭形成期 | 刚组建家庭：家庭收入增加、家庭消费性支出较大 | 人身险：意外险、定期寿险、健康险（医疗险）<br>财产险：车辆险、房屋险、责任保险 |
| 家庭成长期 | 上有老下有小的“夹心”时代：收入逐渐增长，家庭压力和责任大，孩子教育支出花费大，父母医疗支出花费大 | 人身险：健康险（重疾险、医疗险）定期/终身寿险、意外险<br>财产险：车辆险、房屋险、责任保险 |
| 家庭成熟期 | 收入达到顶峰，家庭负担大大减轻，储蓄能力最强，为退休养老做准备 | 人身险：健康险（重疾险、医疗险）、意外险、投资型寿险、年金保险<br>财产险：车辆险、房屋险、责任保险 |
| 退休期 | 收入、消费减少，医疗保健费用增加 | 人身险：医疗保险、年金保险 |

### （一）单身期

工作不久、尚未成婚的年轻人，没有多少家庭负担，应重视的是自身的意外和意外医疗类保障。可考虑一定数额的定期寿险，万一发生意外，可得到充分的赔偿用于治疗；万一身故，也可为父母提供抚恤金用于晚年的生活费。若收入尚可，可考虑重疾险。如果有医保或单位能报销一部分，就可选择津贴类保险，也可考虑购买一些住院医疗中报销型和津贴型的保险产品，以填补社保的不足。

### （二）家庭形成期

此阶段家庭刚组建，购房、购车等消费性支出较大，为保证家庭经济支柱在遭受意外之后不会让家庭生活水平显著下降，可以选择缴费较少的定期寿险、意外险、健康险等，健康险以医疗险为主，条件较好的家庭可考虑重疾险。保障金额应足够维持家庭成员5～8年的生活。其他家庭成员应根据家庭情况酌情购买，保额适当降低。经济条件许可的情况下还可选择一些投资性险种，规避风险的同时增值资产。拥有住房和私家车的还对房屋财产险、车险、责任保险有需求。

### （三）家庭成长期

这是人生最辛苦的“上有老，下有小”的夹心时代。作为家庭的经济支柱，应当为自己构筑充分的保障。30多岁期间首选定期或终身寿险，万一发生意外或疾病身故，可使孩子和家庭得到经济保障。其次是意外险和健康险。人到中年后整个家庭的压力和责任进一步加大，加之身体健康开始走下坡路，这时期根据家庭状况选择适当的健康险就显得尤为重要，建议首选重疾险。同时，需为自己购买较高额的寿险、意外险和特种疾病险，再配合住院险和津贴型保险。需要提醒的是，人到中年，鉴于女性的高发病率，中年女性可再考虑购买女性疾病险。另外，家庭成长期如财力尚可可购买适量的两全保险，以储备孩子的教育费用以及自己年老以后的养老金。拥有住房和私家车的还对房屋财产险、车险、责任保险有需求。

### （四）家庭成熟期

这个阶段，随着年龄增长，事业也达到了人生的最顶峰，收入也达到人生的最高峰。而且孩子基本已经完成学业，逐渐开始独立生活，家庭责任减轻了。然而，因为年事已高，身体机能下降，此时要开始考虑自己的养老问题。在维持健康保险和意外伤害保险同时要加大养老保险投入，同时可以减轻人寿保险。资金充足的也可购置一定的投资型寿险以及年金保险。房屋财产险、车险同样必不可少。

### （五）退休期

在这个阶段，一般的保障保险不宜购买。由于这一阶段各种保险的费率都很高，应该主要依靠自己早年积累的健康保险金和子女赡养。如果考虑到为子女减轻压力，也可投保一些保费不是很高的意外险等险种。此时人寿保险可以不要，但家庭经济财富较多者可以选择人寿保险作为遗产分配工具实现遗产传承。

## 二、被保险人的家庭角色和责任

每个人在家庭中的地位是不同的，我们可以从经济地位、生活费用、健康状况、死亡概率、意外概率等方面对家庭中所有的人进行评估，分析他们所面临的人身风险大小，做出合理的保险规划。例如，以一个三代同堂的家庭为例，他们的人身风险特征见表4－2。

表4－2　家庭成员人身风险特征

| | 经济地位 | 生活费用 | 健康 | 意外 | 死亡 | 风险暴露 |
|---|---|---|---|---|---|---|
| 爷爷奶奶 | 辅助的经济支柱，贡献较小 | 生活费用可能有缺口 | 体质比较弱，年老容易病 | 风险较大，影响自己，主要是医疗费用 | 死亡风险较大，但影响较小 | 疾病<br>意外伤害<br>养老<br>死亡 |
| 丈夫 | 主要的经济支柱，贡献很大 | 自己独立，有结余，是家人的经济来源 | 身强力壮，有患大病的可能 | 经常外出，风险较大 | 死亡风险小，但经济影响大 | 死亡<br>意外伤害<br>疾病<br>养老 |

续表

| | 经济地位 | 生活费用 | 健康 | 意外 | 死亡 | 风险暴露 |
|---|---|---|---|---|---|---|
| 妻子 | 辅助的经济支柱，贡献中等 | 自己能独立，有部分结余 | 体质较弱，有患病的可能 | 防范能力差，风险中等 | 死亡风险较小，但经济影响大 | 死亡<br>意外伤害<br>疾病 |
| 孩子 | 纯支出 | 只能依靠他人，风险非常大 | 抵抗能力较小，患病风险较大 | 生活好动，风险较大 | 风险较小 | 意外伤害<br>疾病 |

分析了自己和家人所面对的风险之后，我们已经知道了应该保障风险了。如果家庭财力是充分的，那么根据上面分析的所有风险都应该有所保障。但是，如果财力有限，则应当要保障最重要的风险。根据上面案例得出家庭成员应该保障的风险依次如表 4－3 所示。

**表 4－3　　家庭成员风险特征及所需保险**

| | 风险 1 | 所需保险 1 | 风险 2 | 所需保险 2 | 风险 3 | 所需保险 3 | 其他特殊情况 |
|---|---|---|---|---|---|---|---|
| 孩子 | 意外伤害 | 意外险 | 疾病 | 健康险 | | | 增加教育险 |
| 丈夫 | 死亡 | 寿险 | 意外伤害 | 意外险 | 疾病 | 健康险 | 考虑自己养老费用 |
| 妻子 | 死亡 | 寿险 | 意外伤害 | 意外险 | 疾病 | 健康险 | |
| 爷爷奶奶 | 疾病 | 健康险 | 意外伤害 | 意外险 | 养老 | 养老险 | 通过寿险规避遗产税 |

## 三、家庭收入水平

### （一）工薪阶层家庭：重基本保障

工薪阶层在整个社会中占绝大部分，是社会的中流砥柱。因为其收入与支出基本对等，应对风险的能力偏弱，尤其是有孩子的家庭，如果有突发情况，往往难以承受打击，这决定了工薪阶层是最需要保障的。

对于工薪阶层，最应注重基本保障。一般的工薪阶层都会有社保、医保、失业保险等政府统筹项目的保险，但就其保障程度而言，显然还不能完全满足一个家庭的全部保障需求。某个家庭成员的一次大病开支或许就会将整个家庭的经济条件拉入窘境。因此，建议普通工薪阶层可重点考虑投保定期寿险、意外险或重大疾病险，此类险种保障性强，保费较低，能抵御一部分因意外、疾病、死亡给家庭带来的负担。此外，对于有子女或老人的家庭，还要考虑子女教育费用的储备，比如年金类教育保险，以及老人的重疾保险。总的来说，这类家庭应主要考虑定期保障型寿险、意外险、重疾险、医疗险、分红保险、储蓄保险、年金教育险等险种，通常保费支出应当是家庭收入的 5%～10%。

### （二）中等收入家庭：保险兼顾投资

中等收入家庭通常衣食无忧，除房车齐备外还属于“有闲钱”一族，大多中产阶级会把这部分资金用于股票、基金、理财产品等投资，或投资自己，而不太注重配置保险。

对一个成熟的家庭，家庭基础配置购买已经齐全，短期内家庭整体支出不会很大，在保险规划时，应尽早考虑保障期长、能够应付养老问题的险种，可以通过购买趸交类保险来为以后建立养老基金。同时，为了应对疾病风险和医疗费用，必须购买足够的健康保险，家庭主要收入来源者还应该购买寿险和意外险。考虑到中等收入家庭的投资偏好，还可以配置投连险。一方面，作为强制储蓄的一种，若选择兼有投资连结功能的险种，还可有比较可观的投资收入；另一方面，作养老金的补充，使得家庭成员在退休后仍能够享有较高的生活水平。总的来说，这类家庭主要考虑养老保险、终身寿险、健康保险、意外险、投资连结保险和分红保险等。家庭的总保费支出可以占到家庭收入的10%~15%。

**（三）富裕家庭：注重财产传承**

富裕一族拥有庞大资产和大笔投资，积累财富众多，有很强的经济实力和抵御风险的能力，健康、养老对于这个群体来讲都不是问题。保险资产除了具有转移风险、保值增值的作用外，还具有资产传承、合理避税、合法避债等功能。富裕人群可以考虑配置大额的年金型保险与高端保险产品规划定制。现在已经有多家保险公司推出专门针对富裕阶层的保险产品，涉及定制化养老保险、人寿保险，以及专门针对遗产税征收的保险。另外，人寿保险不属于债务的追偿范围，资金账户不受债务纠纷影响，配置人寿保险避债也可作为富裕阶层的选择。总的来说，富裕阶层家庭可考虑终身寿险、养老保险、意外伤害险、健康保险等，保费支出可以是年收入的20%以上。

## 四、已有保障水平

除以上三个因素外，客户是否参与社会保障也是影响客户保险规划的重要因素，有无社会医疗保险是影响购买健康险的主要因素和重点，有无社会养老保险则影响家庭在商业养老保险额度上的决策。

**（一）社会保障对商业健康险的影响**

如果家庭已参与社会医疗保障，则在购买健康险时比较理想的险种搭配顺序为：重大疾病保险加住院补贴保险，如果家庭未参与社会保障，则比较理想的健康险险种搭配顺序为：重大疾病保险加住院医疗保险。因为住院医疗保险主要是费用报销型的健康险，可以针对医疗费用提供报销，而住院津贴保险则是针对住院医疗费用提供额外的经济补贴，是一种收入损失补偿型的健康险，主要针对因病住院而造成的收入损失提供除社会医疗保险额外的经济补偿。

**（二）社会保障对商业养老险的影响**

如果家庭已参与社会养老保障，则商业养老保险只是对社会养老保险的补充，确立商业养老保险额度的程序如下：首先，确定退休后所需养老总资金；其次，计算退休后总收入：社会保险渠道获得的资金收入和其他渠道的收入；再次，确定老年资金需求缺口；最后，确定实际的养老险保额。如果家庭未参与社会保障，则商业养老保险将构成退休后收入的主要来源，老年资金需求缺口加大，保额需大幅增加。

## 知识拓展

### 消费者购买保险的五大误区

误区一：买保险不为保障为投资

虽然，目前很多保险产品具有储蓄和保障双重功能，但更应重视其保障的功用。如果只注重保险的投资功能，即偏重于储蓄投资类险种，而忽略人身意外险、健康险等的投入，这是保险市场不成熟的表现。

其实消费型保险一般保费都不高，但保障作用却很强，由于保险事故只是可能发生而不是肯定发生，因此让许多人认为是白搭，不愿意投保。但保险预防的就是意外，一旦发生保险事故，保险才能真正发挥保障、救急和弥补损失的作用。在安排家庭保险时，消费者一定要先安排基础保障类的保险，然后考虑投资理财型的保险。

误区二：保费“满仓”压力大

终身寿险并不是必需的，养老和投资类险也应当控制额度，意外险额度反而应该加上去。总的保险支出额度应严格控制在其年收入的10%以内才合适，一般来说比例在7%～8%就非常有保障了。

毕竟，保费进入保险公司后，除了保单贷款和保险事故理赔，基本再找不到“兑现”的途径，这笔钱属于“长期被套”，流动性很差。因此，保费支出千万别“满仓”。

误区三：先保小孩，再保大人

给孩子购买保险固然重要，但如果家长自己都没有保险，心里却想着先给孩子办好保险，这就走进误区了。

每个家庭的支柱是父母，一旦他们因意外、疾病等丧失工作能力或失去收入的时候，家庭就将陷入困境。因此一个家庭购买保险的原则是：先大人后孩子，先经济支柱后其他成员。

如果先给孩子上保险，那么万一家长发生不幸，孩子的保费一旦无人缴纳，还谈何保障？所以，只有作为经济支柱的家长平安健康，才能给家庭和孩子一份保障，父母才是孩子的最大保障来源。

误区四：买保险不如储蓄和投资

这样的想法也代表了很多人的看法，但这是一个很典型的错误认识。其实，保险最重要的作用是保障功能，对于经济不很宽裕的人来说，保险解决万一发生不幸，收入突然中断时的经济来源问题；而对于有钱人，保险的作用主要是保全其已拥有的财产。目前，市场上纯保障的险种，如意外险和定期寿险等，都是“花小钱，办大事”，每年几百或是千元左右的保费投入，就能换来几十万元的保障额度。

误区五：有社保就不买商业保险

商业保险与各类国家强制的社会保险之间不可以互相替代。商业保险的保障范围由投保人、被保险人与保险公司协商确定，不同保险合同项下，不同险种，被保险人所受的保障范围和水平不同，而社会保险的保障范围一般由国家事先规定，风险保障范围比较窄，保障水平较低。通过二者之间的比较可以发现，社保通常是保障一个人的最低生活水平和医疗保障要求，而不同种类的商业保险可以保证一个人在遭遇不同的困境时，都可以得到相应的、额度较高的赔偿。比如商业的重大疾病保险，就可以弥补基本社保中大病医疗保障方面对于用药、额度等保障力度的不足。

【资料来源：和讯财经网】

## 任务3 家庭保险规划工作流程

家庭风险管理和保险规划的目的在于通过对家庭自身状况和保险需求进行深入分析，选择合适的保险产品并确定合理的保险期限和缴费金额。在制定家庭保险规划时，可遵循以下流程进行。

### 一、家庭风险评估

如任务2所述，不同家庭阶段、不同家庭角色、不同收入水平的家庭面临的风险是有差异的，风险对家庭带来的损失和影响程度也是不一样的。因此，在家庭风险管理和保险规划过程中，应首先对家庭面临的风险进行评估。

### 二、确定保险需求

这个过程包括三个方面的内容：一是确认自己可利用的保障方式，即对于家庭面临的潜在风险，分析其有无多种方式进行风险管理；二是确认自己要投保的风险，即在上述分析完成后，确定哪些风险需通过保险方式来进行处理；三是要估算家庭可用作投保的资金，在维持目前生活与获取风险保障之间取得平衡；四是确定保险对象，确定保险标的和保险利益。

### 三、选择保险产品

在确定保险需求和保险对象后，要从众多保险产品中选择在功能和价格上都符合家庭需求的保险产品。确定了保险产品后，还要注意险种的合理搭配。投保人身保险可以在保险项目上进行组合，如购买1~2个主险附加意外伤害险、重大疾病保险，使家人得到全面的保障。同时应注意，如果投保人准备购买多项保险，应尽量以综合的方式投保，以避免各个单独的保险之间的重复，从而使用于投保的资金得到最有效运用，享受较大的费率优惠。另外，投保时不能一味选择价格低廉的产品，因为险种价格低有可能是因为赔付范围窄，应特别注意保险约定中不赔的范围，应选择不赔范围小的保险公司的产品。

在选择合适的保险产品时，还应从以下几个方面对各家保险公司进行综合考量，最终确立一个最优的保险产品方案。

### （一）公司经营状况

保险公司的偿付能力和财务状况关系到保险公司资金的运营、投资和理赔能力。投保人一般应该依据保险监管部门或权威评级机构对保险公司的评定结果来了解保险公司的偿付能力。如果评定等级越高，就表明该保险公司的偿付能力越强。投保人还可以查看保险公司的财务报表，分析保险公司的保费收入、赔款、费用、利润等财务指标，从而了解其财务状况。

### （二）品牌知名度、公众认可度

社会大众对你所要选择的公司是否认可也是一个应该考虑的因素，尤其是接受过理赔的客户，他们的建议具有重要的参考价值。

### （三）服务质量

因为人寿保单绝大部分是较长期的，所以客户利益与保险公司的服务质量息息相关，能让客户感受到公司的服务水平一流这一点是很重要的。保险公司在投保后的服务情况可以从理赔、缴纳续期保费、保单保全变更等方面是否便捷、合理来考察。

### （四）公司性质

公司的性质在一定程度上会影响公司的财务状况、运营模式及相应的管理经验，它会间接影响到客户的利益。

### （五）投资能力

在购买分红、万能和投连险的时候，要着重参考公司投资能力的指标，比如资产托管的数目、公司管理中心的排名、专家的数量等。

## 四、确定保险额度

在选择好保险产品后，接下来需确立保险购买额度。保险额度是指当保险合同约定的事故发生时，保险公司所赔付的最高金额。

财产的价值比较容易计算，对于一般财产，可根据财产的实际价值或重置价值确定保险额度。如果是特殊财产（如珍藏品、古董等），其保险额度则需请专家评估。具体投保时，可以选择足额投保，也可以选择不足额投保，建议选择足额投保，才能从购买保险产品中获得充分保障。

对于人身保险额度的确定，现在保险业界流行一个“双十”定律，即家庭保险设定的适宜额度应为家庭年收入的10倍，保费支出的适当比重为家庭年收入的10%。“双十”是一个普遍适用的定律，不同的家庭可以在此基础上再结合自身家庭状况来确定自己家庭保险配额。

首先，必须配置家庭保障型配置，即为我们家庭中家庭收入的主要来源人员投保如养老保险、意外伤害险、失业险、重疾险，保额控制在年收入的10倍左右；其次，是子女教育费用的配置，可以考虑年金类保险、分红型，要求长期坚持，获得储蓄与保障兼备的效果，每年的保险额可控制在1万~2万元；最后，养老储备型配置，比如年金类、养老储备类保险，退休后每年能领取金额应控制在不降低生活质量为基准。

此外，也可根据生命价值法与家庭需求法确定人寿保险金额。生命价值法是以一个人的生命价值作依据，来考虑应该购买多少寿险。遗属（家庭）需要法：当事故发生时，可确保至亲的生活准备金总额。

【例4－1】陈先生今年30岁，假设其60岁退休，退休前年平均收入是10万元，平均年收入一半自己花掉，一半用于家人，即给家人花掉5万元。

那么，按生命价值法则，陈先生的生命价值是：(60岁－30岁)×(10万元－5万元)＝150万元。所计算出的生命价值，可以作为考虑现阶段该购买多少寿险的标准之一。

接下来，可再从家庭需求的角度考虑寿险保额。仍以陈先生为例，假设其家庭目前年平均收入14万元左右，每年最大支出就是大约3万元的房贷，加上其他开支，总支出5.5万元左右。

由于现有资产有限，陈先生在确定保额时可将资产暂且忽略，考虑到最大的开支房贷要还20年，陈先生需要以保险补偿家庭未来30年的开支，家庭需求为：5.5万元×20年＋2.5万元×10年＝135万元。

上述保额计算只是粗略估算，更精确的计算应考虑利率因素，这样，生命价值可能会小于150万元，而家庭需求会高于135万元。

综合两种法则，陈先生合适的寿险保额在135万～150万元。当然，随着生活条件和收入水平的改变，保额也应随之调整。

## 五、确定保险期限和缴费时间

投保人可以根据自己的实际情况选择适合的保险时间跨度和缴纳保费的年限。依据保险合同，保险公司将在约定时间内对约定的保险事故承担保险责任，这一约定时间即为保险期限。

首先，应根据家庭情况选择合适的保险期限。财产险的保险期限通常为一年，期满可以续订；而人身保险的保险期限则有短期、中期、长期以及终身无定期。投保人应根据自己的需求选择。如家庭经济条件一般，则在寿险保险期限上尽量选择定期（短期、中期）寿险，如果家庭条件较好，则可以选择终身寿险。

其次，应根据家庭情况选择合适的缴费时间。保费的缴付方式一般较为灵活，有趸交、限期年交等方式，采用限期年交时，一般有5年、10年、20年三种选择，有的产品面对年轻群体还支持30年缴付。至于具体选择哪种缴付方式，应主要依据家庭的经济状况、承受能力以及投保人确立的可投保资金来确定。

根据以上工作流程，将本模块初始“案例导读”中的案例（“单薪养三代”家庭如何进行保险规划）进行保险规划设计，方案如下：

### 案例分析

“单薪养三代”家庭如何进行保险规划

刘强至今没有任何商业保障，而且常年出差，疾病和意外的风险要比常人偏高，需要高额的寿险、意外险、重疾险等保障类保险以及养老金的准备。妻子梅梅虽然作为家庭主妇，没有承担家庭经济责任，但是也需要相应的保障及养老金的储备，以备不时之需。刘强一年有超过40万元的收入，按照保险支出占家庭年收入10%的原则，刘强一家每年保费在4万多元较为适宜，相当于每月投保原则。投保时需遵循的一般原则：首先是大人优先的原则；其次，投保费用应占整个家庭年收入10%左右；再次，附加保险豁免功能；又次，缴费期不宜太长；最后，儿童生命保障类保险累计保额不能超过10万元。保险规划推荐保险月支出3 500元左右。

保险规划推荐如下（仅供参考）。

1. 刘强

（1）产品名称：中宏长保健康多重给付重大疾病保险－钻石套餐（分红型，主险）；中宏附加无忧意外伤害保险（附加险）；中宏附加惠选定期寿险（附加险）。

（2）保障额度：大病30万元（主险），意外50万元（附加险），寿险50万元（附加险）。

（3）保险期间：主险至被保险人100周岁，附加寿险至被保险人55周岁，意外险1年1保，最长可至65岁。

（4）首年缴费：20 873元（20年缴）。

（5）保障责任：

◆ 重大疾病保障（涵盖40种）：在100周岁前，长保健康给予被保险人最多3次赔付，最高99万元的重大疾病保障。

◆ 额外疾病保障（涵盖10种）：70周岁前，享有6万元的额外疾病保障（若发生重大疾病理赔，本项利益即终止）。

◆ 身故保障：若未发生重大疾病理赔，且在55岁前因疾病身故，则享有83万元的身故保障，55岁后为33万元；若已发生重大疾病理赔，则还享有53万元的身故保障。

◆ 额外意外身故保障：60周岁前，除身故保障外，若未发生重大疾病理赔，则享有83万元的额外意外身故保障；若已发生重大疾病理赔，则还享有53万元的额外意外身故保障。

◆ 豁免保险费利益 & 现金分红。

2. 梅梅

（1）产品名称：中宏长保健康多重给付重大疾病保险－钻石套餐（分红型）。

（2）保障额度：10万元。

（3）保险期间：终身（其中重大疾病保障至被保险人100周岁）。

（4）年缴保费：4 423元（20年缴）。

（5）保障责任：

◆ 重大疾病保障（40种）：梅梅在100周岁前，可享有最多3次赔付，最高33万元的重大疾病保障。

◆ 额外疾病保障（10种）：70周岁前，梅梅享有2万元的额外疾病保障（若发生重大疾病理赔，本项利益即终止）。

◆ 身故保障：若未发生重大疾病理赔，则梅梅享有11万元的身故保障；若已发生重大疾病理赔，则梅梅还享有1万元的身故保障。

◆ 额外意外身故保障：60 周岁前，除身故保障外，若未发生重大疾病理赔，则梅梅享有 11 万元的额外意外身故保障；若已发生重大疾病理赔，则梅梅还享有 1 万元的额外意外身故保障。

◆ 豁免保险费利益 & 现金分红。

3. 宝宝（4 岁），刘强作为投保人

（1）产品名称：中宏幸福宝宝两全保险（分红型）保额 10 万元，附加高中/大学教育金（保额 2 万元），中宏附加惠选投保人豁免保险费定期寿险。

（2）缴费期：15 年。

（3）保险期间：至被保险人 30 周岁。

（4）首年缴费：17 990 元。

（5）保障责任：

◆现金利益给付：宝宝在以下年龄段时，将得到相应教育金（表 4 –4）。

表 4 –4 宝宝应得到的教育年金

| 宝宝年龄 | 所得教育金（元） | 宝宝年龄 | 所得教育金（元） |
|---|---|---|---|
| 15 岁 | 21 000 | 20 岁 | 43 000 |
| 16 岁 | 24 000 | 21 岁 | 20 000 |
| 17 岁 | 40 000 | 24 岁 | 20 000 |
| 18 岁 | 21 000 | 27 岁 | 20 000 |
| 19 岁 | 22 000 | 合计 | 231 000 |

◆ 身故保障：详见条款。

◆ 豁免保险费利益 & 现金分红。

4. 刘强父母

由于刘强父母年事已高，保障型险种不适宜再购买，父母的人身风险可以采取自留方式，也可给父母购置一定的意外险。

规划总结：

此规划的家庭总缴费 43 286 元/年，相当于每月 3 607 元。为刘强规划了 30 万元的重大疾病保障，为梅梅规划了 10 万元的重大疾病保障；男宝宝的“幸福宝宝”涵盖高中教育金、大学教育金、成家立业基金，附加豁免可以免除因万一投保人发生意外情况，而导致缴费中断情况的发生。另外，身故保障及额外意外身故保障更是可以全面涵盖夫妻两人的其他风险保障。

## 总结与回顾

1. 风险有狭义和广义之分。狭义风险是指由不确定性引起的损失，广义的风险则包括由不确定性引起的损失、无影响或获利的可能。个人理财实务中的风险指的是狭义风险。

2. 风险由风险因素、风险事故和损失三个要素构成。

3. 风险具有以下特征：客观性、损失性、不确定性、普遍性、社会性、可测性、可变性。

4. 风险按性质可以划分为纯粹风险和投机风险；按照产生环境可以划分为静态风险和动态风险；按照发生原因可以划分为自然风险、社会风险和经济风险；按照致损对象可以划分为财产风险、人身风险和责任风险；按涉及范围可以划分为特定风险和基本风险。

5. 风险管理是一个风险认识、风险确定、风险评估的决策过程，是指通过对风险的识别和衡量，采用必要且可行的经济手段和技术措施对风险加以处理，期望以最小的成本获取最大的安全保障的一种管理活动。风险管理技术主要有控制型风险管理技术和财务型风险管理技术。控制型风险管理技术主要包括避免风险、预防风险、分散风险、抑制风险四种风险管理方法。财务型风险管理技术是指以提供基金的方式，降低发生损失的成本的主要方法。财务型风险管理技术主要包括自留风险和转移风险两种方法。自留风险有主动自留和被动自留之分。转移风险有非保险转移和保险转移两种方法。

6. 保险，是指投保人根据合同约定，向保险人支付保险费，保险人对于合同约定的可能发生的事故因其发生所造成的财产损失承担赔偿保险金责任，或者被保险人死亡、伤残、疾病或者达到合同约定的年龄、期限等条件时承担给付保险金责任的商业保险行为。保险由保险主体、保险客体、保险标的、保险费率、保险利益和保险价值 6 个要素构成。

7. 保险的职能可划分为基本职能和派生职能。基本职能包括分散风险职能和补偿损失职能，派生职能包括基金积累职能、风险监督职能和社会管理职能。

8. 保险可分为：商业保险和社会保险、财产保险和人身保险、原保险与再保险。财产保险以保险标的为标准划分，可分为财产损失保险、责任保险、信用保险和保证保险。人身保险按照保险责任的不同，可以分为人寿保险、人身意外伤害保险和健康保险。

9. 根据 1995 年颁布的《中华人民共和国保险法》的规定，保险主要适用以下四种基本原则：最大诚信原则、可保利益原则、补偿原则、近因原则。

10. 合理的保险规划对家庭具有以下作用：风险保障功能、储蓄理财功能、资产保护功能、融通资金功能。

11. 家庭保险规划的影响因素：家庭所处生命周期、被保险人的家庭角色和责任、家庭收入水平、家庭已有保障水平。

12. 家庭保险规划工作流程：家庭风险评估——确定保险需求——选择保险产品——确定保险额度——确定保险期限和缴费时间。

## 同步自测练习

### 一、单项选择题

1. 李先生是某公司的副总，由于担心乘坐飞机带来的风险，从来不乘坐飞机，如果有异地出差情况时，他要么派其他人前往处理，要么自己乘火车前去办理。李先生这一做法属于（　　）。

A. 风险分散　　B. 风险转移　　C. 风险回避　　D. 风险控制

2. 上题中李先生派职员小王乘飞机前往异地处理事务，小王登机前购买一份航空意外险，则小王的行为属于（　　）。

A. 风险分散　　B. 风险转移　　C. 风险回避　　D. 风险控制

3. 客户需要理财规划师为其设计风险管理与保险规划，规划师首先要理解什么是风险管理，以下关于风险管理的说法最恰当的是（　　）。

A. 政府机关通过对风险进行识别和度量，采用合理的经济和技术手段，主动地、有目的地、有计划地对风险加以处理，以获得最大的安全保障和经济利益的行为称为风险管理

B. 公共事业单位当事人通过对风险进行识别和度量，采用合理的经济和技术手段，主动地、有目的地、有计划地对风险加以处理，以尽量小的成本去争取最大的安全保障和经济利益的行为称为风险管理

C. 企事业单位当事人通过对风险进行识别和度量，采用合理的经济和技术手段，主动地、有目的地、有计划地对风险加以处理，以获得最大的安全保障和经济利益的行为称为风险管理

D. 经济单位当事人通过对风险进行识别和度量，采用合理的经济和技术手段，主动地、有目的地、有计划地对风险加以处理，以尽量小的成本去争取最大的安全保障和经济利益的行为称为风险管理

4. 以下关于社会基本医疗保险和商业健康保险的关系说法正确的是（　　）。

A. 基本医疗保险需要商业保险的补充　　B. 基本医疗保险优于商业保险

C. 商业保险优于基本医疗保险　　D. 二者作用完全相同

5. 以下关于理财类保险与传统寿险的不同点描述最准确的是（　　）。

A. 理财类保险的给付或赔付额是不定的，传统寿险是定额寿险

B. 理财类保险的功能更强大

C. 理财类保险的保障功能比传统寿险的保障功能强

D. 理财类保险的投资功能比传统寿险的投资功能强

6. 人身保险是以人的身体和寿命作为保险标的的一种保险，客户的一张人身保单可根据不同的分类划分归属，下面分类中属于人身保险分类的是（　　）。

A. 单保险和复保险　　B. 足额保险、不足额保险与超额保险

C. 强制保险与自愿保险　　D. 人寿保险、健康保险和意外保险

7. 李某欲为其健康的侄子投保一份两全险，保险公司拒保，其拒保的理由是(　　)。

A. 李某违反了最大诚信原则　　B. 李某违反了近因原则

C. 李某对其侄子不具有保险利益　　D. 李某违反了损失补偿原则

8. 除（　　）外，带有储蓄性的长期人身保险单，在积累保险费一段时间后，都包含有现金价值。

A. 定期寿险　　B. 终身寿险　　C. 变额寿险　　D. 两全保险

9. 理财规划师认为（　　）适合家庭经济境况较差，子女年岁尚小，自己又是家庭经济主要来源的人。

A. 定期寿险　　B. 终身寿险　　C. 两全保险　　D. 年金保险

10. 根据保险贷款条款，投保人在缴纳保费一定年限后，如有临时性的经济上的需要，可以将保单作为抵押向保险人申请贷款，贷款金额以（　　）为限。

A. 保单所具有的现金价值　　B. 被保险人所缴纳的保费

C. 现金价值的一定比例　　D. 事先约定的赔偿金额

11. 某日天下大雪，一行人被 A、B 两车相撞致死，后经交通警察查实，该事故是因 A 车驾驶员酒后驾车所致。则行人死亡的近因是（　　）。

A. 大雪天气　　B. A 车司机酒后驾车

C. A 车撞击　　D. B 车撞击

12. 在人寿保险信托中，受益人通常是（　　）。

A. 受托机构，如银行　　B. 委托人本人

C. 投保人的遗属，通常是未成年子女　　D. 法定受益人

13. 以下（　　）不属于风险因素。

A. 机动车被盗窃　　B. 在收款台保留大量现金

C. 在建筑物内堆放油漆桶　　D. 交通秩序混乱

14. 在相同保险金额、相同投保条件下，人寿保险中保费最低的是（　　）。

A. 终身寿险　　B. 定期寿险　　C. 年金保险　　D. 两全保险

## 二、多项选择题

1. 风险由（　　）三个要素构成。

A. 风险因素　　B. 风险事故　　C. 损失　　D. 风险结果

2. 风险按照发生原因可以划分为（　　）。

A. 自然风险　　B. 政治风险　　C. 社会风险　　D. 经济风险

3. 控制型风险管理技术主要包括（　　）管理方法。

A. 避免风险　　B. 预防风险　　C. 分散风险　　D. 抑制风险

4. 保险的基本职能包括（　　）。

A. 分散风险职能　　B. 风险监督职能

C. 基金积累职能　　D. 补偿损失职能

5. 人身保险按照保险责任的不同，可以分为（　　）。

A. 人寿保险　　B. 人身意外伤害保险

C. 健康保险　　D. 医疗保险

6. 传统人寿保险包括（　　）。

A. 定期寿险　　B. 终身寿险　　C. 年金保险　　D. 两全保险

7. 根据 1995 年颁布的《中华人民共和国保险法》的规定，保险主要适用以下（　　）基本原则。

A. 最大诚信　　B. 可保利益

C. 补偿　　D. 近因

8. 合理的保险规划对家庭具有（　　）作用。

A. 风险保障功能　　B. 储蓄理财功能

C. 财产保护功能　　D. 融通资金功能

9. 家庭保险规划受（　　）因素影响。

A. 家庭所处生命周期　　B. 被保险人的家庭角色和责任

C. 家庭收入水平　　D. 家庭已有保障水平

## 三、判断题

1. 两全保险的每张保单的保险金的给付是必然的，因此其保险费率较高。（　　）

2. 某保险合同规定地震、火灾属于保险责任，如果地震引起火灾，并导致企业财产损失，保险人不承担赔偿责任。（　　）

3. 投保人、被保险人或者受益人知道保险事故发生后，是否通知保险人，可以由投保人自己决定。（　　）

4. 投保人故意隐瞒事件，不履行如实告知义务的，或者因过失未履行如实告知义务，足以影响保险人决定是否同意承保或者提高保险费率的，保险人应追究投保人的法律责任。（　　）

5. 造成损失的直接原因是风险因素，因为风险因素要通过风险事故的发生导致损失。（　　）

6. 保险凭证不具有跟保险单一样的法律效力。（　　）

7. 年轻的单身客户在购买保险的时候应该以储蓄性寿险为主。（　　）

8. 投保额越高，赔偿越多，所以有钱就多投一点。（　　）

# 基础技能训练

一、王医生，男，50 岁，从某国企职工医院停薪留职自办诊所，单位上“三险一金”等保险。妻子 40 岁，无单位、无职业，自费缴养老保险，年缴费 2 000 元左右，无其他保险，两个女儿已大学毕业，待业在家。诊所平均月收入 4 500 元，月均日常开支 2 000 元，月结余 2 000 元，全部存银行，银行存款 20 万元。几年前投资股市 1 万元，现该股已退市，预计仅值 800 元，无其他投资。王医生想 60 岁时退休安度晚年，不再开诊所；还要为女儿准备婚嫁金。王先生同时对自己和妻子的养老及健康保障表示担忧。该如何安排自己的保障计划和养老计划成为王医生目前最关心的问题。根据以上资料，请为王医生制定合适的保险规划。

二、案例资料如下：王先生：36 岁、硕士毕业，在国有科研机构任高级工程师，工作稳定，收入会随其资历的增长而不断上涨。王先生除有基本社保外，还购买了 20 年定期寿险及意外险；王太太：35 岁、在事业单位工作，收入稳定。目前仅有基本社保，无其他商业保险。儿子：8 岁、小学二年级（即今年 9 月将升入三年级）。儿子昭昭仅有社保及杭州市少儿住院医疗互助基金。王先生月收入7 000元，王太太月收入5 000元。两人的工作都非常稳定，收入还会随着资历的增长而不断上升（王先生估计每年上升幅度5%），此外，一套投资房租金收入每月有2 800元。每月，三口之家基本花销为2 000元，养车及娱乐费用需2 300元，为儿子备下500元医疗费，另外，每年学费及各种兴趣班费用平均下来每月大约1 000元。王先生和王太太年终奖金共有25 000元（主要来自先生），年度花销主要在孝敬老人和旅行方面。家中4老人都已退休，都有社保和退休金，能够保障生活且健康状况良好，每年孝亲费6 000元。每年全家旅行费用也在6 000元左右。

目前，一家人住在单位分的公房中，两室一厅83平方米，不需要房租。2008年年初，王先生们购得一套100万元的商品房（目前用于出租，市值保守估计140万元），首付款中15万元是向朋友的借款（尚未归还），另商业贷款70万元（等额本金方式，21年还清），目前余额为67万元左右，2009年每月要还4 000多元。一家人还拥有现值5万元的汽车一辆、现金及活期存款3万元、货币基金2万元、股票基金10万元、债券基金18万元。现在王先生希望为太太和儿子配置商业保险，约定在5年内还清朋友借款，并希望在2012年年底购买一套经济适用房，并计划三年后换车，最大理财目标是筹得养老金100万元。王先生关心的是如何合理配置现有的财产，是否选择更多样的投资方式，实现预定退休的计划，可以真正做到享福的日子是他目前比较关心的问题。

根据案例资料，请为王先生家庭制定合适的保险规划。

# 第五模块 投资规划

## 学习目标

1. 掌握各种投资工具概念及其收益风险特征。
2. 熟悉投资规划工作流程。
3. 掌握客户信息资料收集、整理及分析技巧。
4. 掌握根据客户需求和实际情况制定并调整投资规划方案。
5. 了解宏观经济变化对各种投资的影响。

## 案例导读

工薪族如何理财

今年已经29岁的小董计划在这几年结婚，可是凭那点儿工资想结婚，根本就是杯水车薪，所以他就想要投资，但是他又害怕承担风险，可是后来他一想，没有风险就意味着收益就小，与其花费时间去获得只比储蓄高那么一点儿的投资，还不如冒险选择风险大、收益也大的投资方式。因为不了解股指期货，他也没有贸然投资。现在他最想知道的是像他这样的工薪族如何投资？本章就将对投资规划进行介绍。

## 项目一　投资风险偏好与投资资产组合

### 任务1　投资风险偏好

#### 一、什么是风险偏好

风险偏好是指个人对待风险的态度。投资前应考虑个人的风险承受能力以及风险偏好，再确定投资资产组合。在现实生活中，个人往往不清楚自己的风险偏好，此时，需要对理财者个人进行风险属性评估，帮助投资者认识自我，从而做出客观和明智的决策，避免理财规划师将自己的意见强加给理财者。

## 知识拓展

风险属性问卷

选择你认为合适的答案：

1. 你投资60天之后，价格下跌20%。假设所有基本情况不变，你会怎么做？

A. 为避免更大的担忧，把它抛掉再试其他的

B. 什么也不做，静等收回投资

C. 再买入，这正是投资的好机会，同时也是便宜的投资

2. 现在换个角度看上面的问题。你的投资下跌了20%，但它是资产组合的一部分，用来在3个不同的时间段上达到投资目标。

2－1. 如果目标是5年以后，你怎么做？

A. 抛出　　B. 什么也不做　　C. 买入

2－2. 如果投资目标是15年以后，你怎么做？

A. 抛出　　B. 什么也不做　　C. 买入

2－3. 如果投资目标是30年以后，你怎么做？

A. 抛出　　B. 什么也不做　　C. 买入

3. 你买入退休基金1个月之后，其价格上涨了25%。同样，基本条件没有变化。沾沾自喜之后，你怎么做？

A. 抛出并锁定收入

B. 保持卖方期权并期待更多的收益

C. 更多地买入，因为可能还会上涨

4. 你的投资期限长达15年以上，目的是养老保障。你更愿意怎么做？

A. 投资于货币市场基金或保证投资合约，放弃主要所得的可能性，重点保证本金的安全

B. 一半投入债券基金，一半投入股票基金，希望在有些增长的同时，还有固定收入保障

C. 投资于不断增长的共同基金，其价值在该年可能会有巨幅波动，但在5年或10年之后有巨额收益的潜力

5. 你刚刚获得一个大奖，但具体哪一个，由你自己定。

A. 2 000元现金　　B. 50%的机会获得5 000元

C. 20%的机会获得15 000元

6. 有一个很好的投资机会，但是你得借钱。你会接受贷款吗？

A. 绝对不会　　B. 也许　　C. 是的

7. 你所在的公司要把股票卖给职工，公司管理层计划在3年后使公司上市，在上市

之前，你不能出售手中的股票，也没有任何分红，但公司上市时，你的投资可能会翻10倍，你会投资多少钱买股票？

A. 一点儿也不买　　B. 2个月的工资　　C. 4个月的工资

风险容忍度打分：选A得1分，选B得2分，选C得3分，合计9个选项，最高27分，最低9分。9~14分，保守的投资者；15~21分，温和的投资者；22~27分，激进的投资者。

## 二、风险偏好的分类

### （一）激进型

激进型的人一般是相对比较年轻、有专业知识技能、敢于冒险、负担较轻的人士，他们敢于进行高风险、高收益的股票、期货、期权、外汇、股权、艺术品等投资，激进型的人追求更高的收益和资产的快速增值，操作手法往往比较大胆，同样，他们对投资的损失也有很强的承受能力。

### （二）温和进取型

温和进取型的人一般是有一定的资产基础、一定的知识水平，他们愿意承受一定的风险，追求较高的投资收益，但又不会像激进型的人那样过度冒险地进行高风险的投资。因此，这种温和进取型的人往往选择开放式股票基金、大型蓝筹股票等适合长期持有，既可以有较为稳定的收益，风险也较低。

### （三）中庸稳健型

中庸稳健型的人既不厌恶风险也不追寻风险，对任何投资都比较理性，会仔细分析不同的投资市场、投资工具或品种，从中寻找风险适中、收益适中的理财产品，获得社会平均水平的收益，同时承受社会平均风险。因此，这一类型的人往往选择房产、黄金、基金等投资工具，以较小的风险来博取稍高收益。

### （四）保守型

通常，步入退休阶段的老年人群以及个人性格谨慎、敏感和脆弱的人群，低收入家庭，家庭成员较多、负担较重的大家庭，往往对投资风险承受力低，选择一项投资品种首要考虑的是保本，然后考虑追求收益。这类人群往往选择国债、存款、投资连结保险、货币基金、债券基金等低风险、低收益的保本型理财品种。

# 任务2　投资资产组合

投资资产组合，是指根据理财目标将可投资资金分配在具有不同收益和风险特征的资产上，通过这种组合，达到分散风险、降低不确定性的效果。投资资产组合至少满足三个方面的目标：保值、增值、流动性。而这些目标也正是每个家庭或个人的基本理财目标。

将资产组合的思想形成理论的是美国的马可维茨（Harry M. Markowitz）。马可维茨（1952）发表了《资产组合选择》一文，解释了如何通过计算资产的收益和风险并构造相应的资产组合来满足多样化的效用。在发达的证券市场中，马可维茨资产组合理论早已在实践中证明是行之有效的，在投资组合选择和资产配置方面得到了广泛应用。因为这一理论的重大贡献，马可维茨在1990年获得了诺贝尔经济学奖。

马可维茨资产组合理财的假设条件为：第一，证券市场是有效的；第二，投资者是风险规避的，追求期望效用最大化；第三，投资者在期望收益率和风险的基础上选择投资组合。

人们进行投资，本质上是在不确定性的收益和风险中进行选择。投资组合理论用均值、方差来定量表述这两个关键因素：均值是指投资组合的期望收益率；方差是指投资收益的方差，是对总体风险的描述。

运用投资资产组合理论旨在为个人理财决策中寻求一种最佳的投资组合。该理论启示人们：进行任何投资都存在一定风险，在投资过程中应避免过度集中于某一个投资项目，引起过度投资，增加投资风险；应通过组合投资，减少风险。

# 项目二　投资规划工作流程

## 任务1　收集整理客户资料

理财师为了分析客户资产配置相关信息以及客户未来各项需求，帮助客户确定各项投资目标，首先要掌握客户的所有基本信息，收集并整理各项与投资规划相关的信息以及反映未来需求的信息。

表格可以清晰简洁地反映客户的信息，在整理相关客户信息的时候可以尽可能地使用表格的形式，凡是能够形成表格的信息都可以表格的形式整理记录。在进行投资规划的时候，理财师需要的表格主要有以下几类：

第一类，根据客户基本信息初步编制的基本财务表格。主要包括客户个人资产负债表、客户个人现金流量表。这两张财务报表是分析客户所有相关财务状况的基础。理财规划师在编制的时候要注意，表格的结构与客户的个人基本情况有直接的关系。一般而言，成年客户的资产负债表和现金流量表的项目构成较为复杂，而年轻客户的资产负债表和现金流量表的项目构成较为简单，这主要是因为年轻客户尚未积累起大量的个人财富，其支出项目也较为简单。

第二类，根据投资规划所需要的相关信息编制特定表格。这类表格有的是根据初步信息收集阶段收集到的信息整理而成的，主要有客户现有投资组合细目表、客户目前收入结构表、目前支出结构表；有的则是根据现阶段收集整理的信息编制的表格，主要包括客户的投资偏好分类表、客户投资需求与目标表。如果针对客户这些重要的表格尚未编制或者不够确切，理财师要及时补充和完善。

## 任务2 客户资料分析

### 一、分析客户投资相关信息

**（一）分析相关财务信息**

财务信息是理财师为客户制定投资规划时最重要也是最基本的信息。客户的财务现状以及各项财务指标是为客户制定投资规划的依据，而对客户财务状况的预测则是对客户投资进行预测的基础。

**（二）分析宏观经济形势**

在不同的经济环境下，理财师为同一个客户制定的理财方案可能会完全不同。尤其是投资活动本身就要受到诸多宏观变量的影响。投资预期和投资收益是投资规划中需要考虑的重要因素，而宏观经济运行则会在基础层面上对这些因素进行影响。经济运行上升期间，居民收入将随之提高；各类投资者，包括客户在内都对经济前景抱有信心，从而会有较高的投资预期；企业在经济上升期可以取得较好的利润水平，客户投资股票与企业债券可以获得较高的投资收益。而在经济萧条期，宏观经济运行则产生相反的效果。

理财师必须关注各类经济统计信息、关注政府及科研机构的分析与评价，做到熟悉宏观经济形势，了解宏观经济变动趋势，才有可能制定出高质量的投资策略，只有密切关注各种宏观经济因素，如利率、汇率、税率的变化，才能抓住最有利的投资机会。

**（三）分析客户现有投资组合信息**

客户现有投资组合反映了客户现有的资产配置情况，对于这些信息进行分析有助于理财师明确客户的现有投资状况、总体风险水平、投资水平，还可以结合客户的投资规划目标在客户现有投资组合的基础上为客户制定投资规划。

通过对客户的现有投资组合进行分析，理财师需要明确以下几点：第一，明确客户现有投资组合中的资产配置情况：客户的投资涉及哪些领域？客户拥有的金融资产和实物资产各占多大比例？各类资产中具体又有哪些投资产品？客户所投资资产的流动性如何？投资品种共有多少？客户的投资有没有特别的偏好？等等。第二，注意客户现有投资组合的突出特点，一方面了解客户的投资理念和习惯，另一方面也可以掌握客户的投资水平。第三，根据经济或规律，对客户现有投资组合情况做出评价，分析出客户目前投资存在的问题，能够改进的空间等。

**（四）分析客户的风险偏好**

理财师要面对各种类型、风格迥异的客户，而不同的客户受到不同文化、风俗、地域和社会背景的影响，持有不同的投资理财观念，并且由于客户的具体情况不同，客户的风险承受能力、风险偏好状况也就千差万别。只有明确了客户的风险偏好才有可能制定出与客户偏好一致，能够为客户接受的投资规划。

### （五）分析客户家庭预期收入信息

客户的收入支出信息是客户重要的财务信息之一，客户家庭预期收入成为客户未来现金流入的主要来源，也成为客户投资的主要依据。理财师根据各种相关信息，如客户当前收入支出状况的收入表、结余比例和各种宏观经济指标预测，可以推断出客户的预期收入情况，包括预期收入项目以及各个项目的大小。通过个人现金流量表，可以知道客户的收入由经常性收入和非经常性收入共同构成。出于谨慎考虑，理财师应主要对经常性收入部分，即客户的工资薪金、资金、利息和红利等项目的未来变化情况进行预测。非经常性收入由于并不固定，通常难以预测，理财师应对其实现的可能性进行充分的分析，谨慎地将其纳入未来预测中。

## 二、分析客户未来各项需求

客户进行理财规划及投资规划是要满足一定的生活需求。每个客户由于基本情况不同，对于未来的各种需求也就不同。只有明确了客户未来的需求，才有可能帮助客户确定合理的投资规划目标，从而为客户量身定制理财和投资规划方案。

### （一）根据客户需求确定投资规划目标

根据客户提到的未来需求帮助客户将模糊的、混合的目标逐渐分析、细化、具体化，确定出需要通过投资规划来实现的目标，从而提出明确的投资规划目标。

在对客户信息进行收集整理时，已经完成了客户的投资需求与目标表格，该表格需要全面反映客户的投资现金准备，综合投资需求，证券、基金、保险、国债等各项投资需求以及期望达到或保持的数量或比率，并且对各项的重要性进行简单描述。这些已经取得或分析出的信息，构成客户投资目标的基本信息。理财师需要对客户的投资目标进行进一步的明确，针对客户的家庭情况，挖掘其特定的投资目标。例如对于有子女正在接受教育的家庭，了解其子女教育投资需求。

除了日常生活需求以外，客户的较为重要的未来需求往往集中于购买住房、大额消费品支出、旅游休闲、子女教育、养老支出等方面。理财师一方面可以从客户的投资需求表中了解客户明确的投资需求；另一方面由于客户提出的投资需求可能不够全面，理财师可以通过直接跟客户交流取得其他未来需求方面的信息。

### （二）根据对客户财务状况及期望目标的了解初步拟定客户的投资目标

在具体确定投资目标时需要进行以下几项工作：

（1）将投资目标进行分类。理财师首先要将客户的投资目标划分为短期目标（1 年以内实现）、中期目标（1～10 年实现）和长期目标（超过 10 年实现）。例如，为孩子 15 年后上大学支付学费或为自己的退休提供养老金等，属于长期目标。

（2）将各个投资目标进行排序。确定各个期限内各有哪些具体目标，并且在同一期限内，对于各个目标按其重要性进行排序。下列问题可以帮助客户明确哪些目标更为重要：如果这个目标不能实现，后果是什么？你愿意为实现这个目标而减少多少当前的消费？为实现这个目标需要多少资金？何时需要这些资金？

（3）根据各种不同的目标，分别确定实现各个目标所需要的投资资金的数额和投资时间。

（4）初步拟定客户的投资目标后，应再次征询客户投资的意义并得到客户的确认。如果客户明确表示反对，理财师应要求客户以书面的方式提出自己的投资目标。如果在制定投资规划方案的过程中，理财师欲对已确定的投资目标有所改动，必须向客户说明并征得客户同意，避免双方在以后的合作中出现纠纷。

（5）定期评价投资目标。为客户制定出投资规划目标后并不能一劳永逸，要随着投资环境、客户自身状况或需求的情况等信息及时地对客户的投资目标进行评价。

## 三、确定客户的投资目标

### （一）投资目标分类

客户的投资目标按照实现的时间进行分类，可以划分为短期目标、中期目标和长期目标。

1. 短期目标

短期目标是指在1年内就可以实现的目标。短期目标一般需要客户每年或每两年制定或修改，如装修房屋、休闲旅游、购买消费品等。对于短期投资目标，理财师一般建议采用现金或现金等价物，如活期存款、货币市场基金、短期债券、定期存款等。尽管这些投资工具的收益率不高，但收益率水平比较稳定。

2. 中期目标

中期目标是指需要1~10年才可能实现的愿望。中期目标制定后，一般不进行频繁的修改，只在必要的情况下才进行调整。比如，大学毕业生计划购买住房，接近退休年龄的客户安排退休金的投资问题等。对于中期投资目标，理财师要从成长性和收益率兼顾的角度来考虑投资策略。

3. 长期目标

长期目标是指需要10年以上的时间才能实现的愿望。如30岁的客户设定的退休保障目标。对于长期投资目标，主要应着眼于资本市场的长期趋势，而非短期波动，资产配置于长期增值潜力大的投资工具，如股票、不动产、艺术和收藏品，等等。

需要注意的是，短期目标、中期目标、长期目标之间的界限并不是绝对的。特别是短期目标和中期目标之间，界限更不是特别明显。此外，相同的投资目标对于不同的客户其分类也可能会不同。如购买汽车对于一个刚毕业的学生来说可能是中期目标，而对于一个中年客户而言，可能就是一个短期目标。

我们按照短期、中期和长期三个期限归纳了不同人生阶段的一般生活目标，供理财师在实际工作中参考（表5-1）。需要强调的是，理财师在实际工作中务必要结合客户的具体情况，参考所列的各项目标确定不同客户的具体投资目标，切不可简单照搬。

**表5-1　　不同人生阶段的生活目标**

<table>
<tr><th>客户类型</th><th>短期目标</th><th>中期目标</th><th>长期目标</th></tr>
<tr><td rowspan="3">大学高年级学生</td><td>租赁房屋</td><td>偿还教育贷款</td><td rowspan="3">开始投资计划</td></tr>
<tr><td>获得银行的信用额度</td><td rowspan="2">购买房屋</td></tr>
<tr><td>满足日常开支</td></tr>
</table>

续表

| 客户类型 | 短期目标 | 中期目标 | 长期目标 |
|---|---|---|---|
| 20多岁 | 储蓄 | 实现环球旅游 | 进行投资组合 |
| 单身客户 | 进行本人教育投资<br>将日常开支削减10% | 购买汽车 | 建立退休基金 |
| 30多岁 | 将旧的交通工具更新 | 购买更大的房屋 | 增加子女教育基金的投资 |
| 已婚客户 | 购买保险 | 子女教育开支 | 将投资工具分散化 |
| 50岁左右 | 购买新家具 | 养老金计划调整 | 制定遗嘱 |
| 已婚客户 | 提高投资收益稳定性 | 退休生活保障 | 退休后旅游计划 |

### （二）确定投资目标的原则

1. 投资目标要具有现实可行性

投资目标是理财师为客户制定投资规划的基础，所以客户的投资目标必须具有现实可行性。如果确定的投资目标在客户目前的收入水平等现实情况下根本没有实现的可能，再好的投资规划方案也是一纸空谈。

2. 投资目标要具体明确

投资目标的具体明确，主要体现在通过投资目标能最终实现的客户的财务状况究竟达到何种程度。投资目标越明确，越具有可操作性，对于正确制定投资规划方案也越有帮助。

3. 投资期限要明确

投资期限对于投资工具的选择也至关重要。投资期限的选择在很大程度上影响投资目标的设定，而客户的投资目标的设定又决定着客户的具体投资组合的选择以及投资规划的制定。

4. 投资目标的实现要有一定的时间弹性和金额弹性

由于投资规划本身就具有一定的预测性质，投资规划目标的实现取决于一些具有时间弹性和金额弹性的影响因素。所以，制定出能够准确地实现客户的某一个确切的投资目标的投资规划是很难的。在制定投资目标时，理财师要注意所制定的投资目标要有一定的时间弹性和金额弹性，这有助于增强投资规划的灵活性。

5. 投资目标要与客户总体理财规划目标相一致

投资规划是客户整个理财规划的一个组成部分，投资是实现其他财务目标的重要工具。客户的理财目标是一个综合性的目标，需要通过理财规划方案的所有规划来共同实现。而要通过投资来达到的目标或者实现的期望就是投资规划的目标。在确定客户的投资目标时必然需要参考已经确定的客户整体理财目标。投资目标应该是客户整体理财目标的组成部分。

6. 投资目标要与其他目标相协调，避免冲突

客户整体理财目标的实现要通过具体的规划来实现。虽然各个规划有所侧重，但理

财目标需要各个规划相互配合才有可能实现。例如，客户的购房目标，可能需要涉及客户的消费支出规划、投资规划、不动产规划，等等。因此，在制定规划目标时，各个规划要相互协调。

7. 投资规划目标要兼顾不同期限和先后顺序

客户的投资目标一般都不止一个，而且这些目标不可能同时实现。所以理财师在区分客户的短期、中期、长期投资目标的基础上，应再结合客户的具体情况对客户具体的投资目标按照重要程度和紧迫程度进行重新排列，从而在投资规划中确定实现投资目标的步骤。

**（三）投资的约束条件**

1. 流动性

流动性是指某种资产迅速转变为现金而不遭受损失的能力。通常用立刻将资产销售出去时的价格折扣幅度来衡量流动性。现金和银行存款流动性最高，股票和债券流动性稍差，房产和艺术品的流动性最差。在其他条件相同的前提下，投资者对流动性差的资产要求的回报率也高。投资者在制定投资策略时须考虑将来什么时候需要多少现金。从流动性需求可以确定在投资组合中持有现金或现金等价物的最低比例。

2. 投资的可获取性

市场上金融产品繁多，投资者的选择也很多。金融机构推出的金融产品的特点明显具有市场细分的特点，例如证券投资集合资金信托计划收益较高，但其设置了较高的进入门槛，少则100万，多则上千万的门槛，这让很多人望而兴叹。另外，有些金融产品虽然很适合客户，但也可能出现只面向机构投资者而不面向个人，从而个人投资者无法直接购买的情况。

3. 税收状况

在对投资决策的结果进行评价时，应以税后收益率来衡量。对于面临较高税率的客户而言，采取适当的投资策略以达到合理和延迟纳税的目的，对投资策略的成功是非常重要的。

4. 特殊需求

每个客户都具有不同的特征，因此必须考虑客户的特殊需求。一般而言，职业可以看作是个人最主要的投资，职业的风险状况在客户的投资决策过程中常常发挥着重要的作用。例如，一对夫妇都在钢铁企业工作，该家庭的风险与钢铁业的风险具有高度相关性，因此该家庭在进行投资时，需要对钢铁业的风险进行规避。

## 任务3　投资决策

理财师应根据可供选择的资产种类、投资者的风险偏好及其他约束条件，运用金融投资的理论及实践经验进行投资决策，为客户提出可供参考的投资理财方案。

## 一、投资决策的步骤

理财师制定的理财方案，只有经过制定投资策略并形成具体的投资方案，才能帮助客户实现未来的财务目标，而投资决策的质量将直接影响到理财方案的最终执行效果。制定投资策略一般由以下三个基本步骤组成：

（1）确定投资于各种资产类别的合理比例。

（2）在各个资产类别中选择投资类型。

（3）选择具体的投资品种并推荐给客户。

## 二、资产分配策略

资产分配策略是指理财师根据客户的目标和风险偏好，确定客户总资产在各类投资产品之间的合理比例。理财师一旦确定了客户资源、目标及风险偏好，选定了合适的投资策略，接着就要确定各种资产类别间的合理比例。

理财师针对每个客户的具体要求制定投资策略时，必然会影响客户拥有资产的分配状况。如客户希望获得稳定的现金收入，必然会提高现金投资与固定利息投资的比例；如客户希望减少税负支出，则股票投资、政府债券投资等会在总投资中占有较大的比重。理财师应当尽量详细地掌握客户投资策略的出发点，帮助客户制定合理的资产分配策略。

理财师确定的最优资产组合应当是包括经济资源和人力资本在内的综合资产组合。财务策划实务中引入人力资本因素，有助于理财师为客户提供更加广泛而有效的专业建议。

## 三、选择投资产品

选择投资产品时，理财计划应当采用多重管理策略，如选择各基金公司提供的专业化投资项目，以尽量达到分散投资组合的效果。客户投资在各种资产类别之间的分配比例，主要取决于三个因素：客户风险偏好、投资策略与国民经济发展前景。

投资方式可以分为两类：一是直接投资，即通过定期储蓄、直接持股、直接拥有房地产等方式进行投资；二是间接投资，即通过专业基金管理公司、信托等投资。两种方式各有利弊，具体采用哪一种要根据客户的情况确定。尽管间接投资可以让客户不用花费过多精力就能获得一定回报，但不足之处在于既要支付较多的佣金、管理费等交易成本，又无法对具体投资品种有效控制和及时调整。

在具体投资产品的选择上，各国的具体情况不同，投资产品种类及具体特性有所不同，理财师在选择投资产品时要结合所在国投资产品的具体特性。一般来说，成熟的投资市场都会有专业人员从事各种投资产品的分析研究，并将研究结果通过一定的媒介公布出来，理财师要善于利用这些资源提高投资决策的质量和效率（图5-1）。

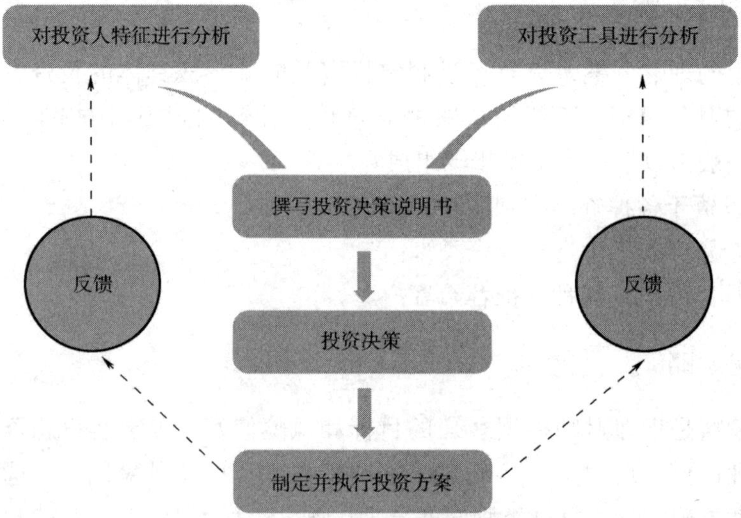


图5-1　投资理财流程图

# 项目三　投资工具

## 任务1　股票投资

### 一、什么是股票

股票，是指股份有限公司通过合法的程序和手续，在特定的规则范围内筹集资本时，向出资人发行的股份凭证。股票代表着其持有者（即股东）对股份公司的所有权，这种所有权是一种综合权利，如参加股东大会、股票表决、参与公司的重大决策、收取股息或分享红利等。同一类别的每一份股票所代表的公司所有权是相等的。每个股东所拥有的公司所有权份额的大小，取决于其持有的股票数量占公司总股本的比重。股票一般可以通过买卖方式有偿转让，股东能通过股票转让收回其投资，但不能要求公司返还其出资。股东与公司之间的关系不是债权债务关系，股东是公司的所有者，以其出资额为限对公司负有限责任，承担风险，分享收益。

### 二、股票的基本特征

#### （一）不可偿还性

股票是一种无偿还期限的有价证券，投资者认购了股票后，就不能再要求退股，只能到二级市场卖给第三者。股票的转让只意味着公司股东的改变，并不减少公司资本。

**（二）参与性**

股东有权出席股东大会，选举公司董事会，参与公司重大决策。股票持有者的投资意志和享有的经济利益，通常是通过行使股东参与权来实现的。股东参与公司决策的权利大小，取决于其所持有的股份的多少。从实践中看，只要股东持有的股票数量达到左右决策结果所需的实际多数时，就能掌握公司的决策控制权。

**（三）收益性**

股东凭其持有的股票，有权从公司领取股息或红利，获取投资的收益。股息或红利的大小，主要取决于公司的赢利水平和公司的赢利分配政策。股票的收益性，还表现在股票投资者可以获得价差收入或实现资产保值增值。通过低价买入和高价卖出，投资者可以赚取价差利润。

**（四）流通性**

股票的流通性是指股票在不同投资者之间的可交易性。流通性通常以可流通的股票数量、股票成交量以及股价对交易量的敏感程度来衡量。可流通股数越多，成交量越大，价格对成交量越不敏感，股票的流通性就越好，反之就越差。股票的流通，使投资者可以在市场上卖出所持有的股票，取得现金。通过股票的流通和股份的变动，可以看出人们对于相关行业和上市公司的发展前景和赢利潜力的判断。那些在流通市场上吸引大量投资者、股价不断上涨的行业和公司，可以通过增发股票，不断吸收大量资本进入生产经营活动，收到了优化资源配置的效果。

**（五）风险性**

股票价格要受到诸如公司经营状况、供求关系、银行利率、大众心理等多种因素的影响，其波动有很大的不确定性。正是这种不确定性，有可能使股票投资者遭受损失。价格波动的不确定性越大，投资风险也越大。

## 三、股票的类型

**（一）根据利润、财产分配方面，可分为普通股和优先股**

普通股股票，是指在公司的经营管理、赢利及财产分配上享有普通权利的股份，代表满足所有债权偿付要求及优先股东的收益权与求偿权要求后，对企业盈利和剩余财产的索取权，它构成公司资本的基础，是股票的一种基本形式，也是发行量最大、最为重要的股票。目前在我国上海和深圳证券交易所可以在二级市场流通和交易的股票，都是普通股。

普通股股票持有者按其所持有股份比例享有以下几项基本权利。

1. 公司决策参与权

普通股股东有权参与股东大会，并有建议权、表决权和选举权，也可以委托他人代表其行使股东权利。

2. 利润分配权

普通股股东有权从公司利润分配中得到股息。普通股股息是不固定的，由公司赢利状况及其分配政策所决定。普通股股东必须在优先股股东取得固定股息之后才有权享受股息分配权。

3. 优先认股权

如果公司需要扩张而增发普通股股票时，现有普通股股东有权按其持股比例，以低于市价的某一特定价格优先购买一定数量的新发行股票，从而保持其对企业所有权的原有比例。

4. 剩余资产分配权

当公司破产或清算时，若公司的资产在偿还欠债后还有剩余，其剩余部分按先优先股股东、后普通股股东的顺序进行分配。

优先股是公司在筹集资金时，给予投资者某些优先权的股票，这种优先权主要表现在两个方面：第一，优先股有固定的股息，不随公司业绩好坏而波动，并且可以先于普通股股东领取股息；第二，当公司破产进行财产清算时，优先股股东对公司剩余财产有先于普通股股东的要求权。但优先股一般不参加公司的红利分配，持股人亦无表决权，不能借助表决权参加公司的经营管理。一些国家的公司法规定，优先股只能在公司增募新股或清理债务等特殊情况下才能发行。到目前为止，中国还没有发行过优先股。

**（二）根据投资人主体的不同，分为国有股、法人股、社会公众股和外资股**

国有股，是指有权代表国家投资的部门或机构以国有资产向公司投资所形成的股份，包括以公司现有国有资产折算成的股份。

法人股，是指企业法人或具有法人资格的事业单位和社会团体以其依法可支配的资产投入公司而形成的非上市流通的股份。

社会公众股，是指我国境内个人和机构，以其合法财产向公司可上市流通股权部分投资所形成的股份。

外资股，是指股份公司向外国或我国香港、澳门或台湾地区投资者发行的股票。这是我国股份公司吸引外资的一种方式。外资股按上市的地域可以分为境内上市外资股和境外上市外资股。境内上市外资股是指股份有限公司在我国境内上市的股份，它是由人民币标明面值，以外币认购和买卖，在境内证券交易所上市交易的普通股股票。境外上市外资股是指股份有限公司向境外投资者募集并在境外上市的股份。它以人民币标明面值，以外币认购。

**（三）按股票交易场所、票面属性的不同，分为 A 股、B 股和境外上市股票**

A 股股票，是指已在或获准在上海证券交易所、深圳证券交易所流通的且以人民币为计价币种的股票。这种股票按规定只能由我国居民或法人购买，所以我国股民通常所说的股票一般都是指 A 股股票。

B 股股票，是以人民币为股票面值、以外币为认购和交易币种的股票。它是境外投资者向我国的股份有限公司投资而形成的股份，在上海和深圳两个证券交易所上市流通。

境外上市股票，是指我国的股份有限公司在境外发行并上市的股票，目前主要有在我国香港证券交易所流通的 H 股，在美国证券交易系统流通的 N 股，在新加坡证券交易系统流通的 S 股。

**（四）根据业绩情况，可分为绩优股和垃圾股**

绩优股，就是业绩优良的股票，主要指的是业绩优良且比较稳定的大公司股票。这些大公司经过长时间的努力，在行业内达到了较高的市场占有率，形成了经营规模优势，利润稳步增长，市场知名度很高。绩优股具有较高的投资回报和投资价值。其公司拥有资金、市场、信誉等方面的优势，对各种市场变化具有较强的承受和适应能力。绩优股的趋势相对稳定，长期保持上升趋势。因此，绩优股一般会受到投资者，尤其是从事长期投资的稳健型投资者的青睐。

垃圾股，是与绩优股相对的概念，指的是业绩较差的公司股票。这类上市公司或者由于行业前景不好，或者由于经营不善等，有的甚至进入亏损行列。其股票在市场上的表现萎靡不振，股价走低，交易不活跃，年终分红也差。投资者在考虑选择这些股票时，要有比较高的风险意识，切忌盲目跟风投机。

绩优股和垃圾股不是天生的和绝对的。绩优股公司决策失误，经营不当，其股票可能沦落为垃圾股；而垃圾股公司经过资产重组和经营管理水平的提高，抓住市场热点，打开市场局面，也有可能将其股票变为绩优股。

## 四、如何选股票

从长期来看，股票的投资回报要高于很多投资工具，但其风险性也高于很多投资工具。选股票首先要做的是挑选一家具有长期投资价值的公司。在挑选好具有长期投资价值的公司之后，并不意味着投资者要立即买入。投资者接下来要做的是分析这个公司的合理价值范围，这就需要用到估值技术。利用估值技术确定合理价值范围之后，就可以根据价格的趋势进行操作了。当价格低于价值范围时买入，当价格高于价值范围时卖出。

要挑选具有长期投资价值的公司，通过长期关注这家公司以使自己的投资在长期内获得较高的回报。哪种类型的公司值得我们长期投资呢？可以通过分析一个公司的财务报表来判断。分析一个公司的财务报表可以按照利润表—资产负债表—现金流量表的顺序进行分析。在2007年中国会计准则与国际接轨后，上市公司的报表中还多了第四个报表——股东权益表。

1. 利润表

分析利润表首先要看一个公司的毛利率是否高。毛利率（Gross Profit Margin）是毛利与销售收入（或营业收入）的百分比，其中毛利是营业收入与营业成本之间的差额。毛利率用公式表示：

$$\text{毛利} = \frac{\text{毛利}}{\text{营业收入}} \times 100\%$$

$$= \frac{\text{营业收入} - \text{营业成本}}{\text{营业收入}} \times 100\%$$

毛利率高意味着这个公司通过卖产品能赚取高收入，在赚取高收入的时候其产品成本却不高。通常，毛利率高于40%以上的公司可能是一个具有长期投资价值的公司，毛利率低于20%的公司一般处于高度竞争的行业。

接下来看净利润率。净利润率（Net Profit Margin）是扣除所有成本、费用和企业所得税后的利润率，又称销售净利率。它与毛利率一样是反映公司盈利能力的一项重要指标。净利润率的计算公式是：

$$\text{净利率} = \frac{\text{净利润}}{\text{营业收入}} \times 100\%$$

一些公司虽然具有高毛利率，但其管理费用、销售费用、研发费用、利息费用中的某一项或某几项过高，吞噬了公司的高毛利，使得公司的净利润率并不高。一些高科技公司需要投入大量研发费用，所以尽管它们的毛利率很高，但净利润率不一定高。而这也是投资高科技公司的风险所在。一旦公司无力投入大量的研发费用，则高科技公司的长期投资价值就值得怀疑。对于房地产类的公司，其毛利率可能也会很高，但由于房地产类公司需要大量的债务来维持其商业模式，因此其利息费用会吞噬一部分毛利，这点是投资房地产类公司的风险所在。一旦遭遇金融危机，这类高负债的公司股价下跌将最为严重。如果一家公司的净利润能长期维持在20%以上，这家公司一定具有某种竞争优势，而这种竞争优势能帮助投资者和公司赚钱。

反映盈利能力的另外一个指标是每股收益（Earnings Per Share，EPS）。在用EPS分析公司财务状况时，应注重过去几年的EPS是否有持续增长。一家EPS持续增长的公司，表明股东的收益在持续增长，这样的公司是值得长期投资的。大多数的公司EPS都是上下波动的，这种波动意味着公司受外部环境和内部因素的影响较大。在行业繁荣的时候，这类公司能获得较高的EPS，但在行业受到冲击的时候，这类公司的EPS也出现大幅滑落。如果从长期投资的角度来看，这类公司显然不具有长期投资价值，因为这类公司在某些年份能帮助投资者取得高回报，但在某些年份则无法帮助投资者。

2. 资产负债表

资产负债表反映了一个公司的融资和经营活动的概貌。资产负债表中有一个恒等式：资产 = 负债 + 所有者权益。等式的右边反映了公司的资金是怎么融到的，等式的左边反映了公司的资金是如何运用到经营活动中的。

了解了企业的总资产、总负债以及股东权益后，接着可以分析总资产栏目下各项资产的比重和总负债栏目下各项负债的比重。可以首先看流动资产中的现金、存货和应收账款。一个公司的现金很多，通常都是由以下几个原因造成：一是公司非常赚钱，所以累积了大量现金；二是公司出售了一些资产从而获得了大量现金；三是公司出售股权或发行股票换取大量现金；四是公司贷款获得了大量现金。从以上几个原因来看，只有第一种情况才能完全表明这个公司可能是一个值得长期投资的公司，后面三种情况则说明公司的资金不足，需要筹集现金。2007年爆发的金融危机让很多现金不足的企业陷入了财务困境，股价也随之暴跌，而一些现金充裕的企业在经历大盘的洗礼之后，股价很快恢复到了危机前，甚至创出新高。一个可长期投资的公司现金应十分充裕，否则遭遇一次危机，投资者可能血本无归。对于有大量现金的企业，金融危机反而给这些企业创造了新的机会，因为企业可以用这些现金以危机后的低价进行收购，实现企业的扩张。

现金多虽然是一个有长期投资价值公司的衡量指标，但也会给股东造成损失。从股东的角度来看，现金所获取的回报是最低的。这些现金与其放在公司的资产负债表上，不如通过分红的方式分给股东，让股东自己拿这些现金去投资获取更好的回报。由于每个企业都会有发展中的“天花板”，所以即使最赚钱的企业也无法将资产负债表中的大量现金继续投资在自己的企业当中。但这些企业如果将现金投资到其他企业当中，取得的回报一定不如投资到自己的企业当中。此时，企业应该将现金分给股东，让股东自己去寻求合理的投资回报。如果企业没有将现金分给股东，企业管理层就没有实现股东利益最大化。所以，一些非常赚钱的企业能否站在股东的利益去考虑，就要看这家企业是否在现金充裕的时候会进行分红或回购股票。

其次，看存货和应收账款。在财务管理中，有两个指标反映了企业对存货和应收账款的管理能力，分别是存货周转率（Inventory Turnover Ratio）和应收账款周转率（Receivables Turnover Ratio）。它们的计算公式分别是：

$$存货周转率=\frac{销售成本}{\frac{(期初存货+期末存货)}{2}}$$

$$应收账款周转率=\frac{销售收入}{\frac{期初应收账款+期末应收账款}{2}}$$

存货周转率和应收账款周转率越高，企业对存货和应收账款的管理能力越强。

除这两个比例外，还有一个总资产周转率，其计算公式是：

$$总资产周转率=\frac{销售收入}{\frac{(期初总资产+期末总资产)}{2}}$$

看完流动资产后，再看固定资产。一家具有优势的企业固定资产不会更新得太快，只有不具有优势的企业不得不更新固定资产以适应新的市场形势。

看完资产部分后，可以计算总资产回报率（Return on Total Assets Ratio，ROA），其计算公式如下：

$$总资产回报率=\frac{息税前利润}{\frac{(期初总资产+期末总资产)}{2}}\times 100\%$$

其中，息税前利润（Earnings Before Interest and Tax，EBIT）是扣除利息和所得税之前的利润，等于净利润加上所得税费用再加上利息支出。

资产负债表的另外一个部分是负债。对于一家具有持续竞争优势的企业，其负债不应太多。合理利用负债能发挥财务杠杆和税盾的作用，但负债过多则会增加企业的破产概率，使企业的风险提高。一旦金融危机或经济危机到来，这类企业的股票价格会下跌得非常快。如果结合前面的现金来看，一家拥有充足现金且没有多少长期负债的公司是具有长期投资价值的备选公司之一。

资产负债率是衡量公司偿债能力的指标之一，用总负债/总资产来衡量。资产负债率超过100%时，意味着这家公司已经资不抵债。适度地利用一定的负债能提高股东的权益，因为负债有杠杆作用和税盾作用。但过高的负债则会导致公司陷入财务困境。公司需要权衡负债的正面作用和风险提高所带来的负面作用。

衡量公司偿债能力的指标还有流动比率和速动比率。其中，流动比率（Current Ratio）是指流动资产对流动负债的比率，速动比率（Quick Ratio）是指速动资产对流动负债的比率。流动资产是企业可以在一年或超过一年的一个营业周期内运用的资产，包括货币资金、短期投资、应收票据、应收账款和存货等。速动资产是指可以迅速转换成现金或已属于现金形式的资产，包括现金、应收账款、应收票据等。流动负债是指将在一年或超过一年的一个营业周期内偿还的债务，包括短期借款、应付票据、应付账款、预收账款、应付工资、应付福利费、应付股利、应交税金、其他暂收应付款项、预提费用和一年内到期的长期借款等。

一般来说，流动比率在2左右，速动比率在1左右是合适的，即公司的流动资产是流动负债的2倍，速动资产是流动负债的1倍是合适的。如果公司的流动资产低于流动负债的1倍时，则说明公司一旦遭遇流动负债需要偿还的情况，即使将流动资产全部卖掉也无法清偿流动负债，会陷入财务困境。

3. 现金流量表

利润表和资产负债表看完以后，就可以看这家公司的现金流量表了。现金流量表分为三个部分：经营活动产生的现金流量、投资活动产生的现金流量、筹资活动产生的现金流量。

投资活动产生的现金流量可以分成两个部分来看：一部分是用现金投资于自己公司的业务产生的，比如购建固定资产、无形资产和其他长期资产支付的现金，处置固定资产、无形资产和其他长期资产收回的现金净额；另一部分是用现金投资于其他公司的业务产生的，比如投资支付的现金、收回投资收到的现金。如果在吸收投资收到的现金一栏中有金额显示，意味着这家公司在当年发行了股票来筹集资金；如果在取得借款收到的现金或发行债券收到的现金一栏中有金额显示，意味着这家公司在当年向债权人借了钱。为什么这家公司要发行股票或借债，可以回头去看投资活动或经营活动中是否有现金缺口。如果有现金缺口，意味着这家公司被迫通过融资来缓解资金缺口。需要特别关注的是经营活动的现金缺口，因为经营活动的现金缺口预示着公司的经营可能出现困难。

4. 股东权益表

股东权益包含四个部分：实收资本（股本）、资本公积、盈余公积、未分配利润。实收资本是指企业实际收到投资者投入的资本。一般应与企业在工商行政管理部门登记的注册资本一致。资本公积是指由投资者或其他人（或单位）投入，所有权归属于投资者，但不构成实收资本的那部分资本或者资产，比如资本（或股本）溢价、接受捐赠资产、拨款转入、外币资本折算差额等。盈余公积是指从税后利润中提取的积累资金，主要为企业未来发展所用。未分配利润是指留待以后年度进行分配的结存利润或待分配的利润。盈余公积和未分配利润也称作留存收益。留存收益反映了这家公司未来发展的潜力。

股东权益表中还有一个栏目值得注意，就是库存股。如果一个公司利用现金回购了公司股票，通常有两种处理方式：注销和库存。如果是注销，则公司的股本减少；如果是库存，则股东权益表中在库存股一栏会显示出有库存股。如果一家公司的股东权益表中显示有库存股，这家公司也可能是一家有长期投资价值的公司。因为好的公司通常有大量的现金，这些现金又无法进行更好的投资，所以最好的处理方式是分红给股东或从股东手上回购股票。

## 任务2 债券投资

### 一、什么是债券

债券属于固定收益证券，它是一种有价证券，是债务人为筹借资金而向债权人出具的一种债务凭证，承诺按一定利率定期支付利息，并到期偿还本金。债券特征是收益稳定，风险较小，是投资者最愿意接受的投资工具。

## 二、债券的种类

债券可以依据不同的标准进行分类。

**（一）根据发行主体不同，分为政府债券、金融债券、公司债券、国际债券**

政府债券的发行主体是政府。政府债券又可分为中央政府债券和地方政府债券。中央政府债券在中国又被称为国债，国债利息收入免税。

国债。国债按债券形态可分为实物国债、凭证式国债和记账式国债，这是对中国国债的特定分类方法。实物国债（无记名国债）是一种具有标准格式的纸制印刷债券。凭证式国债没有统一格式，而是由发行机构向投资者出具收款凭证的国债。凭证式国债可提前兑现，但不能上市流通，从购买之日起计息，发行对象主要是个人投资者，票面利率非常接近同期限银行定期存款利率。记账式国债是在凭证式国债的基础上进一步取消收款凭证，交易更为灵活的国债。发行或交易机构在投资者的账户中记录债权。投资者可以购买后随时买入或卖出，其变现灵活，交易价格由市场决定。

地方政府债券。地方政府债券发行主体是地方政府及地方政府所属的机构。地方政府债券可分为一般责任债券和收益债券。一般责任债券，是由地方政府及其管理部门，以发行者的信用和政府的征税能力作为保证。收益债券，其发行目的是为了给地方政府所属企业或某个特定项目融资。债券发行者只能以经营该项目本身的收益来偿还债务，而不以地方政府的行政管理部门能力作为保证。

金融债券是指银行及其分支机构或非银行金融机构依照法定程序发行并约定在一定期限内还本付息的有价证券，期限以中期较为多见，这种债券的利息在中国免税。金融机构有雄厚的资金实力，信用度较高，因此，金融债券往往也有良好的信誉。

公司债券是公司依照法定程序发行、约定在一定期限还本付息的有价证券。公司债券的发行主体是股份公司。公司债券风险大于政府债券和金融债券，收益率也高于政府债券和金融债券。公司债券的利息收入和资本利得要缴纳个人所得税。可转换公司债券，是公司债券的一种，在发行时标明发行价格、利率、偿还或转换期限，持有人有权到期赎回或按规定的期限和价格将其转换成普通股票。

国际债券是一国政府、金融机构、工商企业或国际组织为筹措和融通资金，在外国金融市场上发行的，以外国货币为计价货币的债券。国际债券的特征是发行者和投资者属于不同的国家，筹集的资金来源于国外金融市场。国际债券主要包括两类：一是外国债券；二是欧洲债券。外国债券是某一国借款人在本国以外的某一国家发行的以该国货币为计价货币的债券；欧洲债券是借款人在本国境外市场发行的，不以发行市场所在国的货币为计价货币的国际债券。

**（二）根据偿还期限不同，分为短期债券、中期债券、长期债券、永久债券**

各国对短、中、长期债券的期限划分不完全相同。通常的标准是，期限在 1 年或 1 年以下的为短期债券，期限在 1 年以上 10 年以下的为中期债券，期限在 10 年以上的为长期债券。永久债券也称无期债券，它并不规定期限，持有人也不能要求清偿本金，但可以按期取得利息。永久债券一般仅限于政府债券，而且是在不得已的情况下才采用。

**（三）根据计算方式不同，分为单利债券、复利债券、贴现债券、累进利率债券**

单利债券利息的计算采用单利计算方式，利不能生利。复利债券的计息方式是复利，即一定期限将所生利息加入本金再计算利息，逐期滚算。贴现债券又称贴水债券，这种债券在票面上不规定利率，发行时按某一折扣率，以低于票面金额的价格发行，到期时按面额偿还本金的债券。累进利率债券是指债券的利率按照债券的期限分为不同的等级，每个时间段按相应利率计付利息。累进利率债券的利率随着时间的推移，后期利率将比前期利率更高，呈累进状态。这种债券的期限往往是浮动的，但一般会规定最短持有期和最长持有期。

**（四）按利率是否固定，分为固定利率债券与浮动利率债券**

固定利率债券指在偿还期内债券利率不发生变化的债券。浮动利率债券是指在偿还期内利率可以变动的债券。浮动利率债券可以有效规避市场利率波动产生的风险。

**（五）按有无抵押担保，分为信用债券与担保债券**

信用债券也称为无担保债券，是指不提供任何形式的担保，仅凭筹资人信用发行的债券。政府债券属于此类债券，一些公司也可发行信用债券。担保债券是指以抵押、质押或第三者信誉作保证而发行的债券。

**（六）按发行方式的不同，分为公募债券和私募债券**

公募债券指按法定手续，证券主管机构批准在市场上公开发行的债券。私募债券是指以特定的少数投资者为对象发行的债券。

## 三、债券的风险

**（一）利率风险**

利率风险是由于市场利率水平变化而引起的债券报酬的变化，它是债券投资者所面临的主要风险。利率的变化有可能使债券的投资者面临两种风险——价格风险和再投资风险。

由于债券的价格与利率变化呈反向变动，当利率上升（或下降）时，债券的价格便会下跌（或上涨），这就是价格风险。

一般来说，期限较长的债券再投资风险相对较大，利息再投资收入的多少主要取决于再投资发生时的市场利率水平，如果利率水平下降，获得的利息只能按照更低的收益率水平进行再投资，这种风险就是再投资风险。

值得注意的是，价格风险和再投资风险对于债券价格的影响是相反的，当利率下降时，债券价格会上升，投资者的资本利得收入会增加，但是利息的再投资收益会下降；当利率上升时，债券的价格会下降，投资者的资本利得收入下降，但利息的再投资收益会上升。

**（二）信用风险**

信用风险是有关债券发行人信用的风险。信用风险主要有违约风险和降级风险。

违约风险是指固定收益债券的发行者不能按照契约如期如额偿还本金和支付利息的风险。

在债券市场上，可根据评级公司所评定的信用等级来估计债券发行者的违约风险。当评级机构对于固定收益债券的等级调低时，就会影响投资者对于该债券信用风险的评估，进而反映到债券的价格上去。这种由于信用等级下降所带来的风险称为降级风险。

**（三）流动性风险**

流动性风险主要用于衡量投资者持有债券的变现难易程度。一般来说，买卖差价越大，流动性风险就越高。

**（四）通货膨胀风险**

通货膨胀风险指造成债券投资名义收益率下降的风险。通货膨胀率一旦超过债券名义收益率，债券投资的实际收益率为负数。该风险涉及所有的债券，特别是固定利率的长期债券。

**（五）汇率风险**

汇率变化带来债券收益变化的不确定性。该风险属于日常性风险，但仅涉及国际债券。如果债券的计价货币是外国货币，则债券支付的利息和偿还的本金能换算成多少本国货币还取决于当时的汇率。如果未来本国货币升值，按本国货币计算的债券投资收益将会降低，这就是债券的汇率风险，又称为货币风险。

**（六）事件风险**

政治、经济、自然事件对债券投资收益造成的不确定性称为事件风险。比如，某些突发事件对债券价值造成影响——灾难、公司重组、市场规则的变化、政府的政策变动、税率调整等。

## 四、债券收益率的计算

投资债券时，投资者最关心的就是债券收益。为衡量债券收益，一般使用债券收益率这个指标。债券收益率是指债券收益与其投入本金的比率，通常用年率表示。债券收益不同于债券利息。债券利息仅指债券票面利率与债券面值的乘积。但由于人们在债券持有期内，还可以在债券市场进行买卖，赚取价差。因此，债券收益除利息收入外，还包括买卖盈亏差价。决定债券收益率的因素，有债券的票面利率、期限、面值和购买价格。

最基本的债券收益率计算公式为：

债券收益率 =（到期本息和 − 发行价格）/（发行价格 × 偿还期限）× 100%

由于债券持有人可能在债券偿还期内转让债券，因此，债券的收益率还可以分为债券出售者的收益率、债券购买者的收益率和债券持有期间的收益率。

债券出售者的收益率 =（卖出价格 − 发行价格 + 持有期间的利息）/（发行价格 × 持有年限）× 100%

债券购买者的收益率 =（到期本息和 − 买入价格）/（买入价格 × 剩余期限）× 100%

债券持有期间的收益率 =（卖出价格 − 买入价格 + 持有期间的利息）/（买入价格 × 剩余期限）× 100%

例如：某人 2015 年 1 月 1 日以 102 元的价格购买了一张面值为 100 元的国库券，该国库券利率为 10%，每年 1 月 1 日支付一次利息，为 2011 年发行的五年期国库券，持有到 2016 年 1 月 1 日。

则债券购买者收益率 = (100 + 100 × 10% − 102)/(102 × 1) × 100% = 7.8%。

债券出售者的收益率 = (102 − 100 + 100 × 10% × 4)/(100 × 4) × 100% = 10.5%。

再如：某人2003年1月1日以120元的价格购买了面值为100元的国库券，该国库券利率为10%，每年1月1日支付一次利息，为2002年发行的十年期国库券，持有到2008年1月1日，以140元的价格卖出。

则债券持有期间的收益率 = (140 − 120 + 100 × 10% × 5)/(120 × 5) × 100% = 11.7%。

以上计算公式没有考虑把获得的利息进行再投资的因素。因计算方法比较复杂，这里从略。

## 任务3 基金投资

### 一、什么是基金

基金，就是基金管理公司通过汇集众多投资者的资金，委托托管人（一般是商业银行）保管，再由基金管理公司的专业人员投资于股票或债券等证券来获利，以实现对投资者资金保值增值的一种投资工具。

购买基金最大的优越性在于借助专业人士的智慧参与股票和债券市场投资，降低了投资者个人直接投资股票和债券的风险，节省了投资者个人的时间和精力，达到使个人资产增值的目的。以下几类投资者是最适合购买基金的：

第一类是有钱没时间的“忙族”。这个人群通常收入非常高，但工作也非常忙，没有时间管理自己的财富。

第二类是有钱有时间但没有专业投资能力的“闲族”。这个人群有着高收入，工作不太忙，但由于缺乏专业投资能力，愿意将自己的资金委托给专业的基金管理公司进行管理。

第三类是既没太多钱，也没太多时间，更不具备专业投资能力的“工薪族”。由于基金投资门槛非常低，每月几百元都可以委托基金管理公司进行管理，所以也适合“工薪族”投资。

### 二、基金的种类

根据不同的分类标准，基金可以分为不同的类型。

**（一）按照基金规模是否固定进行划分，可分为封闭式基金和开放式基金**

1. 封闭式基金

封闭式基金，是指事先确定发行总额，有固定的存续期，期间基金规模固定，一般在证券交易所上市交易，投资者可以通过二级市场买卖的基金。除非发生扩募等特殊情况，基金份额总额保持不变，基金上市后投资者可以通过证券市场转让、买卖。封闭式基金开封前只能在证券交易所上市交易，投资者不可以向基金管理公司赎回基金份额。

2. 开放式基金

开放式基金，是指基金规模不固定，发行总额不固定，基金份额总额可以随时增减，投资者可以按照基金单位净值向基金管理公司及其指定销售机构（如银行、证券公司等）申购或者赎回基金份额的一种基金。开放式基金一般不在证券交易所上市交易。世界投资基金的发展历程基本上遵循了由封闭式转向开放式的发展规律。目前，开放式基金已成为国际基金市场的主流品种，美国、英国，以及我国香港和台湾地区的基金市场均有90%以上是开放式基金。相对于封闭式基金，开放式基金在激励约束机制、流动性、透明度和投资便利程度等方面都具有较大的优势。

开放式基金与封闭式基金的区别在于以下几点：

（1）基金规模。封闭式基金有固定的期限，期间基金规模固定；开放式基金无固定期限，规模因投资者的申购、赎回可以随时变动，基金规模不固定。

（2）上市交易。封闭式基金在证券交易场所上市交易，而开放式基金在销售机构的营业场所销售及赎回，不上市交易。

（3）交易价格。开放式基金的申购、赎回价格以每日公布的基金单位资产净值加、减一定的手续费计算，能一目了然地反映其投资价值，而封闭式基金的交易价格主要受市场对该特定基金单位的供求关系决定。

（4）管理水平。开放式基金随时面临赎回压力，须更注重流动性等风险管理，要求基金管理人具有更高的投资管理水平，而封闭式基金则相对要低。

**（二）按投资对象划分，分为股票基金、债券基金、混合基金、货币基金**

1. 股票基金

股票基金，是指基金管理人将募集的资金大部分投资到股票上，从而为投资者取得收益的一种基金。由于股票基金需要将募集的资金60%以上投资到股票，所以这种基金的风险较高，但预期收益也较高。2007年股票型基金的平均年收益率是128%，但到了2008年股票型基金的平均年收益率是-53.06%，这充分说明了股票基金高风险、高收益的特征。

2. 债券基金

债券基金，是指基金管理人将募集的资金大部分投资到债券上，从而为投资者取得收益的一种基金。由于债券的风险远低于股票，而债券基金要将募集资金的80%以上投资到债券，所以债券基金的风险较低，预期收益也较低。2007-2010年债券基金的年收益率在4.99%~15.83%范围内。

3. 混合基金

混合基金，是指基金管理人将募集的资金一部分投资到股票上，另一部分投资到债券上，从而为投资者取得收益的一种基金。混合基金对股票仓位没有要求，所以更为灵活，其风险和收益一般介于股票基金和债券基金之间。

4. 货币基金

货币基金，是指基金管理人将募集的资金专门投向无风险的货币市场工具（如国库券、商业票据、银行定期存单、政府短期债券、企业债券等短期有价证券）的一种开放式基金。货币基金具有高安全性、高流动性、收益稳定、分红免税等优势，但股票市场好的情况下货币基金收益大大低于股票基金收益。

**（三）按投资运作特点划分，分为成长型基金、收入型基金、平衡型基金**

1. 成长型基金

成长型基金，是指把追求资本的长期成长作为其投资目的的投资基金，这种基金投资的多是成长型股票。

2. 收入型基金

收入型基金，是指以能为投资者带来高水平的当期收入为目的的投资基金，这种基金投资的多是分红较多的股票。

3. 平衡型基金

平衡型投资基金，是指以追求收入和追求资本的长期成长为目的的投资基金，这种基金既投资成长股票，又投资分红较多的股票。

**（四）按基金的组织形式划分，分为契约型基金和公司型基金**

1. 契约型基金

契约型基金，是指依据信托契约，通过发行受益凭证组建的投资基金。契约型基金是基于一定的信托契约而成立的基金，一般由基金管理公司（委托人）、基金保管机构（受托人）和投资者（受益人）三方通过信托投资契约而建立。目前国内基金均为契约型基金。

2. 公司型基金

公司型基金，是依照《公司法》等相关法规，以公司形态组成的基金。该基金公司以发行股份的方式募集资金，一般投资者则为认购基金而购买该公司股份，也就成为该公司的股东，凭其持有的股份依法享有投资收益。

## 三、基金的选择

基金产品无所谓哪只好，只要适合自己的就是好的。那么如何选择适合自己的基金呢？

**（一）挑选基金公司**

挑选值得信赖的基金公司。好的基金公司往往以投资人的最大利益为出发点，内控机制健全，产品线丰富完整，旗下基金绩效整齐，服务品质优良。经过层层筛选，将自己的钱交给信任的基金公司去打理，是首要步骤。

**（二）挑选基金产品**

每只基金投资定位不同，有的追求稳健收益，有的追求积极成长，对于投资者来说，更重要的是了解自己，对自己的理财目标、资金规划、风险承受能力做出判断，同时结合基金的投资定位，寻找最适合自己的基金。比如，对于风险承受力差的人群，固定收益类基金产品所占比例就应该更大一些。

**（三）选择投资方式**

一般来说，基金投资的方式有两种，一种是定期定额，一种是一次买进。两种方式都有各自的优点，投资人可视自己的资金状况、理财目标、风险承受能力等因素，并结合当前市场情况，决定采用哪一种投资方式。比如，工薪簇比较适合采用定期定额投资方式，或者在对股市趋势不能做出明确判断时，也可以采用定期定额投资方式来规避短期风险。

## 任务4 银行理财产品投资

### 一、什么是银行理财产品

银行理财产品就是商业银行自行开发、设计、销售，或与合作机构共同开发并代为销售的资金投资与管理计划。银行理财产品投资收益一般要高于银行存款利率，而投资风险由客户或客户与银行按照约定方式承担。

### 二、银行理财产品的分类

按照本金与收益是否能够得到保证，可分为保本固定收益产品、保本浮动收益产品与非保本浮动收益产品。

保本固定收益产品是指本金和收益都能得到保证的银行理财产品。例如渤海银行渤鑫系列理财产品，理财资金投资于信用级别较高的金融资产或者金融工具，包括但不限于同业借款、同业存款、同业拆借、债券回购等货币市场工具；公开评级在投资级以上的债券类资产以及其他符合监管要求的固定收益类资产。2016 年渤鑫 61 号理财产品于 2016 年 8 月 12 日募集结束并成立。成立信息如下：

（1）产品名称：渤海银行 2016 年渤鑫 61 号理财产品。

（2）产品登记编码：C1211216000861。

（3）产品类型：保本保证收益理财产品。

（4）产品到期日：2016 年 9 月 23 日。

（5）期限：42 天。

（6）保证收益率（年）：3.5%（已扣除我行收取的理财费用）。

从以上渤海银行网上公告可以明确看到渤鑫系列理财产品就属于保本固定收益产品。

保本浮动收益产品是指本金能得到保证而收益是浮动的银行理财产品。例如渤海银行渤盈系列理财产品，理财资金通过购买期权、互换等方式参与衍生产品运作，其收益通常与标的物的表现挂钩。该产品风险程度较低，投资方向极为广泛灵活（挂钩标的包括各类金融工具、实物产品或相关指数等）、产品资产配置结构多样、收益波动性较高、投资期限选择性宽广、适合有投资经验的投资者。2016 年渤盈 124 号理财产品于 2016 年 8 月 16 日募集结束并成立，成立信息如下：

（1）产品名称：渤海银行 2016 年渤盈 124 号理财产品。

（2）产品登记编码：C1211216000675。

（3）产品类型：保本浮动收益理财产品。

（4）产品到期日：2016 年 11 月 15 日。

（5）期限：91 天。

（6）预期收益率（年）：0.5% ~3.75%。

从以上渤海银行网上公告可以明确看到渤盈系列理财产品就属于保本浮动收益产品。

再如中国建设银行“乾元－众享”保本型人民币理财产品，也属于保本浮动收益产品（表5－2）。

**表5－2 中国建设银行“乾元－众享”保本型人民币理财产品 2016 年第2期产品概述**

| | |
|---|---|
| 产品名称 | 中国建设银行“乾元－众享”保本型人民币理财产品 2016 年第2期 |
| 产品编号 | ZHQYBB20160400049 |
| 全国银行业理财信息登记系统编码 | C1010516004195 |
| 产品类型 | 保本浮动收益型产品 |
| 目标客户 | 保守型、收益型、稳健型、进取型、积极进取型个人客户，及机构类客户 |
| 内部风险评级 | （一盏警示灯） |
| 本金及收益币种 | 人民币 |
| 产品规模 | 产品规模上限为90亿元，下限为5万元 |
| 客户预期 | 年化收益率3.00% |
| 产品募集期 | 2016年7月21日7：00至2016年7月26日17：30产品募集期内，客户将认购资金缴存至客户指定账户之日起至本产品成立日（不含）期间，客户可获得认购资金的活期存款利息。募集期内的利息不计入投资本金 |
| 产品收益及计息规则 | 1. 根据客户的投资本金、每笔投资本金的投资天数及实际的年化收益率计算收益；2. 募集期内按照活期存款利率计息，募集期内的利息不计入投资本金 |
| 产品成立日 | 2016年7月27日 |
| 产品期限 | 85天 |
| 产品到期日 | 2016年10月20日 |
| 认购起点金额 | 个人客户购买的起点金额为5万元，以1万元的整数倍递增。机构客户购买的起点金额为10万元，以1万元的整数倍递增 |
| 附属条款 | 单个个人客户和机构客户无最高投资限额，但是不能超过本产品规模上限。中国建设银行可根据需要对这一条款进行调整，并至少于新条款启用之前2个工作日公布 |
| 税款 | 中国建设银行不负责代扣代缴客户购买本产品的所得税款 |
| 其他 | 本产品不具备质押等担保附属功能 |

【资料来源：中国建设银行网站】

非保本浮动收益产品是指本金和收益都不保证的银行理财产品。比如招商银行金葵花增利系列1200244号理财计划中明确说明了不保障本金和理财收益，预期年化收益率为4.1%，见表5－3。

**表5－3　　招商银行金葵花增利系列1200244号理财计划产品概述**

| | |
|---|---|
| 名称 | 招商银行金葵花增利系列1200244号理财计划（代码：1200244） |
| 理财币种 | 人民币 |
| 本金及理财收益 | 本理财计划不保障本金及理财收益。招商银行购入资产组合正常处置或持有到期的情况下，资产的投资收益在扣除托管费、固定管理费等相关费用后，作为投资者应得本金及理财收益（如有，下同）。详细内容见以下“本金及理财收益” |
| 理财期限 | 362天 |
| 业绩比较基准 | 4.1% |
| 认购起点 | 1元人民币为1份，认购起点份额为5万份，超过认购起点份额部分，应为1万份的整数倍。 |
| 提前终止 | 本理财计划有可能提前终止，详细内容见以下“提前终止” |
| 申购/赎回 | 本理财计划成立后不开放申购与赎回 |
| 认购期 | 本理财计划认购期自2016年08月12日10：00至2016年08月18日17：00。详细内容见以下“理财计划认购” |
| 登记日 | 2016年08月18日为认购登记日，认购资金在认购登记日前按活期利率计算利息，该部分利息不计入认购本金份额 |
| 成立日 | 2016年08月19日，理财计划自成立日起计算收益（如有，下同）（如遇节假日将顺延至下一工作日） |
| 到期日 | 理财计划到期日为2017年08月16日，实际产品到期日受制于银行提前终止条款（如遇节假日将顺延至下一工作日） |
| 发行规模 | 规模上限1.00亿元人民币，本理财计划无规模下限，详细内容见以下“理财计划认购” |
| 收益计算基础 | 实际理财天数/365 |
| 本金及理财收益支付 | 到期一次性支付，详细内容见以下“本金及理财收益支付” |
| 托管人 | 招商银行股份有限公司 |
| 托管费率 | 0.02%/年 |
| 固定管理费率 | 0.20%/年 |
| 收益计算单位 | 每10000份为1个收益计算单位，每单位收益精确到小数点后两位 |
| 清算期 | 认购登记日到成立日期间为认购清算期，到期日（或理财计划实际终止日）到理财资金返还到账日为还本清算期，认购清算期和还本清算期内不计付利息 |
| 购买方式 | 在理财计划认购期内，请携带本人身份证件和招商银行一卡通到招商银行营业网点或通过招商银行网上个人银行专业版、大众版办理认购 |
| 单笔认购上限 | 投资者单笔认购上限为1亿元和本理财计划规模上限（如有）的较小值，详细内容见以下“理财计划认购” |
| 节假日 | 中国法定公众假日 |
| 对账单 | 本理财计划不提供对账单 |
| 税款 | 理财收益的应纳税款由投资者自行申报及缴纳 |

【资料来源：招商银行网站】

## 三、银行理财产品的选择

选择银行理财产品时，需要根据理财目标和风险承受能力来选定不同的理财产品类型。在确定理财目标和风险承受能力之后，再对相应的理财产品类型下的产品进行对比和筛选，对比时可以重点看以下几个要素。

**（一）产品的预期收益**

预期收益指的是年化收益，不是到期收益。需要注意的是，银行理财产品的预期收益不是最终的实际收益。在购买银行理财产品时要仔细看理财产品的合同内容，对不明确的问题可要求银行工作人员进行解答。

**（二）产品的风险**

对预期收益特别高的产品要特别注意其风险。对于设计复杂、不能明确判断风险的产品，一般投资者最好回避。

**（三）产品的赎回条件和期限**

理财产品的赎回条件和期限决定了资金的流动性。有的理财产品可提前赎回，但要扣一定的手续费；有的允许投资者在到期前的一些特定时间可以赎回；有的则不可提前赎回。投资者要根据自己的资金情况做具体的选择。

## 总结与回顾

1. 风险偏好是指个人对待风险的态度。投资前，应考虑个人的风险承受能力以及风险偏好，再确定投资资产组合。

2. 风险偏好分为激进型、温和进取型、中庸稳健型、保守型。

3. 投资资产组合，是根据理财目标将可投资资金分配在具有不同收益和风险特征的资产上，通过这种组合，达到分散风险、降低不确定性的效果。

4. 投资规划工作流程，包括收集整理客户资料、客户资料分析、投资决策。

5. 股票具有不可偿还性、参与性、收益性和流通性。选股票首先要挑选一家具有长期投资价值的公司，然后利用估值技术分析这个公司的合理价值范围，再根据市场价格的趋势进行操作。当价格低于价值范围时买入，当价格高于价值范围时卖出。

6. 债券属于固定收益证券。投资债券时，注意选择合适的收益衡量指标，即债券收益率、债券出售者的收益率、债券购买者的收益率、债券持有期间的收益率，来衡量债券收益。

7. 基金就是基金管理公司通过汇集众多投资者的资金，委托托管人（一般是商业银行）保管，再由基金管理公司的专业人员投资于股票或债券等证券来获利，以实现对投资者资金保值增值的一种投资工具。基金的种类众多，各种类型的投资者都可以找到适合自己的基金品种。

8. 银行理财产品就是商业银行自行开发、设计、销售，或与合作机构共同开发并代为销售的资金投资与管理计划。银行理财产品投资收益一般要高于银行存款利率，而投资风险由客户或客户与银行按照约定方式承担。

## 同步自测练习

### 一、单项选择题

1. 马可维茨在进行证券组合选择方法的论述时通过假设来简化风险—收益目标。下列关于马可维茨假设的说法，正确的是（　　）。

A. 投资者在决策中只关心投资的期望收益率和方差

B. 所有资产都可以在市场上买卖

C. 投资者对证券的收益和风险及证券间的关联性具有完全相同的预期

D. 投资者都依据组合的期望收益率和方差选择证券组合

2. 除了日常生活需求外，下列哪一项不属于客户较为重要的未来需求？（　　）

A. 买车　　B. 购买住房

C. 旅游休闲计划　　D. 子女教育

3. 下列哪一项不属于客户经常性收入的部分？（　　）

A. 工资薪金　　B. 补贴

C. 奖金　　D. 红利和利息

4. 下列哪一项不属于投资者的投资目标？（　　）

A. 短期目标　　B. 中期目标

C. 长期目标　　D. 避税目标

5. 股票的持有期收益率等于（　　）。

A. 该期间的资本利得率加通货膨胀率　　B. 该期间的资本利得率加红利收益率

C. 当期收益率加红利收益率　　D. 红利收益率加风险溢价

6. 对于股东而言，普通股每股的价值可以被称为（　　）。

A. 市场价值　　B. 平价

C. 账面价值　　D. 投资价值

7. 投资股票的主要原因是（　　）。

A. 股票很容易买卖

B. 从长期而言，股票的收益率高于通货膨胀率

C. 与其他投资工具相比，股票提供了较高的收益率

D. 以上都是投资股票的原因

8. 下列关于股票的说法，正确的是（　　）。

A. 收益股的盈利增长高于平均水平

B. 周期性股票在经济衰退时提供较高的收益率

C. 小盘股价格波动频繁

D. 大部分国防股与航空和国防行业相关

9. 下列比率的计算过程中不涉及净收入的是（　　）。

A. 总资产周转率　　B. 利润率
C. 股权收益率　　D. 资产收益率
10. 下列不属于行业分析的范畴是（　　）。
A. 行业结构　　B. 联合程度
C. 行业增长率　　D. 通货膨胀率
11. 在以下几种股票定价方法中，不是技术分析派所采用的是（　　）。
A. 市场交易量　　B. 作图法
C. 盈利预测　　D. 相对趋势分析
12. 下列各种财务报表中，提供公司在某一时点的财务状况的是（　　）。
A. 资产负债表　　B. 损益表
C. 现金流量表　　D. 以上答案都不对
13. 下列各种说法，不正确的是（　　）。
A. 债券的期限越长，利率风险越高
B. 债券的价格与利率呈反向关系
C. 债券的息票率越高，利率风险越高
D. 利率上涨引起债券价格下降的幅度比利率下降引起债券价格上升的幅度小
14. 根据标准普尔的评级，下列评级被称为垃圾债券评级的是（　　）。
A. A 级　　B. BBB 级
C. BB 级　　D. AAA 级
15. 债券的收益率应等于（　　）。
A. 内部收益率　　B. 到期收益率
C. 每年收益除以票面价格　　D. 每年收益除以市场价格
16. 在下列四种固定收益证券中，风险最低的是（　　）。
A. 商业票据　　B. 公司债券
C. 短期国库券　　D. 长期国债
17. 在其他条件不变的情况下，债券的价格与收益率（　　）。
A. 正相关　　B. 负相关
C. 有时正相关，有时负相关　　D. 无关
18. 如果投资者购买债券并持有到期，衡量他的收益状况的指标是（　　）。
A. 当期收益率　　B. 持有期收益率
C. 到期收益率　　D. 赎回收益率
19. 某面值为 1 000 元，每年付息 1 次，息票率为 10%，5 年期的债券按面值出售，该债券的到期收益率为（　　）。
A. 9.0%　　B. 10.0%
C. 11.0%　　D. 12.0%

## 二、多项选择题

1. 客户基本财务报表包括（　　）。

A. 个人资产负债表
B. 个人现金流量表
C. 客户现有投资组合细目表
D. 客户目前收入结构表
E. 目前支出结构表

2. 理财规划师在对宏观经济形势进行分析和预测时要注意以下哪几点？(　　)

A. 关注经济统计信息
B. 密切关注各种宏观经济因素
C. 关注财政预算报告，分析收支变化，掌握财政政策意图
D. 关注政府及科研机构的分析、评论
E. 明确客户现有投资组合中的资产配置状况

3. 投资目标的原则包括（　　）。

A. 现实可行性
B. 投资目标要明确
C. 投资期限要明确
D. 投资目标的实现要有一定的时间弹性和金额弹性
E. 投资目标要与客户总体理财规划目标相一致

4. 处于不同年龄段的客户，他们的长短期理财目标也会不同。对于20多岁单身客户而言，他们的长期理财目标是（　　）。

A. 教育投资
B. 进行投资组合
C. 购买汽车
D. 建立退休基金
E. 购买房屋

5. 对于30多岁的已婚客户而言，他们的中期理财目标是（　　）。

A. 购买更大的房屋
B. 子女教育开支
C. 养老金计划调整
D. 退休生活保障
E. 退休后旅游计划

6. 投资的约束条件包括（　　）。

A. 流动性
B. 投资的可获取性
C. 税收状况
D. 特殊需求
E. 投资期限

7. 下列哪些风险可以通过风险组合的方式进行消除（　　）。

A. 系统风险
B. 市场风险
C. 非系统风险
D. 个别风险
E. 利率风险

8. 影响可转换公司债券的因素有（　　）。

A. 股票市价
B. 转换价格与转换比率
C. 转换期
D. 利率水平
E. 股票的波动率

9. 行为金融学的心理模式包括（　　）。

A. 后悔、认知失协
B. 过度自信
C. 反应过度
D. 反应不足

E. 赌博行为

10. 下列（　　）是股票估值的静态方法。

A. 股利贴现法　　B. 现金流贴现法

C. 相对估价法　　D. 市盈率方法

E. 市净率方法

11. 下列属于债券的资本利得、利息再投资以及利息收入的说法，错误的是（　　）。

A. 利率上升时，利息的再投资收益会增加

B. 利率上升时，也会有资本利得

C. 利率风险和再投资风险是同向变化的

D. 利率下降时，利息的再投资收益会减少

E. 利率下降时，就会有资本利得损失

## 基础技能训练

请根据下面王先生家的财务状况及生活目标做一份投资理财规划。

48 岁的王先生和 45 岁的王太太都是大型外资企业的管理人员，虽然工作辛苦，但单位给的待遇也不错，王先生的月工资是 15 000 元，王太太也有 9 000 元，在武汉算是中高收入阶层了。他们有一个宝贝儿子，今年 16 岁，上初三，成绩挺好的。3 个人每月开销在 5 500 元左右：包括 5 000 元基本生活开销，200 元物业管理费和 300 元的医疗费。不过他们还有 50 万元的房贷未还清，所以每月要负担 3 000 元的按揭还款，这样他们每月还有 15 500 元的结余。王先生一家的收支状况如表 5 – 4 所示。

**表 5 – 4　　王先生家庭收支及资产负债表**

| | | | |
|---|---|---|---|
| 每月收支状况 | | | |
| 收入 | | 支出 | |
| 本人月收入 | 15 000 | 房屋物业费 | 200 |
| 配偶收入 | 9 000 | 基本生活开销 | 5 000 |
| | | 医疗费 | 300 |
| | | 房屋贷款 | 3 000 |
| 合计 | 24 000 | 合计 | 8 500 |
| 每月结余 | 15 500 | | |
| 家庭资产负债状况 | | | |
| 家庭资产 | | 家庭负债 | |
| 定期存款 | 900 000 元人民币 +45 000 美元 | 房屋贷款 | 500 000 |
| 股票 | 100 000 | | |
| 房产 1（自用） | 1 000 000 | | |
| 房产 2 | 1 400 000 | | |
| 合计 | | 合计 | |
| 家庭资产净值 | 2 900 000 元人民币 +45 000 美元 | | |

家庭资产总值较高。王先生和王太太工作多年，有了一定的积蓄。他们现在有90万元人民币定期存款和4.5万美元存款。王先生工作很忙，很少过问家庭资产的投资状况，王太太倒是曾经尝试过进入股票市场，现在手中股票的市值还有10万元，但因为这笔钱近期也没有什么用途，所以她也不打算去动它。王先生2006年时买了一套100平方米的房子，总价100万元，房款全部付清，现在自己住着；而本着投资的心态购买的一套140万元的新房一直空着，王先生和王太太打算把新房装修好后，就搬到面积更大新房居住，然后把现在的住房租出去获取收益。保险方面，王先生和王太太的工作单位为他们缴纳了社保“五险一金”，王先生单位还为其缴纳了商业医疗保险。王先生家庭资产负债状况见表5－4。

盼提前退休享受生活。王先生的儿子现年16岁，今年上初三，读书成绩还不错，打算在国内上大学，至于本科毕业后是否出国留学，现在还没有计划好。不过，王先生和王太太倒是有提前退休的计划，希望能够在55岁以前退休，享享清福，出去旅旅游，轻松快乐一点度过人生的后半程。

为了达到提前退休的目标，王先生觉得现在还是要做一些投资。虽然说估计儿子是在国内接受高等教育，3年或者说7年以后要不要出国现在还不确定，但总还是要做宽裕一些的打算，所以儿子那笔50万元出国深造的教育金还是要先预留出来。就算以后不用了，也可以给儿子成家立业助上一臂之力。

关于具体的投资期限和收益率，王先生觉得现在要进行的投资计划以3年为一个周期比较适合自己，而年收益率希望可以达到7%左右。

当问及王先生的私家车状况时，他说现在也有小车用，不过是单位配备的。几年以后或者说退休以后要不要自己买车，可以依据自己家的实际情况再定，也不是非买不可。

# 第六模块 税务筹划

## 学习目标

1. 能够根据工资薪金所得进行税务筹划。
2. 能够根据劳务所得进行税务筹划。
3. 能够根据稿酬所得进行税务筹划。
4. 能够根据股息红利所得进行税务筹划。

## 项目一　税务筹划的界定

### 任务1 税务筹划

#### 知识拓展

税务筹划的发展历程

税务筹划在西方国家的研究与实践起步较早，在20世纪30年代就引起社会的关注，并得到法律的认可。1935年英国上议院议员汤姆林对税务筹划提出："任何一个人都有权安排自己的事业，依据法律这样做可以少缴税。为了保证从这些安排中谋到利益，不能强迫他多缴税。"他的观念赢得了法律界的认同，英国、澳大利亚、美国在以后的税收判例中经常援引这一原则精神。近30年来，税务筹划在许多国家都得以迅速发展，日益成为纳税人理财或经营管理决策中必不可少的一个重要部分。许多企业、公司都聘请专门的税务筹划高级人才或委托中介机构为其经济活动出谋划策。在我国，税务筹划自20世纪90年代初引入以后，其功能和作用不断被人们所认识、所接受、所重视，已经成为有关中介机构一项特别有前景的业务。

税务筹划（Tax Planning）字面理解为税收筹划、税收计划。它是指在税法规定的范围内，通过对经营、投资、理财等涉税活动的事先筹划和安排，以达到少缴税或递延纳税的一系列谋划活动。税务筹划是纳税人的一项基本权利，纳税人在法律允许或不违反税法的前提下，所取得的收益应属合法收益。

## 任务2 税务筹划的特点

税务筹划具有合法性、筹划性、目的性、风险性和专业性的特点。

### 一、合法性

合法性指的是税务筹划只能在税收法律许可的范围内进行。这里包含两层含义：一是遵守税法。二是不违反税法。合法是税务筹划的基本前提，当存在多种可选择的纳税方案时，纳税人可以利用对税法的熟识、对实践技术的掌握，做出纳税最优化选择，从而降低税负。对于违反税收法律规定，逃避纳税责任，以降低税收负担的行为，属于偷逃税，要坚决加以反对和制止。

### 二、筹划性

筹划性是指在纳税行为发生之前，对经济事项进行规划、设计、安排，达到减轻税收负担的目的。在经济活动中，纳税义务通常具有滞后性。企业交易行为发生后才缴纳流转税；收益实现或分配之后，才缴纳所得税；财产取得之后，才缴纳财产税。这在客观上提供了对纳税事先做出筹划的可能性。另外，经营、投资和理财活动是多方面的，税收规定也是有针对性的。纳税人和征税对象的性质不同，税收待遇也往往不同，为纳税人提供了选择较低税负决策的机会。如果经营活动已经发生，应纳税额已经确定而去偷逃税或欠税，都不能认为是税务筹划。

### 三、目的性

税务筹划的直接目的就是降低税负，减轻纳税负担。这里有两层意思：一是选择低税负。低税负意味着较低的税收成本，而较低的税收成本意味着高的资本回收率；二是滞延纳税时间（不是指不按税法规定期限缴纳税款的欠税行为），获取货币的时间价值。通过一定的技巧，在资金运用方面做到提前收款、延缓支付。这将意味着企业可以得到一笔无息贷款，避免高边际税率或减少利息支出。

### 四、风险性

税务筹划的目的是为了获得税收收益，在实际操作中，往往不能达到预期效果，这与税务筹划的成本和税务筹划的风险有关。税务筹划的成本是指由于采用税收筹划方案而增加的成本，包括显性成本和隐性成本，比如聘请专业人员支出的费用，采用一种税收筹划方案而放弃另一种税收筹划方案所导致的机会成本。此外，对税收政策理解不准确或操作不当，而在不知不觉的情况下采用了导致企业税负不减反增的方案，或者触犯法律而受到税务机关的处罚都可能使得税收筹划的结果背离预期的效果。

### 五、专业性

专业性不仅是指税务筹划需要由财务、会计专业人员进行，而且指面临社会化大生产、全球经济一体化、国际贸易业务日益频繁、经济规模越来越大、各国税制越来越复杂的情况下，仅靠纳税人自身进行税收筹划显得力不从心。因此，税务代理、税务咨询作为第三产业便应运而生，向专业化的方向发展。

# 项目二 个人所得税筹划

随着我国个人收入水平的不断提高以及个人收入来源渠道的多元化，个人涉税事项逐渐增多。其中，对个人理财活动产生重要影响的税种是个人所得税。在税法允许的范围内，如何对居民个人所得税进行税收筹划越来越得到广泛的重视，但是在个人所得税纳税筹划的过程中仍然存在一些问题，针对这些问题展开探讨，以个人所得税的相关理论知识为基础，围绕纳税筹划的基本原理，尤其是近年来有关个人所得税改革方面的问题，提出符合现实情况的纳税筹划方法，以此加深人们对个人所得税纳税筹划的认识，更好地发挥个人所得税纳税筹划给个人、社会乃至国家所带来的积极作用。

## 任务1 个人所得税相关概念

个人所得税自1799年由英国首创，历经两个多世纪的发展和完善，成为政府调节分配不公、组织财政收入的重要手段，并成为大多数发达国家的主体税种，发展迅速。我国开征个人所得税较晚，1980年第一次颁布《个人所得税税法》，仅对在华外籍工作人员征收；1986年对国内公民开征个人收入调节税和对个体工商户征收所得税；1994年三税合一，实行新的《个人所得税税法》；1999年10月对居民储蓄利息开征利息所得税。20多个年头，经过几番努力，几番改进，个人所得税征收发展是非常神速的：从当初的个人所得税年收入16万元，发展到2016年的10 089亿元，个人所得税已成为我国税收体系中的第四大税种。从发展趋势来看，无论是从个人所得税收入的绝对数额还是比重上看，都将继续呈现上升态势。至此，个人所得税走进千家万户，与每个公民的利益直接相关，引起老百姓的普遍关注。

### 一、个人所得税

个人所得税（personal income tax）是调整征税机关与自然人（居民、非居民人）之间在个人所得税的征纳与管理过程中所发生的社会关系的法律规范的总称。也即是国家对本国公民、居住在本国境内的个人的所得和境外个人来源于本国的所得征收的一种所得税。

## 二、纳税义务人

我国个人所得税的纳税义务人是在中国境内居住有所得的人，以及不在中国境内居住而从中国境内取得所得的个人，包括中国国内公民，在华取得所得的外籍人员和港、澳、台同胞。

### （一）居民纳税义务人

在中国境内有住所，或者无住所而在境内居住满1年的个人，是居民纳税义务人，应当承担无限纳税义务，即就其在中国境内和境外取得的所得，依法缴纳个人所得税。在境内居住满1年是指在一个纳税年度内，在中国境内居住满365日。临时离境的，不扣减日数。临时离境，是指在一个纳税年度中一次不超过30日或者多次累计不超过90日的离境。

### （二）非居民纳税义务人

在中国境内无住所又不居住或者无住所而在境内居住不满一年的个人，是非居民纳税义务人，承担有限纳税义务，仅就其从中国境内取得的所得，依法缴纳个人所得税。

## 三、征税对象

征税对象又称课税对象，是一种税种区别于另一种税种的主要标志，是税收制度的基本要素之一。每一种税都必须明确规定对什么征税，体现着税收范围的广度。一般来说，不同的税种有着不同的课税对象，不同的课税对象决定着税种所应有的不同性质。个人所得税主要是以个人取得的各项应税所得为征税对象。主要包括：工资、薪金所得；个体工商户的生产、经营所得；对企事业单位的承包、承租经营所得；劳务报酬所得；稿酬所得；特许权使用费所得；利息、股息、红利所得；财产租赁所得；财产转让所得；偶然所得；其他所得等。

### （一）工资、薪金所得

工资、薪金所得，是指个人因任职或受雇而取得的工资、薪金、奖金、年终加薪、劳动分红、津贴、补贴以及与任职或受雇有关的其他所得。这就是说，个人取得的所得，只要是与任职、受雇有关，不管其单位的工薪开支渠道是以现金、实物或有价证券等形式支付，都是工资、薪金所得项目的课税对象。

### （二）个体工商户的生产、经营所得

个体工商户的生产、经营所得包括以下几个方面：

（1）经工商行政管理部门批准开业并领取营业执照的城乡个体工商户，从事工业、手工业、建筑业、交通运输业、商业、饮食业、服务业、修理业及其他行业的生产、经营取得的所得。

（2）个人经政府有关部门批准，取得营业执照，从事办学、医疗、咨询以及其他有偿服务活动取得的所得。

（3）其他个人从事个体工商业生产、经营取得的所得，即个人临时从事生产、经营活动取得的所得。

上述个体工商户和个人取得的生产、经营有关的各项应税所得。

**（三）对企事业单位的承包经营、承租经营所得**

对企事业单位的承包经营、承租经营所得，是指个人承包经营、承租经营以及转包、转租取得的所得，包括个人按月或者按次取得的工资、薪金性质的所得。

**（四）劳务报酬所得**

劳务报酬所得是指个人从事设计、装潢、安装、制图、化验、测试、医疗、法律、会计、咨询、讲学、新闻、广播、翻译、审稿、书画、雕刻、影视、录音、录像、演出、表演、广告、展览、技术服务、介绍服务、经济服务、代办服务以及其他劳务取得的所得。

**（五）稿酬所得**

稿酬所得，是指个人因其作品以图书、报纸形式出版、发表而取得的所得。这里所说的作品，包括中外文字、图片、乐谱等能以图书、报刊方式出版、发表的作品；个人作品包括本人的著作、翻译的作品等。个人取得遗作稿酬，应按稿酬所得项目计税。

**（六）特许权使用费所得**

特许权使用费所得，是指个人提供专利权、著作权、商标权、非专利技术以及其他特许权的使用权取得的所得。提供著作权的使用权取得的所得，不包括稿酬所得。作者将自己文字作品手稿原件或复印件公开拍卖（竞价）取得的所得，应按特许权使用费所得项目计税。

**（七）利息、股息、红利所得**

利息、股息、红利所得，是指个人拥有债权、股权而取得的利息、股息、红利所得。利息是指个人的存款利息、贷款利息和购买各种债券的利息。股息，也称股利，是指股票持有人根据股份制公司章程规定，凭股票定期从股份公司取得的投资利益。红利，也称公司（企业）分红，是指股份公司或企业根据应分配的利润按股份分配超过股息部分的利润。股份制企业以股票形式向股东个人支付股息、红利即派发红股，应以派发的股票面额为收入额计税。

**（八）财产租赁所得**

财产租赁所得，是指个人出租建筑物、土地使用权、机器设备、车船以及其他财产取得的所得。财产包括动产和不动产。

**（九）财产转让所得**

财产转让所得，是指个人转让有价证券、股权、建筑物、土地使用权、机器设备、车船以及其他自有财产给他人或单位而取得的所得，包括转让不动产和动产而取得的所得。对个人股票买卖取得的所得暂不征税。

**（十）偶然所得**

偶然所得，是指个人取得的所得是非经常性的，属于各种机遇性所得，包括得奖、中奖、中彩以及其他偶然性质的所得（含奖金、实物和有价证券）。个人购买社会福利有奖募捐奖券、中国体育彩票，一次中奖收入不超过 10 000 元的，免征个人所得税，超过 10 000 元的，应以全额按偶然所得项目计税。

**（十一）其他所得**

除上述10项应税项目以外，其他所得应确定征税的，由国务院财政部门确定。

## 四、适用税率

根据不同的征税对象，个人所得税分别适用不同的税率。归纳起来有三种。

**（一）七级超额累进税率**

工资、薪金所得适用七级超额累进税率，按月应纳税所得额计算征税。该税率按个人月工资、薪金应税所得额划分为七级，最低一级适用3%税率，最高一级适用45%税率。

**（二）五级累进税率**

个体工商户的生产、经营所得以及对企事业单位的承包经营、承租经营所得适用五级累进税率，按年应纳税所得额计算、分月预缴征税。该税率按年应税所得额划分为五级，最低一级适用5%税率，最高一级适用35%税率。

**（三）比例税率**

上述10项应税项目，除工资、薪金所得适用七级超额累进税率、个体工商户的生产、经营所得以及对企事业单位的承包经营、承租经营所得适用五级累进税率外，其他的应税所得均适用20%的比例税率，按次应纳税所得额计算征税。其中，稿酬所得适用20%的比例税率，并按应纳税额减征30%，实际税率为14%；对于一次性劳务报酬所得畸高的，除按20%征税外，还应实行加成征税，以限制不合理的收入。

## 五、免税项目

按照现行个人所得税法规定，下列个人所得免予缴纳个人所得税：

（1）省级人民政府、国务院部委和中国人民解放军军级以上单位，以及外国组织、国际组织颁发的科学、教育、技术、文化、卫生、体育、环境保护等方面奖金。

（2）国债和国家发行的金融债券利息。

（3）按照国家统一规定发给的补贴、津贴。

（4）福利费、抚恤金、救济金。

（5）保险赔款。

（6）军人的转业费、复员费。

（7）按照国家统一规定发给干部、职工的安家费、退职费、退休工资、离休工资、离休生活补助费。

（8）依照我国有关法律规定应予免税的各国驻华使馆、领事馆的外交代表、领事官员和其他人员的所得。

（9）中国政府参加的国际公约、签订的协议中规定免税的所得。

（10）经国务院财政部门批准免税的所得。

另外下列项目经批准可以减征个人所得税：

（1）残疾、孤老人员和烈属的所得；

（2）因严重自然灾害造成重大损失的；

（3）其他经国务院财政部门批准减税的。

## 任务2 个人所得税的计算

### 一、工资、薪金所得

#### （一）工资、薪金缴纳个人所得税的计算

应纳税所得额 = 月工资收入 - 五险一金 - 起征点（3 500 元；外籍及港澳台胞 4 800 元）

应纳税额 = 应纳税所得额 × 适用税率 - 速算扣除数

工资、薪金所得适用税率以及速算扣除数见表 6 - 1。

表 6 - 1　个人所得税税率（适用于工资、薪金应税所得额）

| 级数 | 全月应纳税所得额 | 税率（%） | 速算扣除数（元） |
|---|---|---|---|
| 1 | 不超过 1 500 元的 | 3 | 0 |
| 2 | 超过 1 500 元至 4 500 元的部分 | 10 | 105 |
| 3 | 超过 4 500 元至 9 000 元的部分 | 20 | 555 |
| 4 | 超过 9 000 元至 35 000 元的部分 | 25 | 1 005 |
| 5 | 超过 35 000 元至 55 000 元的部分 | 30 | 2 755 |
| 6 | 超过 55 000 元至 80 000 元的部分 | 35 | 5 505 |
| 7 | 超过 80 000 元的部分 | 45 | 13 505 |

【例 6 - 1】王宇 2016 年 9 月税前收入 9 500 元，五险一金个人缴纳部分合计 1 000 元，则其当月应纳税为多少元？

【解析】应纳税所得额 = 9 500 - 1 000 - 3 500 = 5 000（元）。

对应的税率为 20%，速算扣除数为 555 元。

应纳税额 = 5 000 × 20% - 555 元 = 445（元）。

#### （二）年终奖缴纳个人所得税的计算

（1）个人取得年终奖且获取奖金当月个人的工资所得高于或等于起征点的，其缴纳个人所得税的计算方法是：用年终奖总额除以 12 个月，得出商数，按其商数比对工资、薪金所得项目税率表，确定适用税率和对应的速算扣除数，计算缴纳个人所得税。

【例 6 - 2】李丽 2016 年 12 月收到当年的年终奖金为 24 000 元，当月工资为 5 100 元，则李丽 2016 年 12 月应纳税为多少元？

【解析】个人当月工资、薪金所得与年终奖应分别计算缴纳个人所得税。

以 24 000 除以 12，其商数 2 000 对应的适用税率为 10%，速算扣除数为 105，年终奖金应纳税额为：24 000 × 10% - 105 = 2 295（元），当月工资、薪金所得应纳税额 =（5 100 - 3 500）× 10% - 105 = 55（元），该纳税人当月共计应纳个人所得税 = 2 295 +

55 = 2 350（元）。

（2）个人取得年终奖且获取奖金当月个人的工资、薪金所得低于起征点的，其缴纳个人所得税的计算方法是：用年终奖减去“个人当月工资、薪金所得与起征点的差额”后的余额除以12个月，按其商数对照工资、薪金所得项目税率表，确定适用税率和对应的速算扣除数，计算缴纳个人所得税。

【例6－3】李美2016年12月收到当年的年终奖金为12 000元，当月工资为3 000元，则李美2016年12月应纳税为多少元？

【解析】先将12 000 －（3 500 － 3 000）= 11 500，再用11 500除以12，其商数958.33对应的适用税率为3%，速算扣除数为0，年终奖金应纳税额为：11 500 × 3% = 345（元）。

由于当月工资、薪金所得低于3 500元的起征点，工资薪金不缴纳个人所得税。该纳税人当月共计应纳个人所得税345元。

## 二、个体工商户的生产、经营所得

个体工商户、个人独资企业、合伙企业以及承包承租经营所得，按年度总收入减除成本、费用以及损失后的余额作为应纳税所得额，比对五级超额累进税率（表6－2）计算个人所得税。

$$应纳税所得额 = 年度总收入 - 成本、费用及损失$$

$$应纳税额 = 应纳税所得额 \times 适用税率 - 速算扣除数$$

**表6－2　个人所得税税率（适用于个体户的生产、经营所得以及对企事业单位的承包经营、承租经营所得）**

| 级数 | 全年应纳税所得额 | 税率（%） | 速算扣除数 |
|---|---|---|---|
| 1 | 不超过15 000元的 | 5% | 0 |
| 2 | 超过15 000元至30 000元的部分 | 10% | 750 |
| 3 | 超过30 000元至60 000元的部分 | 20% | 3 750 |
| 4 | 超过60 000元至100 000元的部分 | 30% | 9 750 |
| 5 | 超过100 000元的部分 | 35% | 14 750 |

【例6－4】某个体工商户全年取得生产、经营所得180 000元，经税务机关核定其成本、费用及损失合计为70 000元。则该个体工商户全年应纳个人所得税为多少元？

【解析】该个体工商户全年应纳个人所得税为

应纳税所得额 = 180 000 － 70 000 = 110 000（元）。

应纳税额 = 110 000 × 35% － 14 750 = 23 750（元）。

## 三、劳务报酬所得

劳务报酬所得按次征税，适用20%的比例税率。每次劳务报酬所得在800元以下的，不用缴纳个人所得税；每次劳务报酬所得大于800元且没有超过4 000元，减除800元的扣除费用；每次劳务报酬所得超过4 000元的，减除劳务报酬所得的20%的扣除费用。用公式表示如下：

$$应纳税所得额 = 一次劳务报酬(少于4\,000元) - 800元$$

$$应纳税所得额 = 一次劳务报酬(超过4\,000元) \times (1 - 20\%)$$

$$应纳税额 = 应纳税所得额 \times 适用税率 - 速算扣除数$$

关于次的规定。劳务报酬属于一次性所得的，以取得该项所得为一次；属于同一项目的连续性所得的，以一个月内取得的所得为一次；跨地区取得劳务报酬的，以县（含县级市、区）辖区内一个月内的劳务报酬总和为一次；跨县域的所得，应分别计算征税。对一次性劳务报酬所得超过2万元的，要实行加成征税。具体的征收办法见表6－3。

**表6－3　　个人所得税税率（适用于加成征收的劳务报酬所得）**

| 级数 | 每次应纳税所得额 | 税率（%） | 速算扣除数 |
|---|---|---|---|
| 1 | 不超过20 000元的 | 20% | 0 |
| 2 | 超过20 000元至50 000元的部分 | 30% | 2 000 |
| 3 | 超过50 000元的部分 | 40% | 7 000 |

【例6－5】张三因给某公司提供技术服务支持，收支了5 000元的劳务报酬，其应纳个人所得税为多少元?

【解析】张三应纳个人所得税为：

应纳税所得额 = 劳务报酬(超过4 000元) × (1 − 20%) = 5 000 × (1 − 20%) = 4 000(元)。

应纳税额 = 应纳税所得额 × 适用税率 − 速算扣除数 = 4 000 × 20% − 0 = 800(元)。

【例6－6】某人一次劳务报酬所得为100 000元，其应纳个人所得税为多少元?

【解析】该人应纳个人所得税为：

应纳税所得额 = 100 000 × (1 − 20%) = 80 000(元)。

应纳税额 = 20 000 × 20% + 30 000 × 30% + 30 000 × 40% = 25 000(元)。

## 四、稿酬所得

稿酬所得按次征税。每次稿酬所得在800元以下的，不用缴纳个人所得税；每次稿酬所得大于800元且没有超过4 000元，减除800元的扣除费用；每次稿酬所得超过4 000元的，减除稿酬所得的20%的扣除费用。稿酬所得适用20%的比例税率，并按应纳税额减征30%的税款，所以实际税率为14%。用公式表示如下：

$$应纳税所得额 = 一次劳务报酬(少于4\,000元) - 800元$$

$$应纳税所得额 = 一次劳务报酬(超过4\,000元) \times (1 - 20\%)$$

$$应纳税额 = 应纳税所得额 \times 20\% \times (1 - 30\%)$$

关于次的规定如下：

（1）同一作品再次出版取得的所得应视为另一次稿酬所得计征个人所得税。

（2）同一作品先在报刊上连载然后再出版，或者先出版再在报刊上连载的，应视为两次稿酬所得征税。

（3）同一作品在报刊上连载取得收入的，以连载完成后取得的收入合并为一次稿酬所得征税。

（4）同一作品在出版和发表时，以预付稿酬或分次支付稿酬等形式取得稿酬收入的，应合并为一次稿酬所得征税。

（5）同一作品在出版、发表后，因添加印数而追加稿酬的，应以以前出版、发表时取得的稿酬合并为一次计征个人所得税。

【例6-7】某作者一部小说可得到3 000元的一次性稿酬，出版社在实际支付时须代扣代缴的个人所得税为多少元？

【解析】应纳个人所得税额 =（3 000 - 800）× 20% ×（1 - 30%）= 308（元）。

## 五、特许权使用费所得

特许权使用费所得按次征税，适用20%的比例税率。特许权使用费所得以一项特许权的一次许可使用所取得的收入为一次。每次收入不超过4 000元的，减除费用800元；每次收入超过4 000元以上的，减除特许权使用费所得的20%的费用，其余额为应纳税所得额。特许权使用费所得应纳税额的计算公式为：

应纳税额(4 000元以内) =（特许权使用费所得 - 800）× 20%

应纳税额(4 000元以上) = 特许权使用费所得 ×（1 - 20%）× 20%

【例6-8】魏先生2016年度取得两项专利，其中一项专利许可给甲公司使用，获得特许权使用费3 000元，另外一项专利许可给乙公司使用，获得特许权使用费8 000元。魏先生上述两项所得应当缴纳多少个人所得税？

【解析】魏先生两项专利许可所得应缴纳的个人所得税为：

第一笔特许权使用费所得应纳税额为：（3 000 - 800）× 20% = 440（元）。

第二笔特许权使用费所得应纳税额为：8 000 ×（1 - 20%）× 20% = 1 280（元）。

魏先生上述两项所得共应缴纳的个人所得税为：440 + 1 280 = 1 720（元）。

## 六、财产租赁所得

财产租赁所得以一个月内取得的租金收入为一次，适用20%的比例税率。财产租赁所得一般以个人每次取得的租金收入，定额或定率减除规定费用后的余额为应纳税所得额。每次收入不超过4 000元，定额减除费用800元；每次收入在4 000元以上，定率减除20%的费用。

纳税人在出租财产过程中缴纳的税金、教育费附加，可持完税凭证，从其财产租赁收入中扣除。纳税人提供准确、有效凭证，由纳税人负担的出租财产实际开支的修缮费用，准予扣除。允许扣除的修缮费用，以每次800元为限，一次扣除不完的，准予在下一次继续扣除，直至扣完为止。

（1）每次（月）收入不足4 000元。

应纳税额 = [每次(月)收入额 - 准予扣除项目 - 修缮费用(800元为限) - 800元] × 20%

（2）每次（月）收入在4 000元以上。

应纳税额 = [每次(月)收入额 - 准予扣除项目 - 修缮费用(800元为限)] ×（1 - 20%）× 20%

【例6-9】王某从2016年4月1日起出租用于居住的住房，每月取得出租住房的租金收入为 3 000 元，7 月份发生房屋的维修费 1 600 元，不考虑其他税费。计算王某 2016 年出租房屋应纳个人所得税。

【解析】王某 2016 年出租房屋应纳个人所得税为：

$$[3\ 000 - 800(\text{修缮费}) - 800] \times 10\% \times 2 + [3\ 000 - 800] \times 10\% \times 7 = 1\ 820(\text{元})。$$

## 七、财产转让所得

财产转让所得以个人每次转让财产的收入额减除财产原值和合理费用后的余额为应纳税所得额，按 20% 的税率计算应当缴纳的个人所得税。其中每次是指以一件财产的所有权一次转让取得的收入为一次。财产转让所得应纳税所得额的计算公式为：

$$\text{应纳税所得额} = \text{每次收入额} - \text{财产原值} - \text{合理费用}$$

$$\text{应纳税额} = \text{应纳税所得额} \times 20\%$$

财产原值主要包括以下内容：有价证券的原值为买入以及买入时按照规定缴纳的有关费用；建筑物的原值为建造费或者购进价格以及其他有关费用；土地使用权的原值为取得土地使用权所支付的金额、开发土地的费用及其他有关费用；机器设备、车船的原值为购进价格、运输费、安装费以及其他有关费用；其他财产的原值，参照以上四种办法确定。上述财产原值的确定，纳税人必须提供有关合法凭证，对未能提供完整、准确的财产原值合法凭证而不能正确计算财产原值的，主管税务机关可根据当地实际情况核定其财产原值。

合理费用是指纳税人在卖出财产过程中按有关规定所支付的费用，如支付中介机构的服务费、资产评估费等。不在转让过程中发生的费用不得扣除。

## 八、利息、股息、红利所得，偶然所得和其他所得

利息、股息、红利所得，偶然所得和其他所得均按每次收入额计税，适用 20% 的比例税率。利息、股息、红利所得，以支付利息、股息、红利时取得的收入为一次。偶然所得，以每次取得该项收入为一次。计算公式为：

$$\text{应纳税额} = \text{应纳税所得额} \times 20\%$$

# 任务 3 个人所得税筹划的常用方法

## 一、个人所得税筹划的基本思路

### （一）充分利用个人所得税的税收优惠政策

各国为了实现税收的调节功能，在设计税种时，一般都会设有各种税收优惠条款，具体包括减税、免税、设定纳税起征点、税率差异和特殊规定等。所以，纳税人可以利用个人所得税的优惠条款，合理安排自己的经济活动，以达到减轻税负的目的。我国现行个人所得税法律条款中明确规定：企业按照国家的统一规定而发给职工的补贴、津贴、福利费、救济金、安家费等免征个人所得税。因此，企业可以通过转移或变相福利结合

等多种方法给予职工各种补贴，这样可降低员工基本工资，减小计税基数，减少职工的应纳税额，从而达到减轻税负的目的。例如：税法规定，劳务报酬所得按次计算应纳税额，对于同一项目取得连续收入的，以一个月内取得的收入为一次，每次收入不超过4 000元的，在计算应纳税额时可定额扣减800元费用。因此，应尽可能将劳务报酬分解为若干次，从而降低应纳税额。同时，根据规定，如果个人兼有不同的劳务报酬所得，应当分别按不同的项目所得定额或定率扣除费用，因此纳税人在申报纳税时应避免将不同的项目合并计算。

### （二）注重转换纳税人身份

我国税法规定，居民纳税人负无限纳税义务，而非居民纳税人负有限纳税义务。纳税人身份界定的差异为纳税筹划提供了空间。纳税人可以根据税法对不同身份纳税个体征税规定的不同，有意识地转换纳税人身份，使在收入一定的情况下纳税最少。

### （三）合理利用纳税延期

我国个人所得税规定，个人以图书、报刊方式出版、发表同一作品（文字作品、书画作品、摄影作品以及其他作品），不论出版单位是预付还是分笔支付稿酬，或者加印该作品再付稿酬，均应合并稿酬所得按一次计征个人所得税，这就为延迟纳税提供了空间。

## 二、个人所得税筹划的常用方法

### （一）工资、薪金所得的税收筹划

1. 充分利用住房公积金、企业年金的税收优惠政策

企业可以充分利用税收政策，提高缴纳住房公积金比例，给予员工更高的福利政策。第一，按规定标准缴存住房公积金后，可以在个人所得额中扣除，不缴纳个人所得税；第二，按规定标准缴存住房公积金后，可以降低个人所得税级次，减少缴纳个人所得税。企、事业单位根据国家有关政策规定的办法和标准，为在本单位任职或者受雇的全体职工缴付的企业年金，单位缴费部分在计入个人账户时，个人暂不缴纳个人所得税。公司可以适当通过建立职业年金账户，以便减少缴纳个人所得税。

2. 工资薪金福利化，提高福利水平，降低名义收入

可以采用非货币支付办法，提高职工公共福利支出，例如免费为职工提供宿舍；免费提供交通便利；提供职工免费用餐；等等。企业替员工个人支付这些支出，企业可以把这些支出作为费用减少企业所得税应纳税所得额，个人在实际工资水平未下降的情况下，减少了应由个人负担的税款，可谓一举两得。

3. 应税项目由高税率向低税率转换

工资、薪金所得适用3% ~45%的七级超额累进税率，劳务报酬所得适用20% ~40%的税率，对于一次性收入畸高的实行加成征收，因此利用税率差异进行税务筹划是节税的一个重要思路。

通过测算得知，当个人所得为30 417元时，工资、薪金所得与劳务报酬所得二者应纳的个人所得税相等。当个人所得低于30 417元时，应将该项所得由劳务报酬转化为工资、薪金，因为工资、薪金所得适用税率比劳务报酬所得适用税率要低，能节省个税，转化的关键是个人与用工单位签订劳动合同。相反，当个人所得高于30 417元时，应将

该项所得由工资、薪金所得转化为劳务报酬所得，有利于节税，转化的关键是个人与用工单位签订劳务合同。

【例6－10】张某在甲公司兼职，收入为每月3 300元。

【解析】如果张某与甲公司没有固定的雇佣关系，按照税法规定，其应按劳务报酬所得纳税。

应纳税额 ＝（3 300 － 800）× 20% ＝ 500（元）。

如果张某与甲公司签订劳动合同，其应按工资薪金所得纳税，应纳税额为0元，因此张某应与甲公司签订劳动合同，每月可节税500元。

【例6－11】刘某是高级工程师，2016年11月获得甲公司工资类收入为50 000元。

【解析】如果刘某和甲公司存在稳定的雇佣关系，其应按工资薪金所得纳税。

应纳税额 ＝（50 000 － 3 500）× 30% － 2 755 ＝ 11 195（元）。

如果刘某和甲公司不存在稳定的雇佣关系，则该项所得按劳务报酬所得纳税。应纳税额 ＝ 50 000 ×（1 － 20%）× 30% － 2 000 ＝ 10 000（元）。

因此可以考虑刘某以劳务报酬的形式取得这笔收入，可节税1 195元。

4. 通过通信费、交通费等发票实报实销方式进行避税

我国税法规定，凡是以现金形式发放通信补贴、交通费补贴、误餐补贴的，视为工资薪金所得，计入计税基础，计算缴纳个人所得税。凡是根据经济业务发生实质，并取得合法发票实报实销的，属于企业正常经营费用部分的，与收入相关的合理支出，不需缴纳所得税，包括个人所得税和企业所得税。所以，以公司名义为员工购买手机，取得合法发票掩盖以现金形式发放的通信补贴；通过取得交通费合法发票，掩盖以现金形式发放的交通补贴，以减少低收入员工缴纳个人所得税。

5. 收入均衡发放，让月工资的税率与年终奖的税率保持一致，降低整体税负

对于受季节影响较大的企业，在月收入不均程度较大时，尽可能将上一年度员工在业绩考核基础上发放的大额度奖金性收入平均到下一个年度发放，最好让月工资适用的税率与年终奖的适用税率保持一致，节税效果最明显。通过核算发现工资适用的税率高于年终奖适用税率，可以将部分工资转化为年终奖，从而降低工资适用税率，适当提高年终奖适用税率，使员工税负最低。相反，工资适用的税率低于年终奖适用税率，可以将部分年终奖转化为工资，从而提高工资适用税率，降低年终奖适用税率，使员工税后收入达到最大化。

如果企业年终奖数目尚未确定，则要注意年终奖的临界点。通过超额累进税率存在“临界点”效应，根据测算，单位发放年终奖存在“盲区”，在“临界点”附近，年终奖的数额的稍微变化，可能带来的是高达几万元的税负，单位在年终奖的发放过程中，应避免以下6个盲区（表6－4）：

**表6－4　个人所得税“盲区”**

| 序号 | 盲区 | 超过盲区税负增加额 |
| --- | --- | --- |
| 1 | 18 001元—54 000元 | 发18 001元比18 000元多纳税款1 155.10元 |
| 2 | 54 001元—108 000元 | 发54 001元比54 000元多纳税款4 600.20元 |
| 3 | 108 001元—420 000元 | 发108 001元比108 000元多纳税款4 775.25元 |

续表

| 序号 | 盲区 | 超过盲区税负增加额 |
|---|---|---|
| 4 | 420 001 元—660 000 元 | 发 420 001 元比 420 000 元多纳税款 19 075. 30 元 |
| 5 | 660 001 元—960 000 元 | 发 660 001 元比 660 000 元多纳税款 30 075. 35 元 |
| 6 | 960 001 元—1 120 000 元 | 发 960 001 元比 960 000 元多纳税款 87 650. 45 元 |

【例 6－12】甲企业经营效益较好，员工每月工资为 10 700 元，企业在发放工资时代扣代缴员工的个人所得税。如何发放员工全年工资可以节省个人所得税？

【解析】分别计算筹划前与筹划后每个员工全年应纳的个人所得税：

（1）筹划前，每个员工全年应纳的个人所得税计算如下：

$$[(10\ 700-3\ 500)\times 20\%-555]\times 12=10\ 620(\text{元})$$

（2）现将员工每月发放的工资由 10 700 元调低至 8 000 元（4 500＋3 500），其余的 2 700元作为一次性年终奖发放，每个员工发放年终奖 32 400 元。则筹划后，每个员工全年应纳的个人所得税计算如下：

①工资应纳个人所得税 ＝［（8 000－3 500）×10%－105］×12 ＝4 140（元）

②年终奖应纳个人所得税＝32 400×10%－105＝3 135（元）

③每个员工全年工资与年终奖应纳的个人所得税＝4 140＋3 135＝7 275（元）

（3）对比筹划前后，全年少缴个人所得税＝10 620－7 275＝3 345（元）

【例 6－13】某单位员工月平均工资为 3 500 元。假定年终奖分别为 18 000 元和 18 001元。

【解析】年终奖为 18 000 元时，适用税率为 3%。

应纳税额＝18 000×3%＝540（元）

年终奖为 18 001 元时，适用税率为 10%。

应纳税额＝18 000×10%－105＝1 695.1（元）

多发年终奖 1 元，多缴税 1155. 1 元。因此，发放年终奖时一定要注意级距临界点问题。

**（二）劳务报酬所得的税收筹划**

1. 分项计算筹划法

劳务报酬所得，属于一次性收入的以取得该项收入为一次；属于同一项目性收入的，以一个月内取得的收入为一次。若个人兼有不同的劳务报酬所得，应当分别减除费用，分别计算缴纳个人所得税，可以达到节税的目的。

【例 6－14】王云 2016 年 9 月给几家公司提供劳务，同时取得多项收入：给建筑设计院设计一套工程图纸，获得设计费 20 000 元；给某企业兼职 15 天翻译工作，获得翻译费 15 000 元；给某民企提供工程监工，获得监理费 30 000 元。王云 9 月份应缴纳多少个人所得税？

【解析】如果将王云各项收入加总缴纳个税，则应纳个人所得税为：

应纳税额 ＝（20 000 ＋15 000 ＋30 000）×（1 －20%）×40% －7 000 ＝ 13 800(元)。

实际上，王云的收入不是一项所得，而且不是连续取得的收入，完全可以分项计算，可以大大节税。

设计费应纳税额 = 20 000 ×（1 - 20%）× 20% = 3 200（元）。

翻译费应纳税额 = 15 000 ×（1 - 20%）× 20% = 2 400（元）。

监理费应纳税额 = 30 000 ×（1 - 20%）× 30% - 2 000 = 5 200（元）。

三项应纳纳税 = 3 200 + 2 400 + 5 200 = 10 800（元）。

分项纳税比合计纳税可以少缴个税 3 000 元。

2. 合理安排支付次数

某些行业收入的获得具有一定的阶段性，即某些时期收入可能较多，另一些时期收入可能很少甚至没有收入，比如保险销售的提成收入等。通过合理安排，增加支付次数，并且使每次支付金额比较均衡，从而适用较低的税率。

【例 6 - 15】李悦为某单位软件工程师，利用业余时间为某公司开发一套应用软件并提供一年的维护服务。按约定可获得劳务报酬 36 000 元。李悦可要求对方事先一次性支付该报酬，也可要求对方按软件维护期 12 个月支付，即每月支付 3 000 元。李悦应采用哪种支付方式可以少缴个税？

【解析】若一次性支付，则李悦应纳个人所得税为：

应纳税额 = 36 000 ×（1 - 20%）× 30% - 2 000 = 6 640（元）。

若分次支付，则李悦应纳个人所得税为：

应纳税额 =（3 000 - 800）× 20% × 12 = 5 280（元）。

分次支付比一次性支付可以少缴个人所得税 1 360 元。建议李悦采用分次支付方式。

3. 费用转移筹划法

为他人提供劳务以取得报酬的个人，可以考虑由对方提供一定的福利，将本应由自己承担的费用改由对方提供，以达到规避个人所得税的目的。比如由对方提供餐饮服务，报销交通开销，提供住宿，提供办公用具，安排实验设备等。这样就等于扩大了费用开支，相应地降低了自己的劳务报酬总额，从而使得该项劳务报酬所得适用较低的税率，或扣除超过 20% 的费用（一次劳务报酬少于 4 000 元时）。这些日常开支是不可避免的，如果由个人自己负担就不能在应纳税所得额中扣除，而由对方提供则能够扣除，虽减少了名义报酬额，但实际收益却有所增加。

**（三）稿酬所得的税收筹划**

1. 系列丛书筹划法

个人以图书、报刊方式出版、发表同一作品（文字作品、书画作品、摄影作品以及其他作品），不论出版单位是预付还是分笔支付稿酬，或者加印该作品再付稿酬，均应合并稿酬所得，按一次计征个人所得税。但对于不同的作品却是分开计税，这就给纳税人的筹划创造了条件。如果一本书可以分成几个部分，以系列丛书的形式出现，则该作品将被认定为几个单独的作品，单独计算纳税，这在某些情况下可以节省纳税人不少税款。

使用该种方法应该注意以下几点：首先，该著作可以被分解成一套系列著作，而且该种发行方式不会对发行量有太大影响，当然最好能够促进发行。如果该种分解导致著作的销量或者学术价值大受影响，则这种方式将得不偿失。其次，该种发行方式要想充分发挥作用，最好与后面的著作组筹划法结合。再次，该种发行方式应保证每本书的人均稿酬小于4 000元。因为该种筹划法利用的是抵扣费用的临界点，即在稿酬所得小于4 000元时，实际抵扣标准大于20%。

【例6－16】某税务专家经过一段时间的辛苦工作，准备出版一本关于税务筹划的著作，预计将获得稿酬所得12 000元。试问，该税务专家如何筹划？

【解析】如果该纳税人以一本书的形式出版该著作，则：

应纳税额＝12 000×（1－20%）×20%×（1－30%）＝1 344（元）。

如果在可能的情况下，该纳税人以4本一套的形式出版一套系列丛书，则该纳税人的纳税情况如下：

每本稿酬＝12 000÷4＝3 000（元）。

每本应纳税额＝（3 000－800）×20%×（1－30%）＝308（元）。

共应纳税额＝308×4＝1 232（元）。

由此可见，在这种情况下，该税务专家采用系列丛书法可以节省税款112元，他可以考虑选择该种筹划法。

2. 著作组筹划法

如果一项稿酬所得预计数额较大，还可以考虑使用著作组筹划法。即一本书由一个人写改为由多个人合作创作。和上一种方法一样，该种筹划方法利用的是低于4 000元稿酬的800元费用抵扣，该项抵扣的效果是大于20%抵扣标准的。

该种筹划方法，除了可以使纳税人少缴税款外，还具有以下好处：首先，这种著作方法可以加快创作的速度，使得一些社会急需的书籍早日面市，使得各种新观点以最快的方式出现，从而促进社会的知识进步。其次，集思广益，一本书在几个水平相当作者的共同努力下，其水平一般会比一个人单独创作更高，但这要求各创作人具有一定的水平，而且各自尽最大努力写各人擅长的部分。再次，对于著作人来说，其著作成果更容易积累。

由于成立著作组，各人的收入可能会比单独创作时少，虽然少缴了税款，但对于个人来说最终收益减少了。因此，该种筹划方法一般用在著作任务较多，比如有一套书要出，成立长期合作的著作组，由于长期合作，节省税款的数额也会积少成多。

【例6－17】某财政专家准备写一本财政学教材，出版社初步同意该书出版之后支付稿费24 000元。试问，该财政专家如何筹划？

【解析】如果该财政专家单独著作，则可能的纳税情况是：

应纳税额＝24 000×（1－20%）×20%×（1－30%）＝2 688（元）。

如果财政专家采取著作组筹划法，并假定该著作组共10人，则可能的纳税情况是：

应纳税额＝（2 400－800）×20%×（1－30%）×10＝2 240（元）。

采用著作组筹划法，可以节税448元。

3. 费用转移筹划法

根据税法规定，个人取得的稿酬所得只能在一定限额内扣除费用。如果能在现有扣除标准下，再多扣除一定的费用，或想办法将应纳税所得额减少，就可以减少应纳税额。

一般的做法就是和出版社商量，让其提供尽可能多的设备或服务，这样就将费用转移给了出版社，自己基本上不负担费用，使得自己的稿酬所得相当于享受到若干次费用抵扣，从而减少应纳税额。可以考虑由出版社负担的费用有以下几种：资料费、稿纸、绘画工具、作图工具、书写工具、其他材料、交通费、住宿费、实验费、用餐、考察费等，有些行业甚至可以要求提供办公室以及电脑等办公设备。

【例6－18】某经济学家欲创作一本关于中国经济发展状况与趋势的专业书籍，需要到广东某地区进行实地考察研究，由于该经济学家学术水平很高，预计这本书的销路看好。出版社与该经济学家达成协议全部稿费20万元，预计到广东考察费用支出5万元。该经济学家应如何筹划？

【解析】如果该经济学家自己负担费用，则：

应纳税额 ＝200 000×（1－20%）×20%×（1－30%）＝22 400（元）。

如果由出版社承担支出费用，实际支付给该经济学家的稿费为15万元，则：

应纳税额 ＝150 000×（1－20%）×20%×（1－30%）＝16 800（元）。

因此，第二种方法相比第一种方法可以节省税款5600元。

**（四）股息、红利所得的税收筹划**

将股息红利所得转化为对企业的再投资，可以节省税负。国家为了鼓励企业和个人进行投资和再投资，规定对企业的留存未分配收益不再课征所得税，所以居民个人可以通过购买企业股票、债券等方式向企业进行投资，所获得的利息、股息和分红等收益再按规定缴纳个人所得税。居民个人如果想使自己的投资所得不被征税，可以把自己的投资所得留存到企业账上，作为对企业的再投资，而企业则可以把这笔投资以债券或配股的形式记入个人的名下。这样，既避免了被课征个人所得税，又保障了个人收入及财产的完整与保值增值。但是，这种做法必须以居民个人对企业的发展前景比较乐观为前提，同时对企业制度也有比较高的要求。

**（五）个体工商户生产经营所得的税务筹划**

个体工商户的经营者是生产经营的实体，其纳税与企业的生产经营活动密不可分。因此，个体工商户生产经营所得不同于工资薪金、劳务报酬、稿酬等其他所得，其常见的纳税筹划方法有如下几种。

1. 递延收入实现的时间

个体工商户缴纳个人所得税，采取的是每月预缴、年终汇算清缴的管理模式。如果个体工商户某一纳税年度的应纳税所得额过高，就要按较高的税率纳税，此时，个体工商户可以通过采取递延收入的方式来延期纳税或使纳税人当期适用较低的税率。一般递延收入的方式有：一是让客户暂缓支付货款和劳务费用；二是一次性收款销售改为分期收款销售。

2. 分散收入

个体工商户通过分散收入，可以使其适用较低的税率，从而达到节税的目的。常用的方法有：①区分收入的性质，不同性质的收入分别适用不同的税目。②借助于分支机构和关联机构的交易将收入分散。③由于我国个人所得税实行的是“先分后税”的原则，将一人投资变更为多人投资，便可以将全年实现的应纳税所得额分散到多个投资人的名下。④借助信托公司，将集中的收入分散到信托公司的名下。

3. 尽量把一些收入转换成费用开支

因为个人收入主要用于家庭的日常开支，而家庭的很多日常开支事实上很难与其经营支出区分开。由于公私不分会使个体工商户的实际支出超过规定的扣除标准，所以，电话费、水电费、交通费等支出也应计入个体工商户经营成本中。这样，个体工商户就可以把本来应由其收入支付的家庭开支转换成其经营开支，从而既能满足家庭开支的正常需要，又可减少应纳税所得额。

4. 尽可能地将资本性支出合法地转化为收益性支出

对于符合税法规定的收益性支出，可以将其作为一次性的成本费用在税前扣除。例如：个体工商户以零星采购的方式购进生产经营所需的物品，将一次性购买改为零星购买等。

5. 使用家庭成员或雇用临时工，扩大工资等费用支出范围

这些人员的开支具有较大的灵活性，既能增加个人家庭收入，又能扩大一些与之相关的人员费用支出范围，增加了税前列支费用，从而降低了应纳税所得额。按税法规定，个体工商户工作人员的工资及规定的津贴可以计入产品成本，这样就达到了“个人有所得，商户少交税”的目的。

如果使用自己的房产进行经营，则可以采用收取租金的方法扩大经营支出范围。虽然收取租金会增加个人的应纳税所得额，但租金作为一项经营费用可以冲减个人的应纳税所得额，减少个人经营所得的纳税额。同时自己的房产维修费用也可列入经营支出，这样既扩大了经营支出范围，又可以实现自己房产的保值甚至增值。另外，个体工商户由于自身资金的限制，往往需要通过筹措资金来开发新项目、购买新设备。个体工商户筹集资金的方法主要有金融机构贷款、自我积累、相互拆借和融资租赁四种方式。从纳税筹划的角度来讲，相互拆借的减税效果最好，金融机构贷款次之，融资租赁第三，自我积累效果最差。

## 总结与回顾

1. 税务筹划是纳税人的一项基本权利，在法律允许或不违反税法的前提下，少缴税或递延纳税从而增加纳税人的收益。

2. 个人所得税是以个人取得的各项应税所得为征税对象。主要包括：工资、薪金所得；个体工商户的生产、经营所得；对企事业单位的承包、承租经营所得；劳务报酬所得；稿酬所得；特许权使用费所得；利息、股息、红利所得；财产租赁所得；财产转让所得；偶然所得；其他所得等。

3. 个人所得税筹划的基本思路：充分利用个人所得税的税收优惠政策；注重转换纳税人身份；合理利用纳税延期等。

4. 工资、薪金所得的税收筹划要充分利用住房公积金、企业年金的税收优惠政策；工资薪金福利化，提高福利水平，降低名义收入；通过通信费、交通费等发票实报实销方式进行避税；收入均衡发放，让月工资的税率与年终奖的税率保持一致，降低整体

税负。

5. 应税项目由高税率向低税率转换，当个人所得低于30 417元时，应将该项所得由劳务报酬转化为工资、薪金，因为工资、薪金所得适用税率比劳务报酬所得适用税率要低，能节省个税，转化的关键是个人与用工单位签订劳动合同。相反，当个人所得高于30 417元时，应将该项所得由工资、薪金所得转化为劳务报酬所得，有利于节税，转化的关键是个人与用工单位签订劳务合同。

6. 劳务报酬所得的税收筹划：分项计算筹划法；合理安排支付次数；费用转移筹划等。

7. 稿酬所得的税收筹划：系列丛书筹划法；著作组筹划法；费用转移筹划法等。

## 同步自测练习

### 一、单项选择题

1. 下列所得中免纳个人所得税的是（　　）。

A. 年终加薪　　B. 出售本人绘画的收入

C. 个人保险所获赔偿　　D. 从投资的某公司取得的派系分红

2. 《中华人民共和国个人所得税法》中所说的临时离境，是指在一个纳税年度中一次不超过（　　）。

A. 60日　　B. 50日　　C. 30日　　D. 90日

3. 个人所得税法规定，在中国境内两处或两处以上取得的工资、薪金所得，其纳税地点应选择是（　　）

A. 收入来源地　　B. 税务局指定地点

C. 纳税人户籍所在地　　D. 纳税人选择一地申报纳税

4. 下列项目中，在计征个人所得税时，允许在税前扣除一部分费用的是（　　）。

A. 分得的红利所得　　B. 股票转让收入所得

C. 有奖销售中奖所得　　D. 租赁财产所得

5. 下列所得中，一次收入畸高的，要加成征收个人所得税的是（　　）。

A. 稿酬所得　　B. 利息、股息、红利所得

C. 偶然所得　　D. 劳务报酬所得

6. 中国境内无住所，一个纳税年度中在中国境内累计居住不超过90日的个人（　　）。

A. 就其来源于中国境外的所得征税

B. 免征个税

C. 就其来源于中国境内的所得由境外雇主支付的部分征税

D. 就其来源于中国境内的所得由境外雇主支付且不由该雇主在中国境内的机构、场所负担的部分，免于缴纳个人所得税

7. 对于县级政府颁布的科学、教育、技术、文化、卫生、体育、环境保护等方面的奖金，应（　　）

A. 征收个税　　B. 免征个税

C. 减半征收个税　　D. 适当减征个税

8. 下列项目中，可以免征个人所得税的有（　　）。

A. 民间借贷利息收入

B. 个人举报、协查各种违法犯罪行为而获得的奖金

C. 购物时获得的中奖收入

D. 本单位自行规定自行发给的补贴、津贴

9. 作者将自己的文字作品手稿公开拍卖取得的所得属于（　　）。

A. 特许权使用费所得　　B. 财产转让所得

C. 稿酬所得　　D. 免税所得

10. 下列哪项属于劳务报酬所得（　　）

A. 中央电视台主持人孙小梅到吉林电视台主持节目取得报酬 2 000 元

B. 省歌剧演员从剧团取得月工资 1 000 元

C. 牛群摄影展取得收入 5 万元

D. 某个体医疗诊所为患者看病取得医疗收入 2 000 元

11. 个人拥有的（　　）产生的利息所得不需要缴纳个人所得税。

A. 国债　　B. 三峡建设债券

C. 中国铁路建设债券　　D. 居民储蓄存款

12. 某体育明星奥运会取得一枚金牌，国家体育总局（部级单位）奖励该运动员 5 万元奖金，同时他还收到几家赞助厂商的奖金共达 10 万元。对该运动员的 15 万元所得应否纳税存在下列几种意见，叙述正确的是（　　）。

A. 对 15 万元全部征个人所得税

B. 对 15 万元全部免征个人所得税

C. 对 5 万元的奖金免征个人所得税，对 10 万元征收个人所得税

D. 对 10 万元免征个人所得税，对 5 万元征收个人所得税

13. 个人所得税扣缴义务人每月所扣的税款，自行申报纳税人每月应纳的税款都应当在（　　）缴入国库。

A. 次月 30 日内　　B. 次月 20 日内　　C. 次月 15 日内　　D. 次月 7 日内

14. 《个人所得税法》规定，纳税人通过中国境内的社会团体、国家机关向教育和其他社会公益及遭受严重自然灾害地区、贫困地区的捐赠，未超过纳税人应纳税所得额（　　）的部分可以扣除。

A. 3%　　B. 5%　　C. 30%　　D. 10%

15. 下列不属于工资、薪金性质的补贴，不征个人所得税的是（　　）。

A. 自行车磨损补助　　B. 独生子女补贴　　C. 工龄补贴　　D. 岗位补贴

16. 下列所得中，属于劳务报酬所得的是（　　）。

A. 个人独立从事制图取得的所得

B. 教师为受雇任职学校讲课取得的所得
C. 临时工为单位安装作业取得的所得
D. 雇员取得的年终劳动分红

17. 个体工商业户与企业联营而分得的利润，应按照（　　）项目征税。
A. 劳务报酬所得　　B. 个体工商业户生产、经营所得
C. 利息、股息、红利所得　　D. 偶然所得

18. 个人同一作品在报刊上连载应（　　）。
A. 按每期取得的收入分别征税　　B. 以每月取得的收入为一次征税
C. 合并其因连载而取得的所有所得为一次征税
D. 以每年取得的收入为一次征税

19. 个人所得税规定，工资、薪金所得和劳务报酬主要判定标准是（　　）。
A. 个人服务的对象是否不同　　B. 取得收入的方式是否不同
C. 是否独立从事劳务　　D. 与服务对象是否存在雇佣关系

20. 对个人购买社会福利奖券中奖收入（　　）。
A. 免税　　B. 一次收入超过 5 000 元的征税
C. 一次不超过 10 000 元的征税　　D. 一次收入超过 10 000 元的征税

21. 中国科学院院士津贴（　　）。
A. 征税
B. 列入工资、薪金所得超标准则征税
C. 现在是每人每月 200 元标准，并免征个人所得税
D. 减半征收

22. 个人取得的所得，难以界定应纳税所得项目的，由（　　）。
A. 扣缴义务人确定　　B. 纳税人自行确定
C. 主管税务机关确定　　D. 纳税人与主管税务机关协商确定

23. 稿酬所得，一律按应纳税额减征（　　）。
A. 20%　　B. 30%　　C. 40%　　D. 50%

24. 李先生购买体育彩票中了奖，获奖金 15 000 元，他应按（　　）税率计算缴纳个人所得税。
A. 10%　　B. 20%　　C. 30%　　D. 40%

25. 下列所得应缴纳个人所得税的是（　　）。
A. 离退休工资　　B. 国债利息　　C. 企业债券利息　　D. 保险赔款

26. 下列所得须经批准，方可减征个人所得税的是（　　）。
A. 保险赔款　　B. 军人的复员费
C. 救济金　　D. 残疾人取得的劳务收入

27. 我国个人所得税的征收方式是（　　）。
A. 完全由个人自行申报　　B. 由税务机关上门征收
C. 完全由单位代扣代缴　　D. 以代扣代缴为主，个人自行申报为辅

28. 经有关部门批准，王医生开办了一家私人诊所，其取得的医疗收入应按（　　）

项目缴纳个人所得税。

A. 工资、薪金所得　　　　B. 劳务报酬所得

C. 个体工商户的生产、经营所得　　　　D. 其他所得

29. 按照个人所得税法的有关规定，下列各项所得中，应缴纳个人所得税的是（　　）。

A. 扣缴义务人代扣代缴税款，按规定取得的扣缴手续费

B. 个人举报、协查各种违法、犯罪行为而获得的奖金

C. 居民在银行储蓄存款按规定取得的利息收入

D. 按国家统一规定领取的退休工资

30. 按照个人所得税法的有关规定，下列各项个人所得中，不属于稿酬所得征税范围的是（　　）。

A. 文学作品发表取得的所得　　　　B. 文学作品手稿原件公开拍卖所得

C. 摄影作品发表取得的所得　　　　D. 书画作品发表取得的所得

31. 按照个人所得税法的有关规定，下列表述不正确的是（　　）。

A. 若个人发表一篇作品，出版单位分三次支付稿酬，则这三次稿酬应合并为一次征税

B. 若个人在两处出版同一作品而分别取得稿酬，则应分别单独纳税

C. 个人的同一作品连载之后又出书取得稿酬的收入同再版稿酬分别征税

D. 若因作品加印而获得稿酬，应就此次稿酬单独纳税

32. 下列关于个人所得税相关内容的表述中，说法正确的有（　　）。

A. 企业组织营销业绩突出的雇员免费旅游，由企业负担开支，与个人纳税无关

B. 出租车公司对驾驶员采用单车承包方式运营，驾驶员取得的客货运收入按承包承租所得交个人所得税

C. 个人从事彩票代销业务取得的收入，按劳务报酬所得交个人所得税

D. 提供著作权的使用权取得的所得，按特许权使用费所得交个人所得税

33. 下列项目中，属于劳务报酬所得的是（　　）。

A. 发表论文取得的报酬

B. 提供著作的版权而取得的报酬

C. 将国外的作品翻译出版取得的报酬

D. 高校教师受出版社委托进行审稿取得的报酬

34. 在对个体工商户的生产经营所得查账征收个人所得税时，准予在个人所得税前扣除的项目（　　）。

A. 各种赞助支出　　　　B. 个体户的工资支出

C. 与生产经营有关的修理费用　　　　D. 缴纳的个人所得税

35. 下列应税项目中，不适用代扣代缴方式纳税的是（　　）。

A. 工资薪金所得　　　　B. 稿酬所得

C. 个体户生产经营所得　　　　D. 劳务报酬所得

## 二、多项选择题

1. 个人所得税法规定，下列各项个人所得免纳个人所得税的有（　　）。

A. 军人的转业费、复员费　　B. 国债和国家发行的金融债券利息

C. 福利费、抚恤金、救济金　　D. 保险赔款

2. 个人所得税法规定，以每次收入额为应纳税所得额的有（　　）。

A. 利息、股息、红利所得　　B. 偶然所得

C. 个体工商户的生产、经营所得　　D. 其他所得

3.《个人所得税法》第一条第一款所说的在中国境内有住所的个人，是指因（　　）而在中国境内习惯性居住的个人。

A. 户籍　　B. 家庭　　C. 经济利益关系　　D. 社会关系

4. 个人所得税法规定，财产转让所得是指：个人转让（　　）以及其他财产取得的所得。

A. 有价证券　　B. 股权　　C. 建筑物　　D. 土地使用权

5. 个人所得税法规定，下列所得不征收个人所得税的有（　　）。

A. 中国科学院、中国工程院资深院士津贴

B. “宋庆龄儿童文学奖”获奖者的奖金收入

C. “明天小小科学家”获奖者的奖金收入

D. “长江小小科学家”获奖者的奖金收入

6. 下列所得属于劳务报酬所得的有（　　）。

A. 从事设计取得的所得　　B. 从事审稿业务取得的所得

C. 从事讲学取得的所得　　D. 个人担任董事职务取得的董事费收入

7. 个人所得税的居民纳税人是指（　　）。

A. 在中国境内有住所的个人

B. 在中国境内无住所又不居住的个人

C. 在中国境内无住所居住不满一年的个人

D. 在中国境内无住所但居住满一年的个人

8. 根据现行税法规定，下列个人所得，可以免征个人所得税的有（　　）。

A. 利息收入

B. 外籍个人从外商投资企业获得的股息、红利所得

C. 个人办理代扣代缴税款手续，按规定获得的扣减手续费收入

D. 个人转让自用达 2 年以上，并且是唯一的家庭生活用房所得

9. 根据个人所得税法及其实施条例的规定，可以免征个人所得税的奖金有（　　）。

A. 购物抽奖所获奖金　　B. 省级政府颁发的科技奖奖金

C. 省级电视台有奖竞猜所获奖金　　D. 举报偷税行为所获奖金

10. 下列所得属于来源于中国境内所得的是（　　）。

A. 将财产出租给在美国的中国公民使用而获得的所得

B. 中国公民转让其在日本的房产而取得的所得

C. 提供在中国境内使用的专利权而获得的所得

D. 持有中国的各种债券而从中国境内的公司、企业获得的利息收入

11. 某个人出租私有房屋应当缴纳的税种有（ ）。

A. 消费税 B. 房产税

C. 个人所得税 D. 城建税

12. 下列各项所得，应征个人所得税的有（ ）。

A. 保险赔款

B. 国家民政部门支付给个人的生活困难补助费

C. 劳务报酬所得

D. 稿酬所得

13. 下列项目中，免征个人所得税的有（ ）。

A. 省级运动会奖金 B. 保险赔款

C. 单位发放的洗理费 D. 单位发放的节日慰问费

14. 一般说来，居民纳税人应就其来源于中国境内、境外的所得缴纳个人所得税；非居民纳税人仅就源于中国境内的所得缴纳个人所得税。下列收入中不属于中国境内所得的是（ ）。

A. 在中国境内任职而取得的工资、薪金所得

B. 因任职在中国境外提供各种劳务取得的劳务报酬所得

C. 将财产出租给承租人在中国境外使用取得的所得

D. 提供专利权、非专利技术、商标权、著作权，以及其他特许权在中国境外使用的所得

15. 按照个人所得税法的有关规定，以下不能作为区分工资、薪金所得与劳务报酬所得标准的是（ ）。

A. 报酬高的所得和报酬低的所得 B. 经常所得与偶然所得的关系

C. 雇佣与被雇佣的关系 D. 劳动合同关系

16. 按照个人所得税法的规定，下列各项个人所得免征个人所得税的有（ ）。

A. 职工的安家费 B. 职工取得的退休工资

C. 购买福利彩票中奖所得 D. 购买国家发行的金融债券利息所得

17. 对于个人的财产转让所得，在计算征收个人所得税时，准予从收入中扣除的财产原值及合理费用有（ ）。

A. 有价证券的原值 B. 建筑物的建造费用及相关费用

C. 机器设备的购进价格及运输费 D. 按次减除 800 元

18. 个人所得税的纳税义务人包括（ ）。

A. 个体工商户 B. 合伙企业合伙人

C. 外籍个人 D. 个人独资企业投资者

19. 按照个人所得税法的有关规定，下列表述正确的是（ ）。

A. 若个人发表一篇作品，出版单位分三次支付稿酬，则这三次稿酬应合并为一次征税

B. 若个人在两处出版同一作品而分别取得稿酬，则应分别单独纳税
C. 个人的同一作品连载之后又出书取得稿酬的收入同再版稿酬分别征税
D. 若因作品加印而获得稿酬，应就此次稿酬单独纳税
20. 退休职工田某本月取得的下列收入中，不需要缴纳个人所得税的有（　　）。
A. 退休工资 1 000 元　　B. 给某公司提供咨询费 1 200 元
C. 股票转让所得 820 元　　D. 杂志上发表文章的稿酬 1 000 元

## 基础技能训练

一、假定税务机关对某研究所专家张某 2012 年度个人收入进行调查，经核实张某 2012 年 1～12 月份个人所得情况如下：

1. 每月取得工资收入 5 500 元，1～12 月份共计 66 000 元；
2. 转让一项专利，取得收入 50 000 元；
3. 7 月份出版一本专著，取得稿酬 12 000 元；
4. 9 月份取得省政府颁发的科技发明奖 20 000 元；
5. 到期国债利息收入 900 元；
6. 个人出租经营性商铺，每月取得租金收入 3 000 元（不考虑其他税费）。

在上述各项所得中，张某均未向税务机关申报纳税，有关单位也未履行代扣代缴税款义务。

根据上述资料，回答下列问题：

1. 工资收入应缴纳的个人所得税为（　　）元。
2. 特许权使用费所得应缴纳的个人所得税为（　　）元。
3. 稿酬所得应缴纳的个人所得税为（　　）元。
4. 出租商铺取得的租金，应缴纳的个人所得税为（　　）元。
5. 张某 2012 年应补缴个人所得税共计（　　）元。

二、中国公民赵某 2011 年 12 月取得以下收入：

1. 购买福利彩票支出 500 元，取得一次性中奖收入 200 000 元；
2. 为某企业设计照明线路，取得一次性设计收入 15 000 元；
3. 将自有的两套住房中的一套出租，出租后仍用于居住，每月取得租金收入 2 700元。

要求：根据上述资料，回答下列问题。

1. 赵某取得设计收入应缴纳的个人所得税为（　　）元。
2. 赵某出租房屋应缴纳的个人所得税为（　　）元。（不考虑其他税费）
3. 赵某当月共计应缴纳的个人所得税为（　　）元。

三、中国公民李某为一文工团演员，2012 年 1～6 月收入情况如下：

1. 每月取得工薪收入 6 000 元；
2. 每月参加赴郊县乡村文艺演出一次，每一次收入 3 000 元，每次均通过当地教育局

向农村义务教育捐款 2 000 元；

3. 在 A 国讲学一次，取得收入 50 000 元，已按该国税法规定在该国缴纳了个人所得税 8 000 元；

4. 在 B 国出版自传作品一部，取得稿酬 160 000 元，已按 B 国税法规定在该国缴纳了个人所得税 16 000 元。

计算李某应缴纳的个人所得税。

四、中国公民李某 2011 年全年收入情况如下：

1. 8 月份出版一本著作，取得出版社稿酬 8 000 元。在此之前，部分章节 6 月至 7 月被某晚报连载，6 月份取得稿酬 1 000 元，7 月份取得稿酬 1 500 元，因该书畅销，9 月份出版社增加印数，又取得追加稿酬 4 000 元，后被电影公司拍成电影，取得报酬 1 万元；

2. 7 月将境内一处门面房出租，租赁期限 1 年，月租金 4 000 元，当月发生修缮费 1 500元（不考虑其他税费）；

3. 2011 年 10 月从 A 国某大学取得演讲收入 30 000 元，该收入在 A 国已纳个人所得税 5 000 元；同时从 A 国取得彩票中奖收入 2 000 元，该收入在 A 国已纳个人所得税 500 元；

4. 月工资收入 4 200 元；年终单位一次发放全年奖金 25 000 元。

要求：按下列顺序回答问题，每问均为共计金额：

1. 计算出版与连载收入及电影公司支付的报酬应缴纳的个人所得税。

2. 取得的租赁所得应缴纳的个人所得税。

3. 计算从 A 国取得的演讲收入和中奖收入在我国应补缴的个人所得税。

4. 计算全年工资和奖金应缴纳的个人所得税。

# 第七模块 教育规划

## 学习目标

1. 认识教育规划的必要性。
2. 了解教育规划的原则。
3. 熟悉教育规划的流程。
4. 掌握教育规划工具。

## 项目一 教育规划的必要性

"一定要对人力资本、对教育进行投资，它带来的回报是强有力的。变化的中国需要增加人力资本投资。"2000 年，诺贝尔经济学家得主詹姆斯·赫克曼在北京大学一次演讲中表示教育投资回报率高达30%。

事实上早有经济学家把家庭对子女的培养看作是一种经济行为：在子女成长初期，家长将财富用在其成长培育上，使之能够获得良好的教育。这样当子女成年后，可以获得的收益远大于当年家长投入的财富。事实上，一般情况下，受过良好教育者，无论在收入还是地位上，往往都高于没有受过良好教育的同龄人。从这个角度看，教育投资是个人财务策划中最富有回报价值的一种，它几乎没有负面效应。

养育子女（按照一个孩子计算）到底要花费多少？有人做了估算，见表 7－1。

**表 7－1　养育孩子的费用**

| 年龄 | 阶段 | 主要项目 | 总花费 |
| --- | --- | --- | --- |
| 0 个月 ~0 岁 | 怀孕到出生 | 生产、产检、营养、护理、置装等 | 普通型：2 万元<br>较奢侈型：10 万元以上 |
| 0 ~3 岁 | 婴幼儿 | 奶粉、营养、早教和保姆费等 | 中等型：20 万元<br>较奢侈型：30 万元以上 |
| 3 ~6 岁 | 幼儿 | 幼儿园费用、娱乐费、饮食费、看护费等 | 中等型：8 万元<br>较奢侈型：30 万元以上 |
| 6 ~12 岁 | 小学 | 学杂费、家庭餐饮玩乐费用 | 基础型：6 万元<br>普通型：8 万元<br>民办较好型：13 万元以上 |

续表

| 年龄 | 阶段 | 主要项目 | 总花费 |
| --- | --- | --- | --- |
| 12～15岁 | 初中 | 学杂费、家庭餐饮玩乐费用、购物费、择校费 | 基础型：4万元<br>普通型：8万元<br>择校型：15万元 |
| 15～18岁 | 高中 | 学杂费、补课费、交通费、购物费、赞助费等 | 基础型：3万元<br>普通型：9万元<br>择校型：20万元 |
| 18～22岁 | 大学 | 学费、杂费、生活费、交通费等 | 基础型：7万元<br>普通型：12万元<br>奢侈型：15万～20万元<br>中外合作型：40万元 |
| 0～18岁 | | 基础费用：50万元<br>中等选择：70万元以上<br>较高选择：130万元以上 | |

根据给定的材料，分析教育规划的必要性。

在知识经济社会的进程中，人们深深地感觉到教育越来越重要，教育不仅能使人增长知识，提高人们的文化素养，而且能赋予人们谋求理想职业、追求幸福生活的能力。因此，无论家庭的富裕程度如何，对于子女的教育无不关注有加。目前，我国城乡消费支出中增长最快的是教育费用。但是家庭教育投资中确实存在着一些误区和问题，如何科学合理地安排家庭教育投资，提高其回报，是众多家庭和受教育者较难掌控的问题。

## 任务1　教育规划分类

家庭在子女教育上进行的有计划的资金投入，分为家庭个人投资和自我扩张性、发展性教育投入两个方面。家庭个人投资主要指孩子在校学习期间，家庭应分担的学校教育的合理费用，即培养一个学生一年所需要的费用中，家庭应当负担的费用。在我国义务教育阶段原则上是由国家承担大部分培养费用，不存在个人家庭投资问题，家庭主要负担是非义务教育的投资。由于在非义务教育阶段受教育者接受教育层次越高，人力资本、晋升机会、择业机会等个人收益就越高，所以家庭应该分担一部分学费和其他费用。

自我扩张性、发展性教育投入是一种选择性教育投入，其实质是家庭为买到优质的教育资源而付出的费用，即购买教育服务所缴纳的费用。家庭购买的教育服务一般包括优质教育服务、名牌教育服务和适合个性发展的教育服务。在一般情况下，择校费、报课外辅导班的费用、购买和教育相关书籍的费用，以及在校外付出的为培养孩子某一方面的爱好、技能参加培训班的费用都属于自我扩张性、发展性教育投入。

## 任务2 家庭教育投资的经济理论

家庭能否进行教育投资，关键是教育投资的预期收益是否超过预期成本，即是否值得投资，是权衡以后的决定。教育投资成本与教育的投资收益密切相关，试想，如果家庭没有超过预期成本的经济总量，即没有足够的经济能力，投资行为便无法实现，因此家庭经济实力决定着家庭教育投资的动机和行为。现实情况是，受教育者与未受教育者在社会上的收入高低、生活水平、成功机会是有显著差异的，高学历者在劳动力市场上的竞争优势已经得到社会的确认，受教育程度与收入增加显示出正相关的关系。许多家庭都普遍认可这一观点：对教育的投入能够产生出更高的经济效益。

教育投资预期的收益包括两方面：①预期的利润。投资主体的积极性、投资额的增减与预期投资利润的高低成正相关关系。②机会成本。首先，当教育投资收益不小于其他项目投资收益且受教育者家庭有足够的经济能力的条件下，才可能发生教育投资，否则人们就会放弃或者减少教育投资而寻求其他投资；其次，人们对未来各种职业获得利润的预期决定了个人发展方向的定位，进而影响了家庭教育投资的决策。

## 任务3 教育规划的必要性

### 一、教育程度越高所得越高

在市场经济条件下，劳动者的收入与受教育程度成正比例关系。一般情况下，文化程度越高，就业者的薪资水平越高，收入的增长速度也越快。教育在一定程度上具有社会分配与社会分层的功能。很多人希望能够通过接受更高水平的教育来获得政治、经济、文化与社会利益，改变、改善自己或子女现有的生活状态。

### 二、高等教育阶段的费用开销高

据统计，自子女读高中起，子女总支出中教育费用支出比重超过子女饮食费用支出，这一比重在高中阶段为34%，大学阶段为41%。在子女接受高等教育期间，教育费用在整个家庭支出的比重很高，接近1/3，属于家庭阶段性高支出，不提前准备，届时家庭的收入将难以负担。

### 三、高等教育学费的上涨率高于通货膨胀率

中南大学高等教育研究所张新雄教授指出，目前我国高等教育学费的上涨率高于通货膨胀率。2013年，全国城镇居民人均可支配收入26 955元，扣除物价因素实际增长7.0%；农村居民人均纯收入8 896元，实际增长9.3%。而2013年全国部分省区的公办

高校学费涨幅明显高于国民人均收入涨幅，如江苏公办高校学费平均涨幅16.4%，宁夏和贵州的平均涨幅分别为49.7%和34.6%。

## 四、子女教育金没有时间弹性和费用弹性

从时间上来看，一般子女到18岁就要接受高等教育，那时父母就应该已经准备好至少1年的高等教育金。至少养老规划、购房规划等，如果财务状况不允许，可以延迟购房、延后退休，推迟理财目标的实现时间，而教育规划则完全没有时间弹性。从费用上来看，高等教育费用相对固定，不管家庭收入与资产状况如何，都不能降低标准。因此，子女教育金要预先规划，这样才不会因财力不足影响子女的求学发展。

# 项目二 教育规划的原则

## 任务1 我国家庭教育投资现状

### 一、家庭教育投资现状

随着教育事业的快速发展，我国公共教育支出呈逐年增长趋势，已占GDP的4%以上，与此同时，国民的家庭教育消费明显增加，近年来城乡居民人均教育支出占消费总支出的比重在14%以上。总体来说，城乡家庭的教育消费有以下特点：

（1）家庭用于教育投资的多少，与教育投资的预期收益成正相关关系。

（2）家庭之主的行业、职业及文化程度的不同，决定着教育支出存在差异，科技含量高的行业、收入高且稳定的职业、受教育程度高的家庭其教育支出相应要高，反之要低。

（3）不同地区间居民家庭教育投入存在明显差异，如中、东部地区居民家庭教育投入是西部的2～15倍以上。

（4）城乡居民家庭教育投资方向多元化，投资费用多样化，如有的重视投资基础教育、学历教育，有的重视投资职业教育等。

我国家庭教育支出年增长比率在15%以上。依据延安市统计年鉴2010—2014年度资料经分析测算显示，延安市家庭教育投资占家庭收入的比例：有23.6%的家庭，其教育投资占家庭收入的比例在15%以下；有48.4%的家庭，其教育投资占家庭收入的比例在15%～30%；有28%的家庭，其教育投资占家庭收入的比例在35%～50%。家庭教育投资比重在教育投资总量中日益加大、投资成本上升，其中择校费（3万～8万元）和“学区房”（15万元/年）费用金额不断攀升；家庭教育投资造成的家庭贫困问题愈发显得突出（尤其是在农村地区）。

## 二、家庭教育投资现状的原因分析

1. 从社会角度看

一方面，家庭是建立在婚姻、血缘关系基础上的亲密合作、共同生活的社会群体，作为社会基本单位的家庭，受传统观念的影响："万般皆下品，唯有读书高"，"学而优则仕"，为了使自己的子女强于别人，就要加大投资教育。另一方面，社会竞争和就业压力加大，从众心理、攀比心理在作祟，使得家庭不得不对子女升学的过度重视而导致投资偏衡。

2. 从文化素质上看

中国家庭历来对子女的教育投资非常重视，为家族争光是家庭教育投资偏好的社会文化根基。随着民众的文化素质、生活质量进一步提升，越来越重视子女的教育，特别是重视子女的特殊教育，投资方向日趋多元如双学历、艺术特长培养，其投资总量和单位成本都在加大。

3. 从经济方面看

随着经济实力的不断提升，知识经济时代对人才的需求，促使家庭对教育的热忱投资；由于教育程度越高，未来的工作报酬就越大，这直接刺激家庭对教育投资比重的不断加大。

# 任务2 教育规划原则

## 一、提前规划

提前规划是教育金筹备过程中的首要原则。教育金会受不同因素的影响而存在很大差异，这些因素包括孩子所需要的教育程度、学校性质等。例如，大学本科教育、硕士教育和博士教育所需要的费用是不同的，私立学校和公立学校的费用也相差很大，而国内教育与海外教育所产生的费用更是不可同日而语。若考虑未来不确定的通货膨胀因素，子女教育费用将成为家庭仅次于购房的一项重要支出。所有这些，都要求家长具备提前规划的意识，确定好目标，做到未雨绸缪。

## 二、从宽规划

子女高等教育的学费成长率无法准确预估，所以要从宽规划。同时，父母的期望与子女的兴趣、爱好、能力等可能有差异，应该准备得比较宽松，使准备的教育金能够应付未来子女的不同选择。

## 三、保值增值

为了保证有足够的教育金，就要做到教育金的保值增值。有些家长追求便利，直接把钱储存在银行里了事。但是，若干年之后，他们可能发现，自己准备的教育金并没有增值多少，因为通胀，甚至出现了贬值。为了避免这种情况的发生，家长们应该对教育金的筹备作一个周详的分析和计划，结合自身的实际，寻求多种理财方式，如银行储蓄、教育金保险与其他教育理财产品，做到保值增值。需要注意的是，教育金储备的目的不是为了获取短期的高额回报，而是应该注意分散风险，做到长期投入，稳健投资。

## 四、要配合保险规划

教育规划要配合保险规划制定，如发生保险事故，教育准备金来源将中断。因此，进行教育规划时，要根据教育金需求增加投保额。

## 案例分析

秦先生今年38岁，在一家外企公司担任高管，妻子在某媒体当编辑，两人年收入100万元左右。他们的儿子12岁，今年小学毕业，准备上初中。秦先生夫妇准备让儿子去英国留学，为此他们希望能够及早为儿子准备好教育金。

秦先生现拥有市场价值200万元的房产，贷款买房，按揭的压力比较大，秦先生与妻子商量，把按揭贷款全部还清。秦先生平时工作较忙，而他妻子比较有理财意识，在今年火热的基金行情中，他们购买了平衡型基金30万元，另外银行还有存款50万元，有一辆价值10万元的家庭轿车。

**家庭资产负债表**

| 资产项目 | 金额（万元） | 负债项目 | 金额（万元） |
|---|---|---|---|
| 存款 | 50 | 房屋贷款 | 0 |
| 基金 | 30 | 汽车贷款 | 0 |
| 自住房产 | 200 | | |
| 家庭汽车 | 10 | | |
| 资产合计 | 290 | 负债合计 | 0 |
| 净资产 | | 290 | |

家庭支出方面：秦先生每年家庭全部生活开销约30万元；儿子现在上小学六年级，除了在学校正常的上课外，秦先生还为他报了几个课后学习班，每年的教育费用大约5万元；每年汽车支出大约5万元；旅游支出大约5万元；赡养双方父母的费用每年4万元。秦先生夫妇没有任何商业保险支出。

**收入支出表**

| 收入项目 | 金额（万元） | 支出项目 | 金额（万元） |
|---|---|---|---|
| 薪金收入 | 100 | 生活费支出 | 30 |
| 基金收益 | 9 | 孩子抚养费学费支出 | 5 |

续表

| 收入项目 | 金额（万元） | 支出项目 | 金额（万元） |
|---|---|---|---|
| | | 汽车支出 | 5 |
| | | 旅游支出 | 5 |
| | | 赡养费 | 4 |
| 收入合计 | 109 | 支出合计 | 49 |
| 每年净储蓄 | | 60 | |

近期理财目标：积累够6年后儿子到英国的教育费用。

秦先生的家庭处于家庭稳定期，收入稳定，具有较强的抗风险能力。因为具有较高的收入和较强的理财意识，他们已经基本完成了购房规划和购车规划，所以近期主要的理财目标是子女教育规划。

因为子女教育金最没有时间弹性和费用弹性，也就是说到了孩子该上学的时候父母必须准备好应有的教育金，所以子女教育金应该提前规划。秦先生希望儿子到英国读书，英国目前留学花费大约每年20万元，以留学3年计所需留学经费现值为60万元。而且高等教育的学费年年上涨，上涨率普遍要高于通货膨胀率。这笔开销属于阶段性高支出，应该提前筹备，否则届时难以负担高额支出。

初步测算，秦先生儿子初中、高中以及到英国留学的教育经费现值约为75万元。因为秦先生家的储蓄率较高，具有较好的资产结构，基本可以用目前的储蓄和今后的储蓄来完成教育经费的积累。

秦先生是家庭的主要收入来源，收入结构也主要以薪金收入为主，应当主要防范家庭收入中断的风险。目前他们夫妇二人都没有购买保险，应当在保险方面尽早规划。

第一，保险规划。

为防范家庭收入中断的风险，首先要进行保险规划。秦先生夫妇没有买过商业保险，提高保险保障是十分必要的。子女教育金的准备是缺乏时间弹性的，6年后无论家庭情况如何，孩子的高等教育都不能耽误。因此，建议夫妻两人购买保额为100万元左右的定期寿险，保障期限10年，防止因为家庭意外变故而影响子女的高等教育。

重大疾病附加住院医疗、意外险，保额40万元，保障期限20年。秦先生夫妇虽然还没有进入疾病高发期，但是应该提早预防，提早准备。可以考虑购买重大疾病和住院医疗险，重疾险保额每人20万左右。秦先生因为经常出差，应该投保意外险保额100万元左右，以防万一发生意外，影响到家人的生活。以上两项保额相加为240万元，相当于家庭净资产的数额，与资金需求相关，每年的保费支出在2万元左右。

第二，教育金规划。

因为秦先生的儿子到国外留学还有6年的时间，秦先生可以将选择平衡型基金作为教育基金，预计平均每年的回报为3%～5%，如果暂时不考虑教育费增长率的话，那么需要实现一笔60万元的基金，6年后基金的价值将会达到75万元。

秦先生也可以选择用基金定投的方式积累教育基金。基金定投业务是指在一定的投资期间内，投资人以固定时间、固定金额申购某只基金产品的业务。基金管理公司接受投资人的基金定投申购业务申请后，根据投资人的要求在某一个固定期限（以月为最小单位）从投资人指定的资金账户内扣划固定的申购款项，从而完成基金购买行为。比较类似于银行的零存整取方式。一般来说，基金定投比较适合具有特定的理财目标需要的父母（如子女教育基金、退休金计划）和刚离开学校进入社会的年轻人。

对秦先生家庭来说，通过基金定投，可以使小钱变大钱，每月大概需要投资基金1万元，6年后也可以积累一笔价值75万元左右的教育基金。

# 项目三　教育规划工作流程

既然孩子的教育资金是不得不花的，而父母又无法预知这些资金具体的金额支出，那么未雨绸缪当然是尤其重要了。作为一项重大工程，孩子的教育投资规划也不单单只是“攒钱”可以解决的，我们把这种规划分为四个步骤，父母可以遵循这四个步骤计算一下自己的家庭到底需要积累多少教育金，以及如何筹措这些费用，并找到合适的投资方式。

在估算教育费用时，理财规划师一般要遵循以下步骤。

## 一、确定子女教育要达到的程度以及目前所需的费用

每个家庭都要根据自己孩子的特点，制定理财目标。例如，有的孩子今后准备到国外读书，那就要有比较大的资金储备和比较高的理财目标。另外，大多数孩子都会按照从幼儿园—小学—初中—高中—大学这样中规中矩的模式成长。因此，孩子接受普通的学历教育所需要的花费也是必不可少的支出。

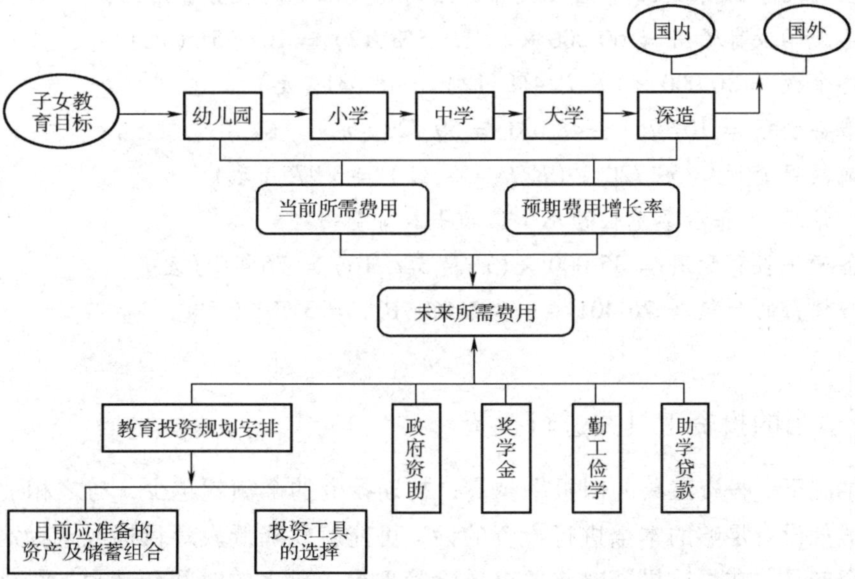


图7－1　子女教育规划步骤的流程图

## 二、设定一个通货膨胀率，计算未来子女入学时所需的费用

随着经济的发展，教育的费用越来越高，教育费用的增长率一般要比通货膨胀率高，所以计算时应该在通货膨胀率上加上2～3个百分点，假如未来某一阶段的通货膨胀率为5%，则教育费用的增长率就为7%～8%。因为教育费用没有弹性的特点，为了避免到时资金不足的情况出现，所以一般都会预计多一点的费用。

## 三、计算所需要的投资金额和资金缺口

通过对未来所需费用的贴现，可以计算出一次投资所需费用或分次投资所需资金。假如按现在的投资的金额去投资而未来金额不足的话，可以通过调低小孩未来教育目标、增加初期投资金额或调整理财工具来实现。由于这一步的计算涉及理财方面的计算公式，非专业人士很难操作，可以通过银行专业人士来处理。

### 案例分析

李先生夫妇是一家企业的普通员工，夫妻俩月收入合计在10 000元左右。夫妻俩生有一个儿子，儿子现年6岁，假设18岁上大学，李先生希望能够在儿子上大学时准备好儿子本科和硕士研究生教育费用。目前，大学本科四年学费约60 000元，硕士研究生三年35 000元。李先生已经准备了3万元的教育准备金，不足部分打算以定投基金方式来解决。假设投资报酬率为4%，请为李先生计算教育金。

现以李先生子女教育为例，计算李先生子女的教育费用。首先估算李先生儿子上大学时应准备的教育金。

李先生的儿子需要在12年后上大学，届时需要准备的教育费用为：

应准备大学教育费用 = 60 000 × ($F/P$,5%,12) = 107 751（元）

已准备金额 = 30 000 × ($F/P$,4%,12) = 48 031（元）

尚需准备金额 = 107 751 − 48 031 = 59 720（元）

每年应提存金额 = 59 720 ÷ ($F/P$,4%,12) = 3 975（元）

其次，估算16年后李先生的儿子读硕士教育费用：

应准备硕士教育费用 = 35 000 × ($F/P$,5%,16) = 76 401（元）

每年应提存的金额 = 76 401 ÷ ($F/P$,4%,16) = 3 501（元）

## 四、选择适当的投资工具并进行投资

一般情况下，投资工具的回报率越高，初期投资的金额就越少，与之相适应的风险就越高。假如没有足够的本金进行投资的话，可能就要降低教育目标或选择高风险、高收益的投资产品，在进行投资时就要对风险管理投入更多的时间和精力。另外，假如初期没有足够的单笔投资资金，利用定期、定额业务的好处是分散风险，减轻压力、强制

储蓄，即在不加重经济负担的情况下，做小额、长期、有目的性的投资，以应付未来对大额资金的需求，从而达到轻松储备子女教育金的目标。

## 案例分析

张先生有一子，2015 年时 14 岁，两年后想去美国读高中直到研究生毕业，家庭每年的收入为 20 万元，现已准备 50 万元出国留学基金。理财规划师经咨询留学机构，了解到美国现在的教育费用为：高中三年，每年约 12 万元；本科四年，每年约 12 万元；硕士两年，每年约 15 万元。以后每年的费用平均按 3% 的增长率增长。另外，张先生家庭都有充足的保险保障。张先生儿子在美国留学的费用情况表，见表 7 – 2。

表 7 – 2 张先生儿子留学费用情况

| 留学阶段 | 高中 | | | 本科 | | | | 研究生 | |
|---|---|---|---|---|---|---|---|---|---|
| 年份/年 | 2017 | 2018 | 2019 | 2020 | 2021 | 2022 | 2023 | 2024 | 2025 |
| 子女年龄/岁 | 16 | 17 | 18 | 19 | 20 | 21 | 22 | 23 | 24 |
| 费用/万元 | 12.7 | 13.1 | 13.5 | 13.9 | 14.3 | 14.8 | 15.2 | 19.6 | 20.2 |

假定定期储蓄投资收益率为 2%，张先生为其子女准备的 50 万元出国教育基金，可以进行保守的储蓄投资安排：将 50 万元等分为 4 笔一年期定期存款，用于高中三年和本科第一年的费用支出，合计 53.2 万元，如果能保持 2% 的收益率，到第四年年末，还可以剩余 0.4 万元，本科后三年和研究生两年的费用需要另外筹备。教育费用按照 3% 的增长率计算，后五年的教育费用还需要 84.1 万元。

因此，张先生需要用 6 年的时间积累 84.1 万元的资金，投资组合的年投资收益率要达到 5%，每年需要追加的教育金为 12.4 万元。

**练一练**

假设一客户子女年龄为 6 岁，预计 18 岁上大学，假设学费和生活费的上涨率为 3%，目前，大学四年的学费和生活费为 8 万元。该客户现有 5 万元作为启动基金，并将其投入到收益率为 6% 的投资项目上，请分析该客户未来教育费用有无缺口。

# 项目四 教育规划的工具

在了解客户的教育规划需求以后，需要根据客户的具体需要，帮助客户选择短期的教育规划工具和长期的教育规划工具。因此，通过本任务的学习，学生能够掌握短期教育规划工具和长期教育规划工具的种类，并帮助客户制定教育规划方案。

## 案例分析

王先生今年35岁，在某国有企业担任高管，妻子李女士在某高校任教，两人税后收入10万元左右，女儿刚满7岁，今年开始读小学，预计18岁读大学。王先生夫妇准备让女儿将来读经济类的本科和研究生，为此他们希望为女儿提早准备好教育金。夫妇两个均没有保险，也没有其他的投资性资产。王先生家庭的财务状况见表7－3和表7－4。

**表7－3　家庭资产负债表**

客户：王先生的家庭　　日期：2016年12月31日

| 资产项目 | 金额/元 | 负债项目 | 金额/元 |
|---|---|---|---|
| 活期存款 | 20 000.0 | 房屋贷款 | 0 |
| 定期存款 | 50 000.0 | 汽车贷款 | 0 |
| 自住房屋 | 500 000.0 | 信用卡透支 | 0 |
| 家庭汽车 | 100 000.0 | | |
| 资产合计 | 670 000.0 | 负债合计 | 0 |
| 净资产 | 670 000.0 | | |

**表7－4　现金流量表**

客户：王先生的家庭　　日期：2016年1月1日至2016年12月31日

| 收入项目 | 金额/元 | 支出项目 | 金额/元 |
|---|---|---|---|
| 工资薪金收入 | 100 000.0 | 日常生活费用支出 | 50 000.0 |
| 其他 | 0 | 孩子抚养费支出 | 15 000.0 |
| | | 汽车养护费用 | 10 000.0 |
| | | 旅游费用支出 | 10 000.0 |
| | | 赡养费用支出 | 5 000.0 |
| 收入合计 | 100 000.0 | 支出合计 | 90 000.0 |
| 年结余 | 10 000.0 | | |

王先生的理财目标是：规划好10年后女儿读大学，大学毕业后读研究生两个阶段的教育费用。

### 任务要求

（1）分析王先生家庭的财务状况，计算王先生子女教育费用。

（2）结合王先生家庭的财务状况和子女教育费用，为王先生做子女教育规划。

# 任务1　短期教育规划工具选择

短期的教育规划工具主要包括国家助学贷款、奖学金、学校贷款、政府贷款、资助性机构贷款和一般商业性助学贷款等。下面重点介绍常见的3种工具。

## 一、国家助学贷款

国家助学贷款包括商业性银行助学贷款和财政贴息的国家助学贷款两种。商业性教育助学贷款是贷款人向借款人发放的，用于借款人自己或其法定被监护人就读国内中学、普通高校及攻读硕士、博士等学位，或已获批准在境内就读大学及攻读硕士、博士等学位所需学杂费用（包括出国的路费）的消费贷款。财政贴息的国家助学贷款是指贷款人向借贷人发放的，由中央财政或地方财政贴息，用于借款人本人或其直系亲属、法定被监护人在国内高等学校就读全日制本、专科或研究生所需学杂费和生活费用的助学贷款。

## 二、学校贷款

学校贷款是学生所在学校为那些无力解决在校学习期间生活费的全日制本、专科在校学生提供的无息贷款。实施专业奖学金办法的高等院校或专业，不实行学生贷款制度。学生贷款的具体审定工作通常由学校学生处牵头负责。如果贷款的学生违约不能如期归还所借贷款，其担保人要承担全部还款责任，并缴纳一定数额的违约金。

## 三、一般商业性助学贷款

一般商业性助学贷款是指各金融机构以信贷原则为指导，对高校学生、学生家长或其监护人办理的，以支持学生完成学习为目的的一种商业性贷款形式。申请商业性助学贷款的条件是：必须有符合条件的信用担保，贷款人为当地居民。

以上3种助学贷款的区别见表7－5。

**表7－5　　国家助学贷款、学校贷款和一般性助学贷款的区别**

| 比较项目 | 助学贷款类型 | | |
|---|---|---|---|
| | 国家助学贷款 | 学生贷款 | 一般商业性助学贷款 |
| 贷款经办机构 | 政府按隶属关系委托助学贷款管理中心通过招标方式确定国家助学贷款经办银行 | 学生所在学校 | 开办此项业务的商业银行和城乡信用社 |
| 贷款对象 | 无力支付学费、住宿费和生活费的全日制本、专科学生（含高职生）、研究生和第二学士学位学生 | 无力解决在校学习期间生活费的全日制本、专科在校学生，但不包括实行专业奖学金制度的学生 | 年满18周岁，具有完全民事行为能力的在校大学生、研究生 |

续表

| 比较项目 | 助学贷款类型 | | |
| --- | --- | --- | --- |
| | 国家助学贷款 | 学生贷款 | 一般商业性助学贷款 |
| 贷款利息 | 在校期间的贷款利息全部由财政补贴，毕业后全部自付 | 无息 | 按法定贷款利率执行 |
| 贷款担保 | 无担保信用贷款 | 采用信用担保的形式，由学生家长担保 | 采用担保、抵押担保、质押担保等形式；担保人可以为法人，也可以为自然人 |
| 学校介入程度 | 学校负责协助经办银行办理 | 完全由学校负责 | 学校一般只负责证明借款学生的学生身份及其在校表现 |
| 贷款额度 | 贷款数额每人每学年最高不超过6 000元 | 贷款数额 = 基本学习、生活费用 - 奖学金 | 一般在2 000 ~ 20 000元 |
| 贷款期限 | 毕业后视就业情况，在一两年内开始还贷、6年内还清 | 最长为毕业后6年内 | 各商业银行规定期限不同 |
| 贷款减免偿还措施 | 无 | 无 | 无 |

## 任务2　长期教育规划工具选择

### 一、教育储蓄

教育储蓄是指个人按国家有关规定，在指定银行开户、存入规定数额资金，用于教育目的的专项储蓄，是一种专门为学生支付非义务教育所需教育金的专项储蓄。教育储蓄采用实名制，开户时，储户要持本人（学生）户口簿或身份证，到银行以储户本人（学生）的姓名开立存款账户。到期支取时，储户需凭存折及有关证明一次性支取本息。开户对象为在校小学四年级（含四年级）以上学生。存期分为1年、3年、6年。起存额为50元，每户本金最高限额为2万元。一年期、三年期教育储蓄，按开户日同期同档次整存整取定期储蓄存款利息计息；六年期按开户日五年期整存整取定期储蓄存款利率利息计息。教育储蓄在存期内遇利率调整，仍按开户日利率计息。开户时客户须与银行约定每次固定存入的金额，分次存入。到期支取时，客户凭存折、身份证和户口簿（户籍证明），以及学校提供的正在接受非义务教育的学生身份证明，一次性支取本金和利息，每份"证明"只享受一次利息税优惠。客户如不能提供"证明"，其教育储蓄不享受利息税优惠。提前支取时，必须全额支取。提前支取时，客户能提供"证明"的，按实际存期和开户日同期同档次整存整取定期储蓄存款利率计付利息，并免征储蓄存款利息所得税；客户未能提供“证明”的，按实际存期和支取日活期储蓄存款利率计付利息，并按有关规定征收储蓄存款利息所得税。教育储蓄超过原定存期部分（逾期部分），按支取日活期储蓄存款利率计付利息，并按有关规定征收储蓄存款利息所得税。

教育储蓄的优点在于：与普通储蓄相比，其执行整存整取的优惠利率，且免征利息税，收益率相对较高。但教育储蓄也有一定的局限性，主要表现在：①必须是在校小学四年级（含）以上学生，到期必须持存折、户口簿或身份证到税务部门领取免税证明，并经教育部门盖章才可支取；②最低起存金额为50元，但所有本金合计最高限额为2万元，超过一律不得享受免税的优惠政策；③由于教育储蓄按照开户日利率计息，如在升息前存入，储户不能分享到升息的利好，面临存款利率变动风险。

## 知识拓展

中国工商银行教育储蓄试行办法

第一条 为鼓励城乡居民以储蓄存款方式，为其子女接受非义务教育积蓄资金，促进国家教育事业健康发展，特开办教育储蓄。

第二条 教育储蓄具有储户特定、存期灵活、总额控制、利率优惠、定向使用的特点。

第三条 教育储蓄的对象为在校中小学生。

第四条 中国工商银行为开办教育储蓄的指定银行。

第五条 教育储蓄采用实名制。办理开户时，须持储户本人（学生）户口簿或居民身份证到储蓄机构以储户本人（学生）的姓名开立存款账户。银行根据储户提供的上述证件，登记证件名称及号码。

第六条 教育储蓄为零存整取定期储蓄存款。最低起存金额为50元，每月固定存额，每月存入一次，存期分为三年、六年。开户后每次存入金额及存期内存款次数由储户与银行约定，每一账户本金合计最高限额为2万元。到期支取时按实存金额和实际存期计算利息。三年期教育储蓄到期前6个月（含6个月）续存金额不得超过开户后存入金额的总和；六年期教育储蓄到期前10个月（含10个月）续存金额不得超过开户后存入金额的总和。

第七条 教育储蓄在遵循储蓄原则的基础上实行利率优惠，各档次利率为：三年期按开户日中国人民银行公告的三年期整存整取定期储蓄存款利率计付利息；六年期按开户日中国人民银行公告的五年期整存整取定期储蓄存款利率计付利息。享受教育储蓄利率优惠的条件是：储户提供接受非义务教育的录取通知书原件或学校开具的相应证明原件（以下简称“证明”）。

第八条 教育储蓄在存期内遇有利率调整，按存折开户日挂牌公告的相应储蓄存款利率计付利息，不分段计息。

第九条 教育储蓄到期支取：

（一）储户凭存折及“证明”一次支取本息。

（二）若储户不能提供“证明”，其存款不享受利率优惠，按一般储蓄业务办理，即：三年期的按开户日挂牌公告的三年期零存整取定期储蓄存款利率计付利息；六年期的按开户日挂牌公告的五年期零存整取定期储蓄存款利率计付利息。

（三）银行办理教育储蓄支付时，须在“证明”上加盖“已享受教育储蓄利率优惠”的印章，一份“证明”只能享受一次利率优惠。

（四）银行可根据储户的要求，将其款项划转到其指定账户。

第十条　教育储蓄逾期支取：

逾期支取的教育储蓄，其超过原定存期的部分，按支取日挂牌公告的活期储蓄存款利率计付利息。

第十一条　教育储蓄提前支取：

（一）储户因提前接受非义务教育或其他原因急需用款时，可凭存折和本人的居民身份证或户口簿到开户储蓄所办理全额提前支取（不办理部分提前支取）；代他人支取未到期存款的，除储户本人身份证或户口簿外，还必须提供代支取人的身份证件。

（二）三年期教育储蓄提前支取，按实际存期和支取日挂牌公告的活期储蓄存款利率计付利息；六年期教育储蓄提前支取；存期满三年不满六年，储户能提供“证明”的，按实际存期和开户日三年期挂牌公告的整存整取定期储蓄存款利率计付利息；储户未能提供“证明”的，按实际存期和支取日挂牌公告的活期储蓄存款利率计付利息；存期不满三年的，一律按实际存期和支取日挂牌公告的活期储蓄存款利率计付利息。

第十二条　储户办理挂失时，按《储蓄管理条例》的有关规定办理。

第十三条　凡因户口迁移办理教育储蓄异地托收的，必须在该存款到期后方可办理。储户须向委托行提供户口迁移证明及接受非义务教育的“证明”。不能提供“证明”的，不享受利率优惠。

第十四条　参加教育储蓄的储户，如申请助学金贷款，在同等条件下，可给予优先解决。

第十五条　各一级分行、直属分行可根据本办法制定实施细则，报总行备案，同时抄送当地中国人民银行。

第十六条　本办法由中国工商银行修改和解释。

第十七条　本办法经中国人民银行批准后，自 1999 年 9 月 1 日起实施。

【资料来源：中国工商银行网站】

## 二、教育保险

教育保险又称教育金保险、子女教育保险、孩子教育保险，是以为孩子准备教育基金为目的的保险。教育保险是储蓄性的险种，既具有强制储蓄的作用又有一定的保障功能。目前主要有单纯教育金、无保障，存一定期限后附加少儿意外险，以及支持随时存入等，但取出年限均为子女成年。保险对象为 0 周岁（出生满 28 天且已健康出院的婴儿）~17 周岁；有些保险公司的教育金保险所针对的对象为出生满 30 天 ~14 周岁的少儿。

**（一）教育保险的分类**

教育保险从具体保险产品的保障期限来看，主要分为终身型和非终身型。非终身型教育保险一般属于真正的“专款专用”型的教育金产品。即是说，在保险金的返还上，完全是针对少儿的教育阶段而定，通常会在孩子进入高中、进入大学两个重要时间节点开始每年返还资金，到孩子大学毕业或创业阶段再一次性返还一笔费用以及账户价值，以帮助孩子在每一个教育的重要阶段都能获得一笔稳定的资金支持。终身型子女教育金保险通常会考虑到一个人一生的变化，是几年一返还的，关爱孩子的一生，孩子小的时候可以用作教育金，年老时可以转换为养老金，分享保险公司长期经营成果，保障家庭财富的传承等。

**（二）教育保险基本特点**

（1）专款专用。子女教育要设立专门的账户，就像个人养老金账户用在退休规划，住房公积金账户用在购房规划，只有这样才能做到专款专用。

（2）没有时间弹性。子女到了一定的年龄就要上学（如 7 岁左右上小学，18 岁左右上大学），不能因为没有足够的学费而延期。

（3）没有费用弹性。各阶段的基本学费相对固定，这些费用对每一个学生都是相同的。

（4）持续周期长，总费用庞大。子女从小到大将近 20 年的持续教育支出，总金额可能比购房支出还多。

（5）阶段性高支出。比如大学教育，平均每个孩子每年 1 万，4 年就是 4 万元；出国留学费用，总价 15 万元以上。这些费用支付周期短，支付费用高，因此都需要有提前的财务准备。

（6）额外费用差距大，必须准备充足。子女的资质不同，整个教育过程中的相关花费差距很大，所以宁可多准备不能少准备。

**（三）教育保险的功能**

1.“保费豁免”功能

所谓“保费豁免”功能就是一旦投保的家长遭受不幸，身故或者全残，保险公司将豁免所有未交保费，子女还可以继续得到保障和资助。

2. 强制储蓄的功能

父母可以根据自己的预期和孩子未来受教育水平的高低来为孩子选择险种和金额，一旦为孩子建立了教育保险计划，就必须每年存入约定的金额，从而保证这个储蓄计划一定能够完成。

3. 具有保险的保障功能

一旦投保人发生疾病或意外身故及高残等风险，不能完成孩子的教育金储备计划，而保单原应享有的权益不变，仍然能够给孩子提供以后受教育的费用。

4. 同时也具有理财分红功能

能够在一定程度上抵御通货膨胀的影响。它一般分多次给付，回报期相对较长。

**（四）购买教育保险的注意事项如下**

（1）先重保障后重教育。很多父母花大量资金为孩子购买教育金保险，却不购买或疏于购买意外保险和医疗保险，这将保险的功能本末倒置。

（2）应问清楚豁免条款范围。在购买主险时，应同时购买豁免保费附加险。这样一来，万一父母因某些原因无力继续缴纳保费时，对孩子的保障也继续有效。

（3）购买教育金保险须小心流动性风险。教育金保险的缺陷在于其流动性较差，而且保费通常比较高，资金一旦投入，需要按合同约定定期支付保费给保险公司，属于一项长期投资。

（4）购买教育金保险时应兼顾保障功能，以应付小孩未来可能的疾病、伤残和死亡等风险。

（5）家长在为孩子购买教育金保险时应巧用组合，即在小学 4 年级前采用教育金保险来做教育规划，在小学 4 年级后可采用“教育保险 + 教育储蓄”的组合方式。

（6）教育金保险具有保险的保障功能，可以为投保人和被保险人提供疾病和意外伤害以及高度残疾等方面的保障。

（7）一旦投保人发生疾病或意外身故及高残等风险，不能再继续孩子的教育金储备计划，保险公司则会豁免投保人以后应交的保险费，相当于保险公司为投保人缴纳保费，而保单原应享有的权益不变，仍然能够给孩子提供以后受教育的费用。

**（五）教育保险投保标准**

（1）教育金账户要专款专用、长期储备、稳健增值。另外，由于孩子未来的教育之路存在多种可能性，教育金还需要有一定的灵活性，客户可自主决定教育金的领取时间和金额。

（2）保障灵活可调。平安幸福是父母对孩子最大的期望。孩子的漫漫人生中，教育金保险保障需要因孩子不同人生阶段风险而调整。保额可调、保障灵活的少儿险才能满足孩子个性化的人生需求。

（3）教育金保险保费可以豁免。对孩子的爱不可动摇，不可间断。如果投保人或者被保险人发生了人身风险，会对家庭经济造成重大影响，很可能导致孩子的保险计划无法按时按质完成。

若附加了豁免保费的产品，当投保人身故或发生合同约定的残疾、重疾或孩子发生合同约定的重疾时，余下的保费将由保险公司代交，确保对孩子的爱实现。

**（六）教育保险投保须知**

（1）与其他教育金储蓄或者投资产品相比，教育金保险产品确有其独特优势，但是这类产品的主要劣势就是流动性差。

（2）投资者还可能遇到的情况是，物价持续高涨，目前设定的数额到孩子上学时根本不够用。

（3）为孩子购买教育金保险还需注意两个要点：首先，是投保中“先家长后孩子”的原则。因为，家长作为家庭的经济支柱，其健康和生存直接关乎家庭的生存，如果父母这个主要经济来源突然中断，孩子将失去经济支持。其次，充分运用“保单转换”功能。一般而言，教育金保险投资年限不宜超过孩子 30 岁，那么在少儿教育金等各类少儿特定保险即将期满之际，把原保单转为已经成年的孩子今后需要的其他保障品种，可以把定期的少儿保障延期到未来继续有效。

（4）买教育金保险莫错过保费豁免功能。教育金保险的一大优势就是具备“保费豁免”功能，一旦投保的家长遭受不幸，身故或者全残，保险公司将豁免所有未交保费，子女还可以继续得到保障和资助。家长在选择教育金保险时就要注意从实际的教育费用需求出发，因为，购买需求之外的保障必然会多交保费，增加不必要的经济负担。家长在选择教育金保险时，也不妨关注下产品的额外收益特征，尽量选择能提高资金收益率的产品。

## 案例分析

平安子女教育保险实例

**平安子女教育保险**

| | |
|---|---|
| 产品名称 | 平安子女教育保险 |
| 险种类别 | 少儿保险 |
| 所属公司 | 中国平安人寿保险股份有限公司 |
| 投保范围 | 被保险人：0~14岁；投保人：20~50岁 |
| 缴费方式 | 趸交、年交至14周岁 |
| 保险期间 | 保至21岁 |
| 保险责任 | （1）被保险人生存至15、16、17周岁的生效对应日，本公司每年按基本保费的10%给付高中教育保险金<br>（2）被保险人生存到18、19、20、21周岁的生效对应日，本公司每年按基本保额的30%给付大学教育保险金。在被保险人21周岁的生效对应日给付教育保险金后，本合同终止<br>（3）被保险人身故，本公司退还保险单的现金价值，本合同终止<br>（4）投保人身故或身体高度残疾，从投保人身故或被确定身体高度残疾之日起，若被保险人生存，本公司于每年的生效对应日按基本保额的5%给付成长年金，直至被保险人21周岁的生效对应日为止。若投保人身故或身体高度残疾发生于缴费期内，从其身故或被确定身体高度残疾之日起，免缴以后各期保险费，本合同继续有效 |
| 综合事项 | |
| 产品特色 | （1）五家中资寿险公司联合推出，统一的条款、统一的费率<br>（2）教育年金减轻您的负担，确保子女顺利完成学业<br>（3）成长年金呵护孩子幸福成长，告别“只要我在”的承诺<br>（4）可豁免保费，体现保险真谛 |

总之，教育保险相当于在短时间急需的大笔资金分散开逐年储蓄，投资年限通常最高为18年。越早投保，家庭的缴费压力越小，领取的教育金越多；购买越晚，由于投资年限短，保费就越高。从理财的角度出发，教育保险也不宜多买，适合孩子的需要就够了。因为保险金额越高，每年需要的教育保险费也就越高。

## 三、子女教育信托

子女教育信托是信托委托人（如家长）基于财产规划的目的，将其财产所有权委托给受托人（如信托机构），使受托人按照信托协议的约定为受益人（如客户子女）的利益或特定目的，管理或处分信托财产的行为。子女教育信托就是由父母委托一家专业信托机构帮忙管理自己的一笔财产，并通过合同约定这笔钱用于支付子女未来的教育和生活费用。当然，专业机构也要为自己提供的服务收取费用。由于我国目前信托业发展尚未成熟，所以这种子女教育信托业务在我国还没有开展。但随着信托业的发展，子女教育信托将在子女教育规划中发挥重要作用。

设立子女教育信托具有多方面的积极意义。

1. 鼓励子女努力奋斗

家长在设立信托时，可以给孩子制定相应的预定目标，只有孩子实现预定目标才能取得相应的资金，这样就能给孩子一定的激励，促使其努力学习、工作。家长仅给孩子提供必要的学习生活开支，其他的费用由子女通过自己的努力而获得，这样还能培养孩子勤俭节约、靠自己辛勤工作实现愿望的价值观。

2. 防止子女养成不良嗜好

受托人对教育金的直接管理还可以防止受益人对资金的滥用。对于为数不少的海外留学生青年而言，这一信托品质具有突出的意义。青少年往往还不具备足够的自控能力，如果他们直接拥有大量资金将是一种巨大的风险，将教育资金置于信托之中则可以解决此类问题。设立信托后，通过受托人来定期支付孩子在国外的各种相关费用，基本满足孩子的学习生活方面的开支即可，这样就可以免去家长对孩子的担忧，也使孩子无法肆意挥霍父母的血汗钱。

3. 从小培养理财观念

设立信托后，孩子在大学的生活、学习方面的开支都将与银行、信托机构等紧密联系，这样就能从小培养孩子节俭、合理规划的理财意识。同时，受托人也会对孩子的学习、生活起到一定的监督作用，无形中增加一个监护人。

4. 规避家庭财务危机

设立子女教育信托后，可以避免因家庭财务危机而给孩子的学习生活造成不良影响，实现风险隔离，这是设立信托的最大优势。有些家长为孩子的教育奋斗了几十年，甚至大半辈子，一旦发生意外，孩子的教育经费可能就会得不到保障。如果设立信托后，信托财产不会因为父母企业经营状况的变化而发生变动，更不用担心遭到债权人追偿清算，这样就能保障孩子将来的学业和工作，父母也就没有后顾之忧了。

5. 专业理财管理

受托人一般都是具有雄厚实力的资深机构或者来自投资理财领域的专业理财规划师，其成熟丰富的理财投资经验可以使信托财产得到最好的规划和配置，以保证子女将来的学业和生活，一举两得。

**【练一练】**

王先生和王太太均为35岁，生有一女儿，现年8岁，女儿天资聪颖，王先生和王太太打算将来送女儿出国留学深造。为了能够保证女儿留学时有足够的教育费用，夫妻两人商量拿出50万元资金委托给某信托机构，办理子女教育信托。王先生通过咨询，女儿在国外读大学需要四年，留学时的费用大约每年20万元。

假如你是理财师，你应该如何为王先生的女儿做教育信托？

## 四、政府债券

政府债券具有安全性高、流动性强、收益稳定、容易变现和免税的特点。政府债券是政府发行的债券，信用等级是最高的，通常被称为金边债券，风险较小，政府债券的发行量一般都非常大，其二级市场十分发达，流通和转让极其方便，容易变现。大多数国家规定，对于购买政府债券所获得的收益，可以享受免税待遇。我国现行政策也规定了国债利息可免征所得税。政府债券因其收益的安全性和稳定性，成为子女教育规划可供选择的主要投资工具之一。

## 五、投资基金

由于客户所掌握的投资知识和精力有限，为达到获利的目的，将资金交由专人或专业机构投资于各种投资标的或工具，由专家或专业机构管理操作，比个人投资更加专业。而且，投资所需要资金少，弹性极大，随时可以买卖，资金流动性佳，变现性好。这种投资方式的最大优点就是投资多样化和灵活性好，可以在需要时将资金在不同的基金之间转换。

在选择资金投资基金时要注意风险的组合。货币型基金通常没有风险，适合短期投资，因为它不收申购和赎回费用，但缺点是收益相对较低。债券型基金通常收益居中，但受债券市场价格波动的影响，有一定的风险，但不是很大。同时，因债券型基金有申购和赎回费用，所以要尽量延长投资周期，降低费用。偏股型基金风险相对较大，直接受证券市场的影响，收益也最高，有申购和赎回费用，适合长期投资，可以降低赎回费用。

## 六、大额可转让定期存单

大额可转让定期存单面额固定、限期固定、可以转让，并且利率相对一般定期存款要高。因此，持有大额可转让定期存单可得到定期存款的利息收入，又可使资金保持一定的流动性。

## 七、股票和公司债券

股票和公司债券收益高，风险也大，由于子女教育时间弹性很小，理财规划师制定子女教育规划时并不鼓励客户投资于风险过高的产品。如果教育规划时间长（一般要7年以上），客户承受风险能力强，且对股票和公司债券有较强的驾驭能力，也可以适当地选择这两种投资工具。但是，在整个投资组合当中，这类投资所占的比重不应过大。

# 项目五　教育规划的风险管理

## 一、教育规划风险的影响因素

### （一）外部环境因素

外部环境因素的不确定性导致个人教育投资的收益的不确定，因为个人教育投资有很强的外部性。外部环境因素包括：国家政治倾向和相关政策的变化、产业结构政策调整、市场需求的转变等不确定的因素导致个人教育投资收益存在风险。最明显的就是市场需求的变化，如今科技更新日新月异，国际竞争日趋激烈，学校从培养人才到可以输送到市场需要一定的周期，而且在这个周期中，外部市场的要求和需求可能发生各种变化。

### （二）投资客体自身素质因素

个人教育投资的对象主要是年轻的接受教育的一代人，即投资客体，其自身素质包括学习能力、学习态度、学习目的和学习动机、道德素质、身体素质等。而投资客体的学习主观能动性很大，对投资者即父辈来说，孩子学习若不好，就业不理想，其预期的教育收益无法达到，则就是投资风险。投资教育者不仅仅是希望受教育者学习技能和专业知识，也希望其成为品行良好和道德高尚的人，而受教育过程是投资主体无法控制的，教育结果也是无法预知的，受教育者的道德品行也是投资者无法决定的。

### （三）个人教育投资预期收益期长

教育投资收益的特点之一就是教育投资收益期长。同理，个人教育投资收益期也较长，无法像物质资本和金融资本投资那样能在短期内收回成本、获得投资回报。父母培养一个大学生，从幼儿园开始计算，至少需要 19 年的时间，人生能有几个 19 年，这个教育投资就占据那么长的时间，而且毕业后的回报还是未知的、难以确定的。因为社会经济、市场需求和科学技术的走势很难预测，投资客体的主观能动性也比较强，投资者也不可能做出精确的教育成本与投资收益的分析，他们也忽略了其成本的统计，这就导致了个人教育投资具有较高的风险性。

## 二、确定合理的个人教育投资比例规避风险

教育成本分担理论认为成本应该是受益者共同承担，所以学生自己也是教育成本承担者。如今的学费尤其是高等教育的学费越来越高，对贫困边远山区家庭来说，在收入来源少的情况下支付巨额学费无疑是家庭的负担，也是投资的风险。大多数投资者的投资行为是为了获取教育收益，希望通过接受教育改变命运，从而改善自己以及家庭成员的生活状况。但是面对自己家庭的实际情况应该量力而行，改变单一的投资思维。我们知道，个人教育投资的方向是复杂的，个人可以适当地进行投资组合，选择一种类型低成本的投资，以减少各种投资的风险。同时，对个人教育投资可以选择分阶段，例如，大学生可以上学、兼职、休学再继续攻读学业等，做到从实际出发，不至于在风险来临

的时候使家庭失去应对风险和承受风险的能力。

总而言之，个人教育投资风险是客观存在的，在无法回避的情况下，投资者应该采用科学的投资策略、合理的投资组合，受教育者转变就业价值观念、不断提升自己的综合素质和能力，去适应社会、迎接挑战、实现自我价值，把教育投资风险降至最低。

## 总结与回顾

1. 随着人们对教育的重视程度和教育成本的逐年提高，教育规划越来越受到重视。由于教育费用和教育时间缺乏弹性，所以教育规划需要遵循提前规划、从宽规划、保值增值的原则，另外要配合保险规划。

2. 教育规划工具有短期工具和长期工具，短期教育工具主要包括政府教育资助、教育保险、政府债券、大额定期存款、子女教育信托、股票和公司债券等。

3. 教育规划方案的制定首先是分析客户的教育需求，确定子女教育所需的费用额度；然后分析家庭财务状况，确定家庭已有教育基金，计算教育费用缺口；最后通过教育规划的产品投资组合弥补教育金缺口，满足子女教育需求。

## 同步自测练习

### 一、单项选择题

1.（　　）是指学生所在学校为那些无力解决在校学习期间生活费的全日制本、专科在校学生提供的无息贷款。

A. 商业性银行助学贷款　　B. 财政贴息的国家助学贷款

C. “绿色通道”政策　　D. 学生贷款

2. 在校（　　）年级（含）以上的学生可以开户办理教育储蓄。

A. 一　　B. 二　　C. 三　　D. 四

3. 下列关于教育保险的说法，错误的是（　　）。

A. 一般孩子只要出生 60 天就能投保教育保险

B. 有的教育保险也可分红

C. 教育保险具有强制储蓄的作用，保障性强

D. 教育保险是最有效率的资金增值手段

4. 保单的投保人如果不幸身故或者因严重伤残而丧失缴保费的能力，保险公司将免去其以后要缴的保费，而领保险金的人却可以领到与正常缴费一样的保险金是（　　）。

A. 费用豁免　　B. 所得税豁免　　C. 保费豁免　　D. 利息豁免

5. 王先生女儿今年 8 岁，预计 18 岁上大学，目前大学四年学费 25 000 元。假设学费上涨率每年为 5%，而领保险金的人却可以领到与正常缴费一样的保险金是（　　）元。

A. 44 771　　B. 40 722　　C. 35 816　　D. 32 577

6. 承第5题资料。若客户打算以目前已有的20 000元作为子女教育启动资金，投资于收益率为8%的项目上，则理财规划师为王先生估算出的资金缺口为（　　）元。

A. 23 182　　B. 15 227　　C. 19 133　　D. 26 432

7. 承第5题资料。传统教育规划工具主要有（　　）和教育保险。

A. 商业性银行助学贷款　　B. 财政贴息的国家助学贷款

C. 教育储蓄　　D. 学生贷款

8. 承第5题资料。信托委托人（如家长）基于财产规划的目的，将其财产所有权委托给受托人（如信托机构），使受托人按照信托协议的约定为受益人（如客户子女）的利益或特定目的，管理或处分信托财产的行为是（　　）。

A. 投资信托　　B. 子女教育信托　　C. 养老信托　　D. 资产信托说

## 二、多项选择题

1. 高等教育费用主要包括（　　）。

A. 学费　　B. 交通费　　C. 住宿费　　D. 生活费

2. 与其他的家庭理财计划相比，子女教育金要预先进行规划，原因在于（　　）。

A. 子女教育金有时间弹性

B. 子女教育金有费用弹性

C. 学费增长率可能会高于收入增长率，所以以现在水准估计的负担可能偏低

D. 教育规划不可以像推迟购房时间、延迟退休一样推迟理财目标的实现时间

3. 教育投资工具可分为长期教育规划工具和短期教育规划工具，其中短期教育规划工具主要包括（　　）。

A. 学校贷款　　B. 政府贷款

C. 教育保险　　D. 银行贷款

4. 教育贷款是教育费用重要的筹资渠道，我国的学生贷款政策主要包括3种贷款方式，即（　　）。

A. “绿色通道”政策　　B. 学校学生贷款

C. 国家助学贷款　　D. 一般性商业助学贷款

5. 除了传统的教育规划工具，其他教育规划工具包括（　　）。

A. 政府债券　　B. 股票

C. 公司债券　　D. 子女教育信托

6. 教育储蓄的主要优点是（　　）。

A. 规模大　　B. 无风险

C. 收益稳定　　D. 较活期存款相比回报较高

7. 设立子女教育信托具有多方面的积极意义，包括（　　）。

A. 防止子女养成不良嗜好　　B. 从小培养理财观念

C. 规避家庭财务危机　　D. 专业理财管理

8. 投资基金的优势有（　　）。

A. 所需资金少　　B. 弹性极大

C. 定时可以买卖 D. 资金流动性佳

三、判断题

1. 工读收入也是教育资金的来源之一，所以在做教育规划时可以将工读收入计算在内。( )

2. 股票收益高，用来筹备子女教育金很适合。( )

3. 教育存储免利息税，是教育规划首选的投资工具。( )

4. 教育规划是不需要判断客户对待风险的态度及其风险承受能力的，因为子女教育规划的时间弹性和费用弹性都很小。( )

## 基础技能训练

一、张先生和张太太有一个 10 岁的孩子，预计 17 岁上大学，21 岁送孩子到澳大利亚去留学两年。目前去澳大利亚留学两年的费用为 6 万澳元，预计学费每年上涨 5%。张先生家庭作为一个中等收入家庭，孩子上大学的费用肯定没有问题。但是对于出国留学的高额开支，在张先生夫妇看来并不是很容易的事情，需要提前规划。请为张先生夫妇设计一个子女教育规划方案。(参考汇率：1 澳元 =6. 15 元人民币)

二、白先生的儿子今年刚上初一。白先生目前持有银行存款 3 万元。他现在开始着手为儿子的大学费用进行理财规划。目前大学一年的费用为 10 000 元。通货膨胀率为 6%。为此，他就有关问题咨询理财规划师。

1. 白先生的儿子大学第一年的费用大约为 ( ) 元。

A. 13 382 B. 14 185 C. 14 320 D. 15 036

2. 假设白先生将其银行存款取出进行组合投资，预计收益率为 8%。那么，6 年后，白先生投资的本息和为 ( ) 元。

A. 44 577 B. 45 608 C. 46 527 D. 47 606

3. 白先生准备在儿子上大学的第一年就筹备好四年所有费用。假设四年费用相同。那么，6 年后，白先生应准备 ( ) 元。

A. 53 528 B. 56 740 C. 57 280 D. 60 144

4. 6 年后，白先生用投资所得支付儿子四年的大学费用，资金存在缺口 ( ) 元。

A. 8 813 B. 9 089 C. 9 134 D. 9 147

5. 白先生准备现在另外开立一个教育储蓄账户，每月存入固定金额，6 年期，到期支取用于弥补资金缺口。假设银行 5 年期定期存款整存整取利率为 5. 58%，5 年期定期存款零存整取利率为 3. 87%。那么，白先生每月应存入 ( ) 元，方能弥补资金缺口。

A. 107. 10 B. 110. 67 C. 116. 20 D. 124. 74

第八模块 

# 养老规划

## 学习目标

1. 熟悉制定养老规划的原则。
2. 学会预测养老资金总需求。
3. 学会预测退休总收入。
4. 学会计算退休资金缺口。
5. 学会制定计划弥补资金缺口。

## 项目一 养老规划的相关概念

### 任务1 养老规划的必要性

#### 一、养儿防老观念不可行

中国独生子女政策形成的“421”家庭结构对养儿防老的传统观念提出了挑战。即使子女孝顺，面对四位老人的赡养问题，常常也是心有余而力不足。传统的家庭养老模式向社会养老模式转变势在必行。

#### 二、老龄化社会加快来临

2001年，我国就开始迈入老龄化社会。2011年我国60岁及以上人口占13.26%，其中65岁及以上人口占8.87%；2015年60岁及以上人口占16.15%；预计到2020年，老年人口达到2.48亿，老龄化水平达到17.17%；2025年，60岁以上人口将达到3亿，成为超老年型国家。随着老龄化速度的加快，如何养老成为全社会普遍关注的焦点问题。

#### 三、退休生活时间在增加

随着生活水平和医疗水平的提高，现代人越来越长寿。与此同时，科技进步以及高等教育普及等因素，个人就业年龄大大推迟，但退休年龄却没有延伸，导致人们工作年限减少，为未来进行经济积累的时间偏少，因此需要尽早进行退休规划。

### 四、社会养老资金缺口大

我国现行社会养老体系只有短短的20年，老年抚养比重大，现在大概9.1个劳动人口抚养一个老人，到2050年，就会变成2.7个劳动人口抚养一个老人，创造财富的劳动力人口大规模减少，而需要赡养的老年人又大规模增加，社会养老资金将捉襟见肘，需要个人尽早做出财务规划。

### 五、其他不确定因素

个人及家庭成员的健康状况、医疗保险制度的变化、市场利率波动、通货膨胀等不确定因素，对退休生活带来影响。只有制定弹性的退休养老规划，才能应对退休生活中出现的不确定因素，保障退休后的生活质量。

## 任务2 养老规划的含义

退休养老规划是个人理财规划的重要组成部分，是人们为了在将来拥有高品质的退休生活，而从现在开始进行的财富积累和资产规划。退休后能够享受自由、尊严、高品质的退休生活是人生中最重要的财务目标。退休养老规划就是整个人生财务规划中必不可少的一部分。合理而有效的退休养老规划不仅可以满足退休后的生活开支需要，保证老年生活品质，抵御通货膨胀的不良影响，而且可以显著提高个人的净财富。

一个科学合理的退休养老规划的制定和执行，将会为人们幸福的晚年生活保驾护航。

## 任务3 制定养老规划的原则

### 一、及早规划原则

资金是有时间价值的，退休基金的准备越早开始越轻松。如果起步太晚，经济压力会越重。要想过上有品质的晚年生活，要在年轻时早做规划。

### 二、弹性化原则

制定养老规划时，会遇到一些不确定因素，因此退休养老规划应具有弹性或缓冲性，确保养老规划的可行性。

### 三、谨慎性原则

制定养老规划时，要遵循谨慎性原则，不高估收入，不低估支出，确保退休后相当一段时间内的基本生活开支。

## 四、收益性原则

储备的退休基金在投资时应遵循稳健性原则，但并不意味着要放弃退休基金的投资收益。为了有效积攒退休金，应考虑在稳健性和收益性之间寻求一个折中方案，在保持稳健性的前提下，运用基金定投等手段，寻求收益的最大化，满足退休后的生活需求。

# 项目二　养老规划的工作流程

设计养老规划的流程主要分为五步：一是确定退休养老目标；二是预测养老资金总需求；三是预测退休总收入；四是计算退休资金缺口；五是制定计划弥补资金缺口。

## 任务1　确定退休养老目标

退休养老的生活目标是个人退休规划所要实现的目标。它包括人们期望的退休年龄和退休后的生活质量要求。

### 一、退休年龄

退休年龄的早晚直接影响着退休养老目标。通常情况下，上班族会在60岁退休，女性可能会更早一些。在快节奏的现代生活中，退休对人们的心理、收入、生活状态都会产生一定程度的影响。尤其是退休后日常收入的大幅度削减更加降低了人们的生活水平和质量。因此，为了平衡退休前后两段时期的不同生活，人们需要结合自身的财务、身体等状况，为自己确定一个理想的退休年龄。

### 二、退休后的生活质量要求

退休后的生活质量要求是一种愿景，但这种愿景必须建立在对个人收入和支出进行合理规划的基础上。即它要受到目前现实收入和预期收入以及支出状况的约束。依据自身经济状况，在综合考虑家庭收入和支出的情况下，人们应该对自己退休后的生活方式和生活质量进行恰当的评估和合理的安排。一方面要尽量维持较好的生活水平，不能降低生活质量；另一方面还要考虑到自己的实际情况，不能盲目追求超标准生活。

## 任务2　预测养老资金总需求

对退休后的生活，不同人会有不同的期望，不同期望下所需要的费用支出也不尽相同。在制定个人退休计划时，对退休生活的期望应尽可能详细，并根据各个条目列出大概所需的费用支出，据此来估算个人退休后的生活开支。退休养老生活的开支包括：居住费用、日常生活费用、医疗费用、参加各种社会活动的费用、学习和兴趣活动的费用、旅游费用等。退休生活开支的预测方法有以下两种。

1. 收入百分比法

该方法是基于个人退休前收入的一定百分比来测算的。一般将个人退休后支出水平设定为最终退休前收入的60%～70%，以维持与退休前相同的生活水平。这一比例通常被称为“收入替换率”。

2. 支出百分比法

该方法是基于个人退休前支出的一定百分比来测算的。适当考虑通货膨胀因素，一般按照个人退休前的消费开支的70%～80%来预测退休后的消费开支。

## 任务3　预测退休总收入

退休后的收入来源主要包括社会基本养老保险、企业年金、商业养老保险、资产投资收益、子女赡养费、遗产继承、兼职收入等。由于养老规划周期较长，悲观或乐观情绪都容易使养老规划产生较大偏差，因此尽量不要高估退休收入来源。

## 任务4　计算退休资金缺口

在考虑利率变动和通货膨胀因素的影响下，对比预测的退休后收支差额就可以计算出退休养老资金缺口了。

养老资金缺口＝预计退休总收入在退休时的现值－预计养老总支出在退休时的现值。

如果差额为正数，则收入足以实现退休目标；如果差额为负数，则需要制定相应的理财方案，赚取收入，弥补养老资金的缺口。

## 任务5　选择养老规划工具

选择报酬率和风险合适的投资工具，按照“社会养老保险和商业养老保险满足退休后的基本支出；报酬率较高的证券投资满足退休后的生活品质支出”的原则来弥补养老资金的不足。

常用的养老规划工具包括社会基本养老保险、企业年金、商业养老保险、储蓄、债券、股票、基金、银行理财产品、黄金等。此外，也可以通过降低退休后开支、延长工作年限、以房养老等方式弥补资金缺口。

【例8－1】欧阳夫妇还有30年退休，估计退休后生活25年。考虑到各种因素，退休后每年年初从预先准备好的退休基金中拿出15万元用于一年的生活支出。另外，假设退休后每年还有5万元的收入（为方便计算，假设收入出现在年初）。目前欧阳夫妇的房产价值8万元，房产价值的增长率为每年7%，待退休时，欧阳夫妇准备将房产变卖，租房居住。为积累退休养老的基金，欧阳夫妇准备采取“定期定投”的方式建立退休养老基金，同时构建一个每年增长7%的投资组合。

（1）将退休后的支出折现至刚退休的时刻，其价值应该为多少元？

（2）将退休后的收入折现至刚退休的时刻，其价值应该为多少元？

（3）目前的8万元的退休养老资金在退休后会变为多少元？

（4）考虑到退休后的收入及目前退休基金在30年的增值，夫妇俩还要准备多少退休资金？

（5）为弥补退休基金的缺口，如果采取“定期定投”的方法，夫妇俩每年还需往基金里投资多少资金？

【解析】将金融计算器设定为Beg模式。

（1）退休后总支出在退休时的现值：$PMT=150\ 000$；$N=25$；$i=7$；则$PV=1\ 870\ 400$（元）。

（2）退休后收入在退休时的现值：$PMT=50\ 000$；$N=25$；$i=7$；则$PV=623\ 467$（元）。

（3）目前的8万元在退休时的终值：$PV=80\ 000$；$N=30$；$i=7$；则$FV=608\ 980$（元）。

（4）养老资金缺口$=623\ 467+608\ 980-1\ 870\ 400=637\ 953$（元）。

（5）为弥补养老资金缺口，每年定期定投金额：$FV=637\ 953$；$i=7$；$N=30$；则$PMT=6\ 312$（元）。

## 项目三　养老规划的工具

随着投资理财方式的多元化，可供养老的理财规划工具也日益增多。目前主要包括社会养老保险、企业年金、个人储蓄性养老保险、金融投资、以房养老、艺术品投资等。每一种养老理财工具都有各自特点，每个人需要根据自己的实际情况选择一种或几种适合自己的养老理财工具。下面主要介绍前面三种养老工具。

根据人力资源与社会保障部的界定，我国社会养老保险体系分为三个层次：一是社会养老保险；二是企业补充养老保险；三是个人储蓄性养老保险。在这种多层次养老保险体系中，社会养老保险可称为第一层次，也是最高层次。

### 任务1　社会养老保险

#### 一、社会养老保险的定义

社会养老保险又称为基本养老保险，是按国家统一政策规定强制实施的为保障广大离退休人员基本生活需要的一种养老保险制度。在这一制度下，用人单位和劳动者必须依法缴纳养老保险费，在劳动者达到国家规定的退休年龄或因其他原因而退出劳动岗位后，社会保险经办机构依法向其支付养老金等待遇，从而保障其基本生活。基本养老保险与失业保险、基本医疗保险、工伤保险、生育保险等共同构成现代社会保险制度。

社会养老保险由社会统筹账户与个人账户两部分组成。养老保险费用由国家、单位和个人共同负担；养老保险基金实行社会互济；在基本养老金的计发上强调个人账户养老金的激励因素和劳动贡献差别。

## 二、社会养老保险的覆盖范围

目前，社会养老保险覆盖范围包括城镇所有企业及其职工、自由职业者以及城镇个体工商户。尚不包括国家机关和事业单位工作人员。

## 三、社会养老保险的资金筹集

社会养老保险资金由国家、企业和职工三方共同负担。企业按不超过职工月工资总额的20%缴纳，计入社会统筹账户；职工个人按月工资总额的8%缴纳，计入个人账户，缴费基数以当地社会平均工资的60%～300%为上下限；政府承担不足部分。

## 四、职工领取社会养老金的条件

（1）达到法定退休年龄并已办理退休手续。

（2）单位和个人依法参加养老保险，并履行了养老保险缴费义务。

（3）个人缴费15年以上。

# 任务2 企业年金

企业年金是对国家基本养老保险的重要补充，它已经成为一种较为普遍实行的企业补充养老金计划，又称为“企业退休金计划”或“职业养老金计划”。它是指企业及其职工在依法参加基本养老保险的基础上，依据国家政策和本企业经济状况，经过必要的民主决策程序建立的，享受国家税收优惠支持的养老保障计划。

通过建立个人账户的方式，由企业和职工定期按一定比例缴纳保险费（其中企业缴纳工资总额的8%；本人缴纳工资总额的4%，由单位代扣），职工退休时的企业年金水平取决于资金积累规模及其投资收益。其基本特征是：①简便易行，透明度较高；②缴费水平可以根据企业经济状况作适当调整；③企业与职工缴纳的保险费免予征税，其投资收入予以减免税优惠；④职工个人承担有关投资风险，企业原则上不负担超过定期缴费以外的保险金给付义务。

# 任务3 个人储蓄性养老保险

个人储蓄性养老保险是我国多层次养老保险体系的一个组成部分，是由职工自愿参加、自愿选择经办机构的一种补充保险形式。由社会保险机构经办的个人储蓄性养老保险，由社会保险主管部门制定具体办法，个人根据自己的工资收入情况，按规定缴纳个人储蓄性养老保险费，并应按不低于或高于同期城乡居民储蓄存款利率计息。达到法定退休年龄经批准退休后，凭个人账户将储蓄性养老保险金一次总付或分次支付给本人。跨地区流动的，个人账户的储蓄性养老保险金应随之转移。未到退休年龄而死亡的，记入个人账户的储蓄性养老保险金应由其指定的或法定继承人继承。

实行个人储蓄性养老保险的目的，在于扩大养老保险经费来源，多渠道筹集养老保险基金，减轻国家和企业的负担；有利于消除长期形成的保险费用完全由国家“包下来”的观念，增强个人的自我保障意识和参与社会保险的主动性。

个人储蓄性养老保险是个人自愿为实现老年收入保障提前进行的养老金积累行为。在通胀和实际负利率背景下，人们纷纷未雨绸缪计划提前储备未来养老资金。个人储蓄养老资金的方法有：返还性质的重疾险、投资理财保险、专门的商业养老保险。

## 一、投保返还性质的重疾险

对那些没有基础保障的，可选择返还型重大疾病保险，在获得重疾保障的同时，为未来养老储备资金。此类保险在保险满期后，未患所保重大疾病且仍生存，可返还所缴保费，进而作为未来养老资金。在购买此类保险时，需关注保险返还年龄，返还年龄不能太晚，在60岁左右最佳，这样可以获得更全面的养老保障。

## 二、购买投资理财保险

对那些制定了基础保障规划，但保障额度较低的，建议选择兼具重疾和养老为一体的投资理财保险。目前此类保险主要包括：分红险、万能险、投连险。如果收入来源比较稳定，短期内又没有大宗消费计划，可购买分红型理财保险。此类保险的养老金分红额度是根据保险公司的经营状况来决定的，建议选择经营稳健、投资能力强的大品牌公司。

## 三、选购专门的商业养老保险

对那些基础保障已经完善，经济收入水平较高，年龄在40周岁以下，且希望未来养老资金较为宽裕的，建议选购专门的商业养老保险。此类保险的缴费期限有一次趸交、3年、5年、10年、20年期等。考虑到当前经济形势，建议适当缩短缴费期限，这样所需缴纳的保费总额将会减少一些。商业养老保险的领取方式和领取时间是可以自由选择的，无论何时领取，怎样领取，都要保证最少领取20年或至85岁。

## 知识拓展

创新型商业养老保险——以房养老

2016 健康中国养老产业高峰论坛发布了《中国养老产业发展白皮书》。白皮书中透露了住房反向抵押贷款保险这一“以房养老”模式所取得的进展。

住房反向抵押养老保险是一种将住房抵押与终身年金保险相结合的创新型商业养老保险业务，即拥有房屋完全产权的老年人，将其房产抵押给保险公司，继续拥有房屋占有、使用、收益和经抵押权人同意的处置权，并按照约定条件领取养老金直至身故；老人身故后，保险公司获得抵押房产处置权，处置所得将优先用于偿付养老保险相关费用。

在我国居民住房自有比例较高的情况下，开展老年人住房反向抵押养老保险，可以将社会存量资产转化为养老资源，以解决“房产富人、现金穷人”的退休老人所面临的养老问题。

2015 年 3 月，幸福人寿保险股份有限公司（简称：幸福人寿）首款住房反向抵押养老保险产品获批上市，标志着住房反向抵押养老保险试点进入实质性运作阶段。截至 2015 年年底，幸福人寿已与 45 户家庭 62 位老人签订投保意向书，已经完成 29 户 38 位老人的承保手续，已有 29 位老人开始领取养老金；参保老人平均年龄 70.5 岁，平均每户每月领取养老金 8 465 元。其中，月领金额最高的是上海一位 76 岁的单身女性老人客户，月领金额为 19 003 元，有效提高了参保老年人的可支配收入。

【资料来源：http：//finance. sina. com. cn/china/gncj/2016 - 09 - 02/doc - ifxvqctu6089696. shtml】

在养老规划工具的选择上，每个人根据资金使用情况和风险承受能力的不同会有多种资产配置组合。可以按照一定的比例进行合理的搭配，并获得一定的收益。对于性格保守、安全感需求高的投资者来说，可以选择低风险的投资工具；对于有一定风险承受能力的投资者可以在理财师的指导下进行高风险的投资工具的配置，来满足高品质的生活支出。

## 总结与回顾

1. 制定养老规划的原则：及早规划原则；弹性化原则；谨慎性原则；收益性原则。

2. 制定养老规划的流程主要分为五步：一是确定退休养老目标；二是预测养老资金总需求；三是预测退休总收入；四是计算退休资金缺口；五是制定计划弥补资金缺口。

3. 预测养老资金总需求方法有两种：一是收入百分比法，一般将个人退休后支出水平设定为最终退休前收入的 60% ~70%。二是支出百分比法，一般按照个人退休前的消费开支的 70% ~80% 来预测退休后的消费开支。

4. 退休后的收入来源主要包括社会基本养老保险、企业年金、商业养老保险、资产投资收益、子女赡养费、遗产继承、兼职收入等。尽量不要高估退休收入来源。

5. 养老规划工具包括社会基本养老保险、企业年金、商业养老保险、储蓄、债券、股票、基金、银行理财产品、黄金等。此外，也可以通过降低退休后开支、延长工作年限、以房养老等方式弥补资金缺口。

## 同步自测练习

单项选择题

1.（　　）是社会保障制度的重要组成部分，是社会保险最重要的险种之一。

A. 失业保险　　B. 医疗保险　　C. 社会养老保险　　D. 人寿保险

2. 养老保险实行社会统筹与（　　）相结合的运行方式。

A. 基础养老金　　B. 个人账户养老金

C. 企业账户养老金　　D. 财政账户养老金

3. 按照现行计发办法，缴费满15年以上的，基础养老金都按当地职工上一年度平均工资的（　　）%计发。

A. 5　　B. 10　　C. 15　　D. 20

4. 举办养老金计划的企业与养老基金会之间存在着（　　）关系。

A. 所有权　　B. 信托　　C. 收益权　　D. 附属

5. 社会养老保险由（　　）支柱组成。

（1）国家养老保险　　（2）基本养老保险

（3）企业年金　　（4）个人储蓄性养老保险

A.（1）（2）（3）　　B.（1）（2）（4）

C.（2）（3）（4）　　D.（1）（3）（4）

## 基础技能训练

一、老李今年40岁，打算60岁退休，考虑到通货膨胀的因素，退休后每年生活费大约需要10万元（岁初从退休基金中提取）。老李预计可以活到85岁，老李拿出10万元储蓄作为退休基金的启动资金（40岁初），并打算以后每年年末投入一笔固定的资金。老李在退休前采取较为积极的投资策略，假定年回报率为9%，退休后采取较为保守的投资策略，假定年回报率为6%。

1. 老李退休后余年为（　　）年。

A. 24　　B. 25　　C. 26　　D. 27

2. 老李在60岁的时候需要准备（　　）元退休金才能实现他的养老目标。

A. 560 441　　B. 1 355 036　　C. 1 255 036　　D. 1 555 036

3. 老李拿出10万元储蓄作为退休基金启动资金（40岁初），到60岁退休这笔储蓄会变成（　　）元。

A. 560 441　　B. 1 355 036　　C. 1 255 036　　D. 1 555 036

4. 由于老李有 10 万元储蓄作为退休启动资金，不考虑退休基金的其他来源，那么老李在 60 岁时退休基金缺口是（　　）元。

A. 1 555 036　　B. 1 255 036　　C. 560 441　　D. 794 595

5. 计算老李每年还应投入（　　）元资金才能弥补退休基金缺口。

A. 1 555 036　　B. 1 255 036　　C. 15 532　　D. 794 595

6. 若老李将 10 万元启动资金用于应付某项突发事件，则老李需要修改自己的退休规划。若假设老李希望保持退休后的生活水平，那么老李需要增加每年对退休金的投入额，新的每年投入额是（　　）元。

A. 1 555 036　　B. 1 255 036　　C. 26 486　　D. 794 595

二、老王今年 45 岁了，家里有存款 10 万元左右。他和妻子两人每个月收入大约 3 000元，月花费近 2 000 元。假设老王和妻子计划在 5 年后退休，退休后老王再生存 25 年，并且假设他们每个月花费需要 2 000 元，减掉基本养老保险的 600 元，每月还需要 1 400 元。假设老王在退休前后的投资收益率均为 1.8%。

1. 根据题意我们可以推测出老王在（　　）岁退休。

A. 50　　B. 85　　C. 95　　D. 80

2. 我们可以推测出老王可能会在（　　）岁时去世。

A. 75　　B. 85　　C. 95　　D. 80

3. 老王在 50 岁时需要准备（　　）元退休基金（注：除每月 600 元基本养老保险的折现值）才能实现自己的生活目标。

A. 338 013　　B. 172 144　　C. 26 486　　D. 94 595

4. 如果按月复利计息，老王 45 岁时的 10 万元存款在退休时会变成（　　）元。

A. 338 013　　B. 172 144　　C. 109 410　　D. 94 595

5. 老王将现在每月的结余 1 000 元存入银行在退休后会变成（　　）元。

A. 338 013　　B. 62 734　　C. 291 653　　D. 94 595

6. 按照上面的准备方法，老王的退休资金的缺口为（　　）元。

A. 338 013　　B. 172 144　　C. 165 867　　D. 94 595

## 第九模块 财产分配与传承规划

### 学习目标

1. 掌握家庭财产分配规划的原则和目标。
2. 熟悉财产分配规划。
3. 掌握财产分配规划方案的制定。
4. 掌握家庭财产传承规划原则和目标。
5. 熟悉分析财产传承规划工具。
6. 掌握财产传承规划方案制定。

### 项目一　财产分配与传承规划的必要性

财产分配与传承规划是个人理财规划中不可或缺的重要组成部分。从形式上看，制定财产分配和传承规划能够对个人及家庭财产进行合理合法的配置；从更深层次的角度来看，财产分配与传承规划从特定的角度为个人和家庭提供了一种规避风险的保障机制，当个人及家庭遭遇到现实生活中存在的风险时，这种规划能够帮助客户隔离风险或降低遭遇风险所带来的损失。

随着经济的发展，个人和家庭财产的构成也发生了很大变化，股票、基金和企业股权等在财产中的比重逐渐增大，每一种财产所面临的风险是不同的，在实际生活中，个人及家庭可能遭遇的风险主要包括以下几类：

（1）经营所涉及的风险。对于其成员从事经营的家庭来讲，无论从事何种经营形式，一旦该经营实体受到商业风险的冲击，整个家庭的经济状况就可能急转直下，严重的甚至威胁到家庭财产的安全，影响到家庭成员的正常生活、工作、教育等各个方面。

（2）夫妻一方或双方丧失劳动能力或经济能力的风险。夫妻是家庭组织的核心，如果其中一方或双方均丧失了劳动能力，如工伤、意外事故，造成身体残疾；或者丧失了经济能力，如对外欠账导致被追索等情形，都会导致家庭经济支付能力下降，影响家庭的正常生活。

（3）离婚或者再婚风险。离婚意味着夫妻关系的结束和一个家庭的解体，无论对家庭还是夫妻任何一方都会产生重大影响，其中最突出的方面就是对家庭财产的分割。现实生活中经常会发生这样的情况，当夫妻离婚时，夫妻一方有转移、隐匿、变卖财产等侵害另一方财产权益的行为，导致出现受害一方的生活质量下降及经济能力减弱等不良结果。再婚是离异或丧偶的男女重新组建家庭的开始。很多再婚人士，特别是曾经有过离异经历且事业处于鼎盛时期的一些人，在再婚前都会在私人财产保护和个人安全感上有所考虑，在对方与自己的结婚动机方面产生怀疑，有孩子的还会担心再婚伴侣对前婚子女的影响。事实上，也确有一些人企图借婚姻达到一些特定目的。因此，再婚本身也存在风险。

（4）家庭成员去世的风险。家庭成员去世后，其遗留财产的分配会使得其他家庭成员个人财产增加或者减少，对整个家庭财产也会产生影响。另外，由于多数家庭没有事先立遗嘱的意识，遗产分割很容易引起家庭纠纷，即使有的立了遗嘱，也会因为遗嘱内容表述不清，而在执行过程中出现财产被恶意侵吞，或者不按照遗嘱人意愿进行分配等情况。

以上种种家庭及个人遭遇的风险都是不确定和不可预测的。这些风险一旦发生，就会对个人及家庭的经济能力产生不利影响。如果能够在事前采取相应措施，对财产进行不同的预先安排，就可以最大限度地消除或减少其可能造成的不利影响。财产分配和传承规划就具有这样的风险隔离、减少损失的功能。理财规划师针对客户的具体家庭及个人状况，制定财务方案，选择避险工具，进行针对性的风险规避安排，能够最大限度地消除上述风险带给个人及家庭的不利影响。

## 项目二　财产分配规划

### 情景设计

王先生和李女士于2013年1月协议离婚，女儿归李女士抚养。2013年8月他们的女儿将其同学推倒，造成其同学受伤，该同学住院花费医疗费用2万元。因李女士刚下岗，生活困难，只能负担其中5 000元的医药费，李女士要剩余的15 000元由王先生负责，但王先生不同意，认为孩子归前妻，所有费用理应由前妻负担。于是，李女士将其前夫王先生告上法庭。

根据上述情景，解决以下问题：

王先生是否应该承担该笔医药费的赔偿？为什么？

如果王先生应该负担的话，其负担的比例是多少？为什么？

### 任务1　认知财产分配规划

财产分配规划是针对夫妻财产而言的，是对婚姻关系存续期间夫妻双方的财产关系

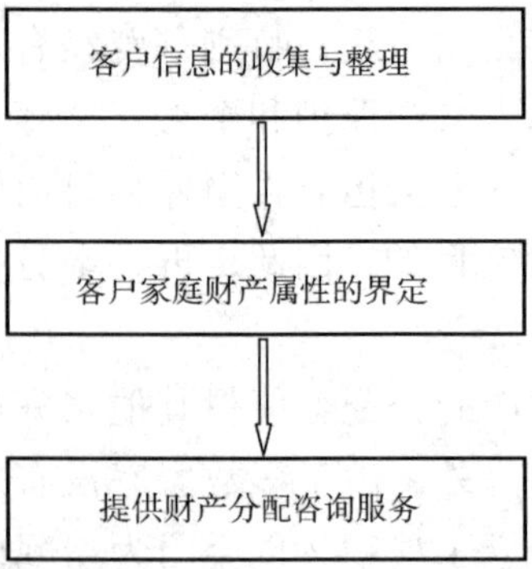


图9－1　财产分配规划基本流程

进行的调整。财产分配规划方案的制定需要遵循图9－1所示的基本流程。任务1主要介绍前两个流程。

收集客户信息是理财规划师为客户提供理财规划服务的基础和前提，信息收集是否真实全面，直接影响理财规划师制定的规划方案与客户实际需求的匹配程度。对于不同的理财规划服务，理财规划师收集的信息也不同。在财产分配与遗产规划中，理财规划师需要收集的信息不仅包括客户家庭的财产结构信息，而且包括其家庭基本构成及家庭成员之间的关系等信息。

### （一）客户信息收集的基本流程

理财规划师在收集客户家庭信息之前要做好充分的准备。

与客户沟通，向客户介绍财产分配规划对其家庭及个人的影响、关于财产分配规划的基本内容，并向客户介绍制定该规划所需要的客户信息。指导客户填写家庭结构信息表（表9－1），了解客户的家庭成员构成。

**表9－1　　客户家庭结构调查表**

| | | | | |
|---|---|---|---|---|
| 客户姓名： | | 性别： | 年龄： | |
| 住址： | | 职业： | 家庭成员人数： | |
| 与客户的关系 | 姓名 | 性别 | 年龄 | 职业 |
| | | | | |
| | | | | |
| | | | | |
| | | | | |
| | | | | |
| | | | | |

详细了解客户及其家庭成员目前的工作、生活、经济状况，客户对其家庭成员所承担的抚养、赡养等义务。

### （二）界定客户家庭成员关系

家庭成员之间的财产关系属于亲属财产关系，它不能脱离亲属人身关系而独立存在。由于亲属财产关系涉及每个家庭成员的切身利益，面对日趋复杂多样的家庭关系，越来越有必要对客户所处的家庭的夫妻、父母、子女等关系人进行相应的认定。

1. 婚姻关系

婚姻是家庭财产关系形成的前提，婚姻是否有效直接影响到婚姻关系双方的财产界定和分配结果。

婚姻关系成立的要件包括实质要件和形式要件。实质要件是指法律规定的关于结婚当事人本身及双方之间的关系必须符合的条件。结婚的实质要件又可分为必备条件和禁止条件。必备条件又称积极要件，是指当事人双方必须具有的不可缺少的条件；禁止条件又称消极条件或婚姻障碍，是指法律规定不允许结婚的情况。形式要件又称婚姻程序，是指法律规定的结婚程序及方式，即结婚登记，取得结婚证。婚姻关系成立的时间以批准登记时间为准。

在我国结婚的必备实质要件为：男女双方完全自愿；男女双方均达到法定婚龄，男性不得早于22岁，女性不得早于20岁；一男一女结为夫妻，符合一夫一妻制。结婚的禁止条件为：直系血亲之间禁止结婚；三代以内的旁系血亲之间禁止结婚；患有医学上认为不应当结婚的疾病的禁止结婚。

## 知识拓展

结婚的禁止条件

（1）禁止一定范围内的血亲结婚，禁止血亲结婚是优生的要求，人类两性关系的发展证明，血缘过近的亲属间通婚，容易把双方生理上的缺陷遗传给后代，影响家庭幸福，危害民族健康，而没有血缘亲属关系的民族之间的婚姻，能创造出在体质上智力上都更加强健的人种。因此，各国法律都禁止一定范围内的血亲结婚。《婚姻法》规定，直系血亲和三代以内旁系血亲禁止结婚。

（2）禁止患有医学上认为不应该结婚的疾病的人结婚。什么是医学上认为不应当结婚的疾病，《婚姻法》没有规定。因为，随着科学技术的发展，有些疾病是可以治愈的，也将会发现许多新的不宜结婚的病种，因此，《婚姻法》对禁婚形成了原则规定，即“医学上认为不应当结婚的疾病”。

夫妻关系成立以后，夫妻之间的权利和义务随即产生：夫妻之间有相互扶养的义务，夫妻双方在物质上和生活上互相扶助、互相供养。夫妻对共同财产有平等的处分权，即夫妻对共同所有的财产有平等的占有、使用、收益和处分的权利，不能根据某一方收入的多少和有无来决定或改变其处理共同财产权利的大小，在处理财产时，应当平等协商，达成一致，任何一方都无权违背另一方的意志擅自处理夫妻共同财产。夫妻有相互继承遗产的权利。夫妻在婚姻关系存续期间所获得的共同财产，除事先约定的以外，分割财产时，应当先预提配偶所拥有的双方共同财产的一半，剩余的则为继承人的遗产，并且夫妻互为第一顺序法定继承人。

## 知识拓展

无效婚姻及其财产、子女抚养问题的处理

无效婚姻是指男女双方虽经登记结婚，但由于违反结婚的法定条件，而不发生婚姻效力，应被宣告为无效的婚姻。无效婚姻的原因包括：①重婚的；②有禁止结婚的亲属关系的；③婚前患有医学上认为不应当结婚的疾病、婚后尚未治愈的；④未达法定婚龄的。

处理无效婚姻问题，应注意把握如下要点：

1. 无效婚姻只限于就已办理结婚登记的婚姻申请宣告无效、未办理结婚登记的事实婚姻不属于宣告无效的范围。

2. 无效婚姻的无效原因是相对原因，无效原因在宣告婚姻无效之前已经消失的，其婚姻转化为有效的婚姻关系。如果男女双方在结婚时的实际年龄低于法定结婚年龄，但当事人或利害关系人申请确认婚姻无效，或有关部门要确认其婚姻无效时，男女双方当事人已达到法定结婚年龄的，不能确认其结婚为无效婚姻。

3. 无效婚姻的性质是自始无效、宣告无效。即婚姻无效必须依诉讼程序宣告确认方才成立，而不能由当事人自行认定为无效。

4. 向人民法院申请宣告婚姻无效的主体。有权申请宣告婚姻无效的主体，包括婚姻双方及其利害关系人。其中，对以重婚为由宣告婚姻无效的利害关系人限定为双方的近亲属及基层组织，其他三种情况的利害关系人仅限下双方的近亲属。

5. 被宣告无效的婚姻溯及自婚姻成立之日起无效，双方同居生活期间的财产关系不能适用《婚姻法》有关夫妻财产制的规定。夫妻财产制所调整的是夫妻间的财产关系，是以有效婚姻所产生的特定配偶身份关系为前提的、被宣告无效的婚姻当事人没有这样的身份关系，同居期间并非婚姻关系存续期间，所取得的财产不能按夫妻财产制处理。

6. 无效婚姻在被依法宣告无效后，双方同居期间所得的财产，推定为双方的共有财产。一方主张归个人所有的，应承担举证责任，如有证据证明为其个人所有的，应认定为个人财产。对于双方共同共有的财产，按有关一般共有财产的规定合理分割，并应当照顾无过错方。这里所谓的“无过错方”是指本人不具有婚姻无效或撤销的原因，且善意相信登记成立的婚姻有效的一方。

7. 被宣告无效的婚姻当事人所生子女与父母之间的关系、适用《婚姻法》有关父母子女关系的规定，父母子女间的权利和义务也不受父母婚姻无效的影响。在婚姻宣告无效时，有关子女的抚养归属、抚养费的负担、探望权等问题，应与婚生子女同等对待，按《婚姻法》有关离婚后子女抚养的规定处理。

2. 子女关系

子女是家庭成员的组成部分，子女包括婚生子女和非婚生子女。父母对子女有抚养教育的义务；子女对父母有赡养扶助的义务。父母不履行抚养义务时，未成年的或不能独立生活的子女有要求父母给付抚养费的权利。子女不履行赡养义务时，无劳动能力或生活困难的父母，有要求子女付给赡养费的权利。

3. 父母

父母是相对子女而言的概念。父母和子女互为家庭成员，是承担亲属间抚（扶）养权利和义务的基本主体，具有亲切的人身和财产关系。法律上的父母子女关系可以分为两种：一类是自然血亲的父母子女关系，包括父母和婚生子女、父母和非婚生子女；另一类是拟制血亲关系，包括养父母与养子女、继父母与受抚养教育的继子女。

4. 兄弟姐妹

兄弟姐妹在一定条件下，相互负有法定的扶养义务。有负担能力的兄、姐，对于父母已经死亡或父母无力抚养的未成年弟、妹，有扶养义务；有负担能力的兄弟姐妹，对于无劳动能力而且生活困难的兄弟姐妹，应给予经济上的帮助。

5. 祖父母、外祖父母

祖父母、外祖父母是孙子女、外孙子女除父母以外最近的直系亲属。依据规定，有负担能力的祖父母、外祖父母，对于父母已经死亡或父母无力抚养、未成年的孙子女、外孙子女，有抚养义务。在一定条件下，祖父母、外祖父母与孙子女或外孙子女具有一定的人身和财产关系。

**（三）客户家庭财产信息收集与整理**

家庭财产既包括作为生活资料使用的财产，也包括作为生产资料使用的财产，主要有以下几个方面。

1. 合法收入

家庭的合法收入主要是家庭成员通过各种合法途径取得的货币收入与实物收入，如劳动收入，接受继承、赠与、遗嘱的收入，以及由个人财产产生的天然孳息和法定孳息等。

2. 不动产

家庭不动产主要是房屋，房屋是家庭中的重要财产，可以通过自建、购买、继承、赠与等方式取得房屋所有权。另外，按照相关法律规定，房屋必须依法登记才能取得所有权。

3. 金融资产

随着资产的证券化，金融资产在个人和家庭财产中占据的地位越来越大，包括储蓄、债券、保险、基金、股票等。

4. 其他资产

除了上述资产外，家庭财产还包括一些生活用品、古董、图书资料等。

通过收集客户的家庭信息资料，将客户的财产信息进行登记，便于后续工作需要，理财规划师可自行设计财产信息登记表（表9－2）。

**表9－2　　客户财产登记表**

| 序号 | 财产类别 | 数量 | 价值 | 取得时间 | 备注 |
|---|---|---|---|---|---|
| | | | | | |
| | | | | | |
| | | | | | |
| | | | | | |
| | | | | | |

## 任务2 客户家庭财产属性的界定

理财规划师只有正确界定客户财产属性，才能为客户量身定做财产规划，这也是实现客户理财目标的重要保障。财产属性的界定不仅包括财产本身的属性界定，而且包括附着于其上的权利属性界定。

### 一、财产权属关系

#### （一）按份共有

按份共有又称分别共有，是指两个或两个以上共有人按照各自的份额分别对其共有财产享有权利和承担义务的一种共有关系。其法律特征主要有几个方面：第一，各个共有人对共有物按份额享有不同的权利。在按份共有关系产生时，法律要求共有人应明确其应有的份额，如果各个共有人应有部分不明确，则应推定为均等。第二，各共有人对共有财产享有权利和承担义务是根据其不同的份额确定的。第三，尽管在按份共有的情况下，各个共有人要依据其份额享受权利并承担义务，但按份共有并不是分别所有，各个共有人的权利不是局限于共有财产某一具体部分上，或就某一具体部分单独享有所有权，而是及于财产的全部。

### 案例分析

2013 年 5 月李某和王某共同出资购得东风牌卡车一辆，其中李某出资 3 万元，王某出资 5 万元。李某负责卡车驾驶，王某负责联系业务，所得利润按双方出资比例分配。保险公司业务员赵某得知李某购车后，多次向其推销车辆保险。在赵某多次劝说下，李某同意投保车损险和第三者责任险。随后，保险公司向李某签发保单，列李某为投保人和被保险人。2013 年 10 月，李某驾车与他人车辆相撞，卡车全部损毁，李某当场死亡。事发后，王某自赵某处了解李某曾向保险公司投保，于是与李某家人一起向保险公司提出索赔。保险公司认为，根据保单，李某系投保人与被保险人，保险公司只能向李某赔付。王某并非保险合同当事人，无权要求保险公司赔偿。并且，因投保车辆属李某与王某共有，李某仅对其出资额部分享有保险利益，故保险公司只能赔偿李某出资额部分赔款。王某与李某家人均表示不能接受，遂向人民法院起诉。

法院经审理认为，由于李某负责投保车辆的驾驶及实际运营，所以可以认定李某对投保车辆具有完全的保险利益，保险公司主张部分赔付不能成立。同时，投保车辆属李某和王某共有，李某仅对投保车辆享有部分所有权，因此李某不能获得全部赔款，而应将保险赔款按出资比例进行分配。

### （二）共同共有

共同共有是指两人以上的人，对全部共有财产不分份额地享有平等的所有权。共同共有财产关系一般发生在互有特殊身份关系的当事人之间，较为典型的是基于夫妻关系而发生的夫妻共同财产关系，以及个人合伙和企业之间的联营，也会出现共同共有财产的形式。

共同共有的特点是：几个共同共有人对共有财产的全部享有权利，承担义务，只要共同共有关系存在，共有人对共有财产就不能划分各有多少份额，或者哪个部分属于哪个共有人所有；各共有人对共同所有的财产平等地享有权利、承担义务；另外，在共有人之间也平等地承担义务，对外共同负连带责任。

共同共有的内部关系：第一，共有人没有对共有财产划分份额，但解散共同关系时，可以划分份额。第二，共有人对共有物的管理费用可以约定，但是这种约定不能对抗第三人。共同共有的外部关系：第一，对共有物的处分，应当得到全体共有人的同意；未经其他共有人同意的，无效。但是，其他共有人知道或者应当知道而未提出异议的视为同意。第二，共同共有人因共有财产对外发生财产责任的，共有人为连带责任。

共同共有的发生，可以基于权利主体的一定的人身关系，如夫妻关系、家庭关系和共同继承关系。共同共有的类型主要有以下 3 种：

第一种，夫妻共有财产。夫妻是一种人身关系。夫妻在婚姻关系存续期间所得的财产，属于夫妻共同共有，另外约定和法律另有规定的除外。

第二种，家庭共有财产。家庭成员相互之间，也是人身关系，是一定范围内的亲属关系。不能把亲属关系都当成家庭关系。如张某与其妻、子一同居住，其父、母单独居住，则张某的家庭成员就只有 3 个人，而不是 5 个人。家庭共有财产，属于家庭成员共同共有的财产。其中比较典型的是基于农村共同生产生活而产生几代同堂的现象，其共同居住人对家庭财产是共同共有。

第三种，共同继承的财产。共同继承的财产，在继承开始以后，遗产分割之前，数人（相互之间是亲属，是同一顺序继承人）对遗产享有共有权。一般认为，这种共有是共同共有。

另外，除了以上 3 种因婚姻家庭关系产生的共同共有外，现代法律认为基于合伙关系产生的合伙共有财产的性质，无论是合伙投资还是合伙累积，无论是营利性合伙的财产还是非营利性合伙的财产，都是共同共有财产，在该财产之上构成的关系，是共同共有关系。

## 二、夫妻法定特有财产

夫妻特有财产也称夫妻保留财产，是指夫妻在实行共同财产制的同时，依照法律规定或夫妻约定，夫妻各自保留的一定范围的个人所有财产。个人所有的财产可以自由地进行管理、使用、收益和处分，以及承担有关的财产责任，不需要征得另一方的同意。法律规定的夫妻法定特有财产主要有以下几类：

一方的婚前财产。婚前财产是夫妻在结婚之前各自所有的财产，包括个人婚前劳动所得、继承或受赠的财产及其他合法财产。

一方因身体受到伤害获得的医疗费、残疾人生活补助费等费用。这里的医疗费、残疾人生活补助费等费用是与生命健康直接相关的财产。由于这些财产与生命健康关系紧密，对于保护个人利益具有重要的意义，所以应当专属于个人所有，而不能成为共有财产。

遗嘱或赠与合同中确定只归夫或妻一方的财产。因立遗嘱人或赠与人的个人意愿，在遗嘱或赠与合同中明确指出，该财产只遗赠或赠与夫妻一方，另一方无权享用这些财产，该财产就属于夫妻特有财产。

一方专用的生活用品。一方的专用生活用品具有专属于个人使用的特点，如个人的衣服、鞋帽、首饰等。

其他应当归一方的财产。夫妻特有财产除前述4 项外，还包括其他一些财产和财产权利。一般认为，以下几类属于夫妻特有财产：一方从事自身职业所必需的财产，但价值较大的除外；夫妻某一方所获得的奖品；具有人身性质的保健费、保险赔偿金等；复员、转业军人所得复员费、转业费，复员军人从部队带回的医疗补助费和回乡生产补助费等；国家资助优秀科学工作者的科研津贴；一方创作的文稿、手稿、艺术品的设计图、草图等；劳动关系的补偿金、用人单位发放的再就业补贴、提前退休补贴费、吸收劳动力安置费等。

## 三、夫妻约定财产

根据修改后的《中华人民共和国婚姻法》（简称新《婚姻法》），夫妻除有共同财产、个人特有财产外，还有约定财产。夫妻约定财产是夫妻双方以协议的形式来商定夫妻双方财产的归属、管理、使用、收益、处分及债务清偿。

### （一）夫妻约定财产的类型

我国法律规定了夫妻约定财产的类型主要有3 种：分别财产制、一般共同制和部分共同制。即夫妻可以约定婚姻关系存续期间所得的财产及婚前财产归各自所有、共同所有或部分各自所有、部分共同所有。这3 种方式，夫妻只能选择其中一种进行财产约定。

第一种，分别财产制。分别财产制是指夫妻双方婚前和婚后所得财产归各自所有，对自己的财产享有独立的占有、使用、收益和处分的权利。夫妻之间对自己的财产行使独立的管理权，如果夫妻一方委托对方管理财产的，适用于有关委托管理的规定。

第二种，一般共同制。夫妻双方婚前和婚后的全部财产均归夫妻双方共同所有，夫妻双方按共同共有原则行使权利，承担义务，婚姻关系终止时才予以分割。一般共同制符合婚姻生活共同体的本质特征，有利于保障夫妻中经济能力较弱的一方（往往是妻方）的权益，实现夫妻家庭地位事实上的平等。

第三种，部分共同制。部分共同制是指当事人双方协商确定一定范围内的财产归夫妻双方共有，共有范围外的财产均归夫妻各自所有的财产制度。夫妻双方可以约定财产实行部分各自所有，部分共同所有，前提条件是不能违反法律的禁止性规定，没有损害社会公共利益，也不会损害到第三人的利益。

### （二）夫妻财产约定制度的内容

我国夫妻财产约定制度的主要内容包括约定的主体、约定的内容、约定的形式、约定的时间、约定的效力和债务的清偿等。

约定的主体。约定的主体是夫妻，也就是说，夫妻之外的人无权对夫妻的财产进行约定，重婚或非法同居双方不能成为其主体。

约定的内容。对夫妻财产约定的内容，有的国家采取限制注意的立法模式。我国规定的是排斥性的夫妻财产契约，即法律不限制夫妻对财产进行约定的内容，夫妻可以对夫妻财产进行自由的约定。可供双方约定的财产范围包括“婚姻关系存续期间所得的财产”，也包括“婚前财产”；既可对全部财产的归属进行约定，也可以对部分财产的归属进行约定；约定的形式也不受限制，可以约定财产为共同财产制、分别财产制，或者是共同财产制和分别财产制并存。这些均由夫妻双方当事人根据自己的具体情况而定。夫妻对财产未作约定或约定不明确的，就要根据该财产的属性来确认该财产是夫妻共同财产或夫妻个人财产。“约定不明确”是指夫妻双方因为缺乏必要的法律知识或文字表述上错误，导致多项财产归属的约定相互矛盾的情况。

约定的形式。夫妻财产约定应当以书面的形式，没有采用书面形式的，认定为没有约定。采取的书面形式可以包括协议书、信件和数据电文（电报、电传、传真、电子数据交换和电子邮件）等可以有形地表现所载内容的形式。

约定的时间。夫妻双方做出财产约定的时间可以在结婚前，也可以在婚姻关系存续期间。婚姻关系存续期间做出约定的，则夫妻双方应当明确是否对约定之前的夫妻财产适用。

约定的效力。夫妻对财产的约定对夫妻双方具有约束力，也就是说一经约定，夫妻双方必须遵守夫妻财产约定的内容，根据其约定的内容来确定夫妻财产的所有权。对约定财产享有所有权的一方，可以自由处分归其所有的财产，而对方要尊重该方对财产的所有权，不能擅自处理不属于自己的财产。

债务的清偿。新《婚姻法》规定“……第三人知道该约定的，以夫或妻一方的财产清偿”，适用该规定时，应该注意以下 3 点：一是双方对“婚姻关系存续期间所得的财产”的归属有所约定；二是作为债权人的第三人知道该夫妻有所约定，如果第三人不知道的，则不执行这一规定，应由夫妻共同财产来清偿，主张第三人“知道”的举证责任应由债务人承担；三是如果第三人明知夫妻关于财产的约定，但和夫妻一方恶意串通，损害另一方的财产权益的，该行为应认定为无效的民事行为，适用《中华人民共和国民法》的有关规定。

## 四、夫妻财产协议的有效要件

一份合法的夫妻财产协议能够对财产分配规划产生实质性影响，理财规划师需要综合各种因素，帮助客户分析夫妻财产协议的有效性。约定的生效条件首先必须具备民事法律行为的生效要件，即合法、自愿、真实；其次，应符合特别法方面的要求，如男女双方平等，保护妇女、儿童和老人的合法权益。

夫妻财产协议应符合以下条件：

（1）夫妻双方具有合法的身份。

（2）夫妻双方必须具有完全行为能力。

（3）夫妻对财产的约定是基于其真实的意思表示，如果任一方采取欺诈、胁迫等手段迫使另一方违背自己的真实意思而签订夫妻财产协议，该协议无效。

（4）夫妻约定的内容必须合法。夫妻不能利用财产协议来规避法律以损害国家、集体或他人的利益，不能违背社会公共利益。约定的内容不能超过夫妻财产的范围，也不能利用约定逃避对第三人的债务或其他法定义务。

（5）约定一定采用书面形式。

## 五、财产的分割方法

1. 实物分割

对于共有财产的分割，在不影响共有财产的使用价值和特定用途时，可以采取实物分割的方式。可以进行实物分割的共有物一般是可分物，如粮食、布匹等。

2. 变价分割

如果共有财产不能分割或者分割有损其价值，而且各共有人都不愿意接受共有物时，可以将共有物出卖，由各共有人分别取得价金。

3. 作价补偿

对于不可分割的共有物，共有人中的一人愿意取得共有物的，可以由该共有人取得该共有物。对于共有物的价值超出其应得份额的部分，取得共有物的共有人对其他共有人作价补偿。

# 任务3 财产分配的原则

实际操作中，每个客户进行财产分配的动机和目标互有不同，理财规划师要根据客户的需求，协助客户明确并确定其自身的财产分配目标。不同客户的目标虽有不同但都不能脱离基本的原则，这也是理财规划师在协助客户确定目标时要提醒客户注意的。财产分配目标的确定一般应遵循以下几个原则。

## 一、风险隔离原则

理财规划师在为客户确定财产分配规划的时候，首先要考虑客户财产的安全。一般来说，需要进行财产分配规划的客户多为参与各种形式经营活动、多婚多子女的家庭、跨国婚姻的双方以及婚前就有大量财产的人。对于这类客户来说，他们需要对婚前和婚后财产通过财产分配工具的运用进行不同的财产安排，保障个人财产的安全，并更好地履行对其他家庭成员的义务。对参与各种经营的客户，还需要在经营风险和家庭财产之间布下防火墙，以抵御经营风险对家庭财产的侵扰，从而保证家庭成员的正常生活不受影响。

## 案例分析

38岁的小张是一家公司的高管，妻子在家做家庭主妇，有一个儿子9岁尚在上小学，家庭大概有可支配财产800万元。现在有一个很好的投资机会，一个朋友邀请他一起投资合伙企业，前景非常看好，但是根据我国法律规定合伙企业的普通合伙人对债务承担的是无限连带责任，而且根据我国《婚姻法》的规定，我国实行的是夫妻共同财产制，也就是说如果小张与妻子没有进行婚姻财产的约定，小张的妻子对合伙企业的债务也有偿还责任。考虑到家庭生活的稳定性需要和孩子将来的上学费用，小张非常矛盾，便找到理财规划师咨询。

【解析】小张的理财目的有三方面：增加家庭财富、维持家庭生活稳定和保障子女的抚养教育。小张考虑投资合伙企业是为了实现增加家庭财富的目标，但是他担心投资的风险会影响全家的生活。为了减少小张的后顾之忧，可以建议小张一方面是用夫妻的约定财产制并对约定进行公证以隔离夫妻财产的风险，一方面设立信托来保证孩子的教育费用，这时子女教育信托也起到了风险隔离的作用。具体建议为：小张与妻子作婚姻财产约定，200万元归妻子所有，然后到公证处进行公证。另与信托公司签订一份信托合同，将可支配财产中的200万元作为信托财产转移到信托公司的名下，由信托公司作为受托人对信托财产进行管理、运用，信托财产的受益人为小张的儿子。所支配财产中剩下的400万元，小张可以放心投入合伙企业了。

## 二、合情合法原则

理财规划师在为客户确定财产分配目标时，要注意不仅要合法也要合情。所谓合法，是指不违反与财产分配有关的法律规定，比如为客户进行风险隔离规划时要遵守相关法律法规的规定，不能违法操作。因此，在为客户提供财产分割意见时，理财规划师不能为了迎合客户需要而损害其他家庭成员的利益，也要避免这种行为可能为客户带来的法律责任。

所谓合情，是指财产分配要合乎情理，从协调客户及其家庭成员间关系入手，并考虑各个家庭成员（主要是夫妻二人）对家庭的付出和贡献，这样可以减少财产分配方案在实施中可能遇到的障碍。

在进行财产分配规划过程中，理财规划师要对客户可能出现的三种错误思想倾向予以纠正：①认为财产在谁手中就归谁所有的倾向。事实上，只要是婚后所得财产，除非有特殊约定，不管财产在谁的手里，都是夫妻共同财产。②认为夫妻一方没有经济收入或经济收入较少就没有财产安排权的倾向。而按照有关规定，只要是夫妻共同财产，夫妻双方就享有平等的所有权。在一般情况下，夫妻对共同财产的分割要平均；对共同债务，要平均承担。③在客户有离婚情形时，一方想以多占有财产作为同意离婚的交换条件的倾向。离婚与财产分割是两个性质不同的问题，不能混在一起相提并论。

## 三、照顾妇女儿童原则

抚养教育未成年子女是家庭的一个中心问题，因此，在财产分配规划的制定过程中，要充分考虑子女的同题，尤其在夫妻离婚的情况下，为了防止因夫妻离婚而影响未成年子女的学习和生活。在分割夫妻共同财产时，充分考虑子女的利益就显得尤为重要。同时还要特别注意的是在分配夫妻共同财产时，不要侵害到未成年子女的合法财产。未成年子女的合法财产包括：未成年通过赠与获得的财产；通过自己的特殊技能而获得的报酬和奖金；以及国家法律政策明文规定给未成年人的财产。未成年人的合法财产，不列入夫妻共同财产进行分割。对于客户在子女教育和激励方面有特殊需要的，理财规划师除了为客户提供普通的子女教育规划，还可以为客户定做子女教育信托和子女激励信托。

另外，在我国现阶段，妇女在多数情况下是一个弱势群体。妇女由于生理上的原因和在家庭中所担任的角色，使得她们不仅要担负生育子女和抚养下一代的社会责任，而且还要工作，因此她们所面临的困难和压力更大一些。正因如此，离婚时在财产分割方面，给予妇女适当照顾，是世界多数国家的做法。我国社会保障与福利制度还不健全，离婚分割夫妻共同财产时应给予女方一定的照顾。这里的“照顾”，既可以指在财产份额上给女方适当多分，也可以指在财产种类上将某项生活中特别需要的财产，如住房，分配给女方。在照顾子女利益上，要根据子女的生活和学习的需要，给抚养未成年子女的一方，适当多分一些财产。

## 四、有利方便的原则

通常，在共同共有关系终止时，对共有财产的分割，有协议的按协议处理，没有协议的，应当根据等分原则处理，同时考虑各共有人对共有财产的贡献大小，并适当照顾共有人生活的实际需要。分割夫妻共同财产时，原则上也应当均等分割。当然，根据生活的实际需要和财产的来源，具体处理时也可以有所差别。这就是夫妻离婚时财产分割坚持有利方便原则的法律依据。坚持这个原则，要求夫妻离婚在分割财产时，不应损害财产的效用、性能和经济价值。夫妻共同财产，从财产的用途上来划分，可以分为生产资料和生活资料。对于共同财产中的生产资料，在分割时，应尽可能分给需要该种生产资料，能够充分发挥该种生产资料效用的一方，从而有利发展生产，保证生产活动的正常进行。对于共同财产中的生活资料，分割时，要尽量满足个人从事的专业和职业的需求，如个人从事某个职业所需要的书籍、器具等，以发挥物的使用价值。

对于一些特定物品，如奖章及类似的其他特定物，离婚时应当将这些特定物品分给获得者一方，同时相应地考虑对另一方给予适当的经济补偿，或相应地多分一些其他财产作为补偿。

## 五、不得损害国家、集体和他人利益的原则

权利不得滥用，这是公民行使权利的基本准则，也是离婚分割夫妻共有财产的原则之一。这一原则要求，夫妻在离婚分割财产时，不得把属于国家、集体和他人所有的财

产当作夫妻共同财产进行分割，不得借分割夫妻共同财产之名损害其他人的利益。坚持这一原则，就要保护家庭共有人的合法权益。家庭共有财产包括夫妻共同财产和其他家庭成员的财产，因此，在分割夫妻共有财产时，首先要把其他家庭成员的财产划分出来，如果夫妻作为合伙人与其他人设立合伙企业，在离婚分割共同财产时，不能擅自分割合伙财产，必须从合伙财产中扣除其他合伙人的财产份额，属于夫妻共同财产的部分才能分割。对于夫妻双方通过约定分割共同财产的，如果该约定合法有效，分割夫妻共同财产应当遵从其约定；如果该约定损害了国家、集体和其他人的利益，该约定无效。若夫妻双方把共同财产约定归一方所有，或把共同债务约定由一方承担，但未告知债权人，从而损害债权人利益的，该约定对夫妻双方有效，对债权人不产生法律效力。

## 任务4　财产分配工具

财产分配规划中所涉及的工具主要有公证、信托两种。

### 一、公证

本教材所讨论的公证主要指夫妻财产约定协议公证。夫妻财产约定协议公证是依法对夫妻或“准夫妻”各自婚前和婚后财产、债务的范围及权利归属问题所达成的协议的真实性、合法性给予证明的活动。它包括两个方面内容：一是对将要结婚的男女双方之间的财产协议进行公证，二是对已经结婚的夫妻双方之间的财产协议进行公证。存在财产协议是财产公证适用的前提。

#### （一）夫妻财产约定协议公证的意义

我国夫妻财产的约定制度，对夫妻双方在财产权属方面给予了很大的空间。既明确了夫妻个人财产和共同财产，又给予了夫妻双方的自由约定权，即夫妻双方既可以将婚前财产约定为共有财产，也可以将婚后财产约定为个人财产。公证处凭着自身的特有证明效力，介入夫妻财产约定领域，可以更好地保护夫妻各方的财产权，起到预防和减少夫妻双方发生财产纠纷的作用。

（1）夫妻财产约定协议申请公证的，公证人员可以从法律专业角度对约定协议的合法性予以把关，充分审查约定内容是不是法律所允许的财产权利，约定是否出于双方自愿、有没有不公平现象的存在、有没有损害第三人合法权益。同时也让夫妻双方知道哪些财产是可以约定的，哪些财产是不可以约定的，约定财产后会有什么法律后果等。

（2）经过公证的夫妻财产约定协议，可以为有关财产登记主管机关提供有效的登记依据。公证处对夫妻财产约定协议的公证，不仅从约定内容的合法性进行审查，也对约定双方的主体资格和真实性予以审查，从而保证了约定的真实合法有效。因此，登记机关在采纳经公证的约定协议时，可以直接采用，而对于未经公证的约定协议，登记机关不仅要额外增加审查的负担，而且加大了由于登记错误而承担责任的风险。

### （二）夫妻财产约定协议公证的种类

1. 婚前财产约定协议公证

婚前财产约定协议公证是指公证机构根据当事人的申请，依照法定程序对男女双方订立的婚前财产约定协议书的真实性、合法性予以证明的活动。它有助于明确夫妻双方婚前财产的数量、范围、价值和产权归属，是解决婚姻、财产纠纷的可靠的法律依据，对于稳定家庭关系和财产关系，预防婚姻纠纷，保护夫妻双方合法权益，促进社会的安定团结起到了良好的效果。

进行婚前财产约定协议公证的双方不仅包括未婚男女，还包括有意愿进行公证的夫妻。已婚夫妻办理婚前财产公证，只涉及各自的婚前财产，而不涉及婚后双方取得的财产。对于结婚前有大量财产的人士，特别是曾经有过离异经历且事业处于鼎盛时期的很多再婚人士，再婚前都会在私人财产保护上有所考虑，对另一方的结婚动机产生怀疑，对于这类客户，婚前财产约定公证是财产保护的有效方式之一。

## 案例分析

20世纪90年代初，新婚不久的许女士和丈夫双双下海，经营服装生意，以后又办家具厂、做汽配生意，有了自己的公司、办公大楼、豪华住宅和高级轿车等，资产超过了千万元。然而随着财富的增长，夫妻间的感情却出现破裂。双方于2000年下半年离婚，许女士得到了约700万元的财产和5岁的女儿。以后，许女士一心一意打理自己的生意，家产也像滚雪球一样越滚越大。2002年3月，许女士认识了范某，春节前，许女士和范某确定了“朋友”关系。不到一年的时间里，范某已从她手里拿走了近20万元，而且要钱的次数还越来越勤，她不禁对范某产生了怀疑。可范某却信誓旦旦地说他所花的钱都用来为她买礼物和结交关系了，许女士相信了范某，并决定国庆节和范某完婚。在朋友的提醒下，许女士决定在婚前进行财产公证，注明自己的财产范某没有所有权和处分权，财产今后由他女儿全部继承，范某不能染指。此后两人多次约定到公证处去办理手续，可每次事到临头范某总是以各种借口推脱，有一次甚至到了省公证处附近又掉头走了。婚前10多天，范某向许女士借了50万元钱，从此便杳无音信。后来她得知范某因参与一桩诈骗案落入法网，被判有期徒刑两年。她很庆幸婚前财产公证这道关为她挡住了这个骗子。

2. 婚后财产约定协议公证

我国现行法律实行的是夫妻法定财产制和夫妻约定财产制相结合的制度。夫妻法定财产是指夫妻在婚前或婚后均没有对双方共有的财产做出约定或者约定不明确时，依照法律的规定直接对夫妻之间的财产所做的划分。在夫妻法定财产制中，婚姻存续期间的工资、奖金，生产、经营的收益，知识产权的收益，金融资产，因继承或赠与所得的财产等都属于夫妻共有财产。这种单一的法定财产制不利于婚姻生活中夫妻双方保持必要的财产独立性，也无法适应每个家庭的理财特点。而夫妻双方在婚后各自保持必要的财产独立，对财产的归属进行约定，是行使和保障个人权利的途径。特别是对于一方或双方为再婚的夫妻来说，他们对事务的处理一般都较为明智，尤其是有子女的一方或双方，他们不仅要考虑如何维护正常的夫妻关系，更多的还要考虑各自财产权属问题。婚后财产约定协议公证，既有利于稳定夫妻关系，又有利于维持正常的家庭关系和子女关系。

3. 办理财产约定协议公证

办理夫妻婚前、婚后财产约定协议公证，当事人应亲自向户籍所在地公证处申请，由当事人填写公证申请表，并向公证处提交下列证明材料：

（1）夫妻双方的身份证明。夫妻双方申办公证必须双方亲自到公证处申请，并提供各自的身份证或其他身份证明。

（2）办理婚前财产约定协议公证的，应由双方当事人按照新婚姻登记条例的规定分别发表无配偶的声明；办理婚后夫妻财产约定协议公证的，应提供结婚证或者其他夫妻关系的证明。

（3）申请公证的财产约定协议书，当事人书写有困难的，公证人员可代书。夫妻财产约定协议应包括以下内容：当事人的姓名、性别、职业、住址等基本情况；现有夫妻财产的名称、数量、规格、种类、价值、状况等；现有夫妻财产的归属及今后夫妻关系存续期间所得财产的归属；夫妻关系存续期间财产的使用、维修、处分的原则；其他约定，如共同债务如何清偿，财产孳息归属等。

（4）被约定财产的所有权证及其他证明。

（5）公证人员应当提交的其他证明。

4. 夫妻财产约定协议公证的审查

公证机关对夫妻财产约定协议进行公证之前，要对该协议进行审查。主要包括以下几个方面：

（1）要对夫妻所约定的财产范围、性质进行审查，看是否有违反法律规定的内容。夫妻必须遵守以下原则：法律明确规定为一方专有物品的，就不得约定为夫妻共同所有。如一方因身体受到伤害获得的医疗费、残疾人生活补助费等费用，就不得约定为夫妻共同所有。

（2）要看约定本身是否符合法律的规定。比如在约定主体方面，约定主体在约定时必须具有完全的民事行为能力。婚前财产约定的主体可以是未婚的男女青年，也可以是已婚的夫妻双方；婚后财产约定的主体必须是具有合法夫妻身份的男女双方。主观方面，约定必须出自当事人双方真实的意愿。在约定时间上，婚前财产约定可以在双方结婚登记前约定，也可以在双方结婚登记后约定；婚后财产约定可以在婚姻关系存续期间的任何时期约定。

（3）要看夫妻双方在债务的约定方面是否损害了第三人的合法权益。如果双方约定原所有的夫妻共同债务由一方承担的，应经得债权人的同意，否则，即使进行了公证该约定也不会对债权人产生约束力。

5. 办理夫妻财产约定公证应注意的问题

（1）不得违背法律的规定。当夫妻发生对外重大债务时可能会想方设法逃避债务，也可能会选择夫妻财产约定来实现其逃避债务的目的。但这种做法明显是违反法律规定的，不仅会导致夫妻财产协议的无效，还可能会承担相应的民事责任。

（2）注意约定的对外效力。合伙企业的普通合伙人对企业的债务承担无限连带责任，个人独资企业的企业主对企业的债务承担无限责任，如果夫妻一方将创立合伙企业或个人独资企业，为防止经营失败给家庭带来的风险，夫妻双方通常会约定将婚后部分财产（如房产、汽车等贵重财产）归另一方所有，这种约定是合法的。但要注意，在日常的经营活动中，从事经营的一方应将该夫妻财产约定告知第三人，否则该约定对第三人无效。这种告知最好是书面形式，以防止发生纠纷时因不能举证而带来的风险。

（3）要尽量将法律未明确的重要事项在具体约定中加以明确。这些内容包括夫妻财产约定的生效、变更或撤销等问题，同时要了解夫妻财产约定适用的法律应该是《婚姻法》，而不是《合同法》，避免在公证书中出现引用法律错误。

（4）应注意到约定财产的静态性和动态性问题。这里说的财产静态性，是指约定书中涉及的某项具体财产，如具体现存的房屋、汽车、银行存折、股票账户，等等。这些财产是现实已存在的特定物，在夫妻财产约定书中，表现为静态财产。财产动态是指在夫妻财产约定书中约定的某项财产随夫妻关系的存续而发生增值、减值、消灭、所有权的转移等情况。

夫妻财产约定是时代发展的产物，夫妻财产约定的完善和发展也体现了时代的进步。具体到婚姻当事人来说，在选择夫妻财产约定时应慎重，需同时考虑两个问题：其一是结合自身情况考虑是否有必要做出财产约定，因为财产约定并不普遍适用；其二是在选择财产约定时不要忘了公证，因为公证能给当事人提供一种在目前的立法现状下最佳的、最能充分保障当事人财产权益的法律途径，最终让婚姻更美好，让家庭更稳定，让社会更加丰富多彩。

## 二、信托

财产分配和传承规划都属于客户私人事务的范畴，而信托是被世界各国所普遍采用的私人事务管理工具，其主要优势体现在管理机制的灵活设计及对客户私人信息的绝对保密，可以更好地实现客户的财产及生活目标。通常，这种应用于私人事务管理的信托被称为个人信托。

个人信托是指委托人（特指自然人）基于财产规划的目的，管理或处分信托财产的行为。图 9－2 列示了个人信托的基本流程。

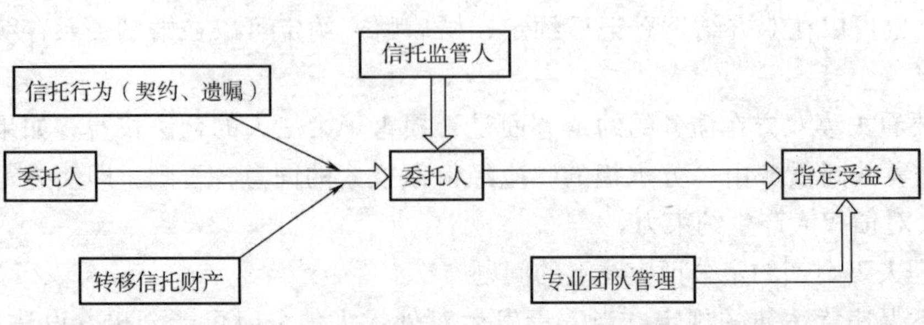


图 9－2　个人信托流程图

个人信托制度弥补了许多财产制度的不足。财产的所有者不仅可以通过信托设计实现个性化财产分配与传承目标，而且可以避免很多财产上的纷争，更好地协调了人与人之间的关系。可见，个人信托是实现财产分配和传承的有效渠道。依照受益人及信托目的的不同，个人信托可以分为婚姻家庭信托、子女保障信托、养老保障信托和遗产管理信托四类。

1. 婚姻家庭信托

婚姻家庭信托的目的是保证家庭或夫妻一方在未来遭受风险时，家庭及个人生活能够正常维系。婚姻家庭信托由夫妻一方或双方作为委托人签订信托合同，将一定财产权委托于受托人作为信托投资，该财产独立于委托人的家庭财产。由受托人按照约定管理处分。这种信托一般具有家庭破产时保障家庭基本生活、规避离异配偶或其再婚配偶恶意侵占财产等作用。

夫妻财产的约定及公证，都是为了使家庭财产权属清晰，以减少财产分配中产生的纠纷。不过，这时的财产还是由夫妻双方共同支配，处在双方共同的管理之下。这样，一旦婚姻关系中有恶意的一方，或者其他有恶意的第三人对财产进行侵犯，财产所有者的权益还是得不到保障，这部分财产也无法发挥对个人及家庭的保障功能。

婚姻家庭信托基于这种需要而产生，其既可以将财产独立于家庭及个人，又可以保持所有者所有权不变。由于信托财产和委托人本人的其他财产是隔离的，具有独立性，使得信托制度本身就具备了规避风险的功能。信托财产在信托存续期间，无论是委托人、受托人、受益人，抑或是他们的债权人，对信托财产都不能任意支配；此外，受托人拥有的固有财产和信托财产，两者分列账户，专款专用，相互之间也不可混用；不同委托人或同一委托人不同目的的信托财产之间也不能相互混用、交易，必须保持绝对的独立性。这样，纳入信托的财产就不会受到其他财产所受风险的波及，进而使受益人的利益得到安全保障，使委托人达成自己的心愿。

2. 子女教育信托

子女教育信托是指由委托人（父母、长辈）和受托人签订信托合同，委托人将财产转入受托人信托账户，由受托人依约管理运用，定期或不定期地给付信托财产于受益人（子女），作为其抚养、教育及创业之用。这种信托广泛运用于海外留学费用的给付、离异抚养子女的抚养费、未来孩子教育及创业基金等。这部分内容在《理财规划师·国家职业资格三级专业能力》一书的教育规划部分有详细的介绍，在此不再赘述。

3. 养老保障信托

养老保障信托是指由委托人和受托人签订信托合同，委托人将资金转入受托人的信托账户，由受托人依照约定的方式替客户管理运用；信托合同中约定信托资金用于支付受益人（自己或其配偶）未来的退休生活费用，受托人在信托合同存续期间依照信托合同妥善处理、适当分配，以实现退休后委托人维持一定生活品质的目标。这种信托是退休规划的有效工具，可以有效弥补我国目前社会养老保险体制的不健全，因此，也是退休规划的重要工具之一。

4. 遗产管理信托

遗产管理信托是委托人预先以立遗嘱或者订立遗嘱信托合同的方式，将财产的规划内容，包括交付信托后遗产的管理、分配、运用及给付等，详定于其中。委托人死亡后，遗嘱或合同生效时，再将信托财产委托给受托人，由受托人依据信托内容，也就是委托人的意愿来负责所交办的事项，管理处分信托财产。这种信托的作用包括：帮助没有能力管理遗产的遗孀遗孤、按遗嘱人生前愿望管理信托财产；合理分配遗产，避免遗产纷争，等等。信托是经过实践证明的，进行财产传承规划最有效的工具，在财产传承规划一节中，我们会详细介绍理财规划师如何使用信托来为客户制定财产传承规划。

# 项目三　财产传承规划

## 情景设计

张先生与李女士2002年结婚，2005年生下一女儿取名张文。2010年张先生在个体经营中认识了王女士后很快发展成为“情人”关系，2011年张先生为王女士花50万元购一房产，房产证办在王女士名下，2012年张先生与王女士生下一儿子取名张武。2015年张先生突患疾病死亡，留下遗书将个人财产30万元赠与王女士。李女士查清其与张先生的共同财产为150万元，在查账中发现张先生为王女士花50万元买的房产，李女士于是起诉王女士要求其交出房产。而王女士和张武起诉李女士和张文，要求分割张先生的遗产。

根据上诉情景，假如你是一位理财规划师，应该如何做出遗产分配方案？

## 任务1　认知遗产分配规划

家庭财产传承规划是指当事人在其健在的时候通过选择遗产管理工具和制定遗产分配方案，将拥有或控制的各种遗产或负债进行安排，确保自己去世或丧失行为能力时能够实现家庭财产的代际相传或安全让渡等特定目标。理财规划师在制定家庭财产传承规划时，需要分析客户财产传承的需要，理财规划师必须全面了解客户的财产情况，明确家庭成员在家庭传承中的地位和继承顺序，熟悉继承制度的相关法律规定。

### 一、遗产范围

财产传承规划中涉及的财产就是遗产。遗产是公民死亡时遗留的个人合法财产。依照《继承法》的规定，遗产包括：公民的收入；公民的房屋、储蓄和生活用品；公民的林木、牲畜和家禽；公民的文物、图书资料；法律允许公民所有的生产资料；公民的著作权、专利权中的财产权利；公民的其他合法财产。遗产的范围很广泛，但是也有一些财产权力不能作为遗产，常见的如下：

（1）与被继承人人生不可分的人身权利。如姓名权、名誉权的人格权。

（2）与人身有关的和专属性的债权债务，因为这些债权债务具有不可转让性，因此不属于遗产。如父母享有的要求子女对其进行赡养的权利。

（3）国有资源的使用权。被继承人生前依法取得和享有的国有资源使用权，虽然属于用益物权，但因其取得须经特别程序，是授予特定人的，因此，不能列入遗产。

（4）承包经营权。我国《继承法》第四条规定：“个人承包的个人收益，依照本法规定继承。个人承包，依法律允许由继承人继续承包的，按照承包合同办理。”依该条规定，承包经营权不能作为遗产。

## 二、家庭成员在家庭传承中的地位

### （一）配偶

构成家庭财产继承关系的配偶是指合法的婚姻关系的当事人，或者符合法律关于事实婚姻关系规定的当事人。在合法婚姻关系存续离间，夫妻双方以配偶的身份相互享有的继承权受法律保护，此时双方履行了结婚登记程序，或婚姻关系未经法定程序依法解除，大致包括以下几种情况：

（1）双方当事人依法办理了结婚登记手续，领取了结婚证，但尚未举行结婚仪式，或尚未同居的，一方死亡，另一方可以以配偶身份继承遗产；反之，如双方当事人已经举行了结婚仪式，或已同居，但尚未依法办理结婚登记手续的，一方当事人死亡，另一方不得以配偶身份继承遗产（合法的事实婚姻配偶除外）。

（2）夫妻双方因感情不和已经分居，不论分居的时间长短，分居期间一方死亡的，另一方仍可以配偶的身份继承遗产。

（3）夫妻双方协议离婚，已经达成离婚协议，但在依法办理离婚手续期间，一方死亡的，另一方仍可以配偶的身份继承遗产。

（4）夫妻双方已经向法院起诉离婚，在离婚诉讼过程中，或在法院的离婚判决生效前，一方死亡的，另一方仍可以配偶的身份继承遗产。

### （二）子女

父母和子女有相互继承遗产的权利。我国《继承法》规定：“本法所说的子女，包括婚生子女、非婚生子女、养子女和有抚养关系的继子女。”

1. 婚生子女

我国《继承法》第九条明确规定：“继承权男女平等。”因此，依法享有法定继承权的婚生子女，不论是男是女，不论是已婚还是未婚，不论随父姓还是母姓，不论婚后女到男家落户还是男到女家落户，均是法定继承人，依法享有平等的继承权。

2. 非婚生子女

在我国，法律规定非婚生子女与婚生子女的法律地位完全相同，法律有关父母子女间的权利和义务，同样适用于父母与非婚生子女。婚生子女作为其生父母的继承人，可根据出生的事实加以确定，其身份关系一般不需特别证明。但非婚生子女作为其生父母的继承人，其身份则需要特别予以证明。

非婚生子女的认领，有自愿认领和强制认领两种形式，通过认领使非婚生子女与生父的血缘关系得以确定，从而保护非婚生子女的合法权益，而准正则使非婚生子女取得婚生子女的资格。我国法律目前尚无关于非婚生子女的认领和准正的规定。在实践中，如非婚生子女的生父母结婚的，则无须另行确认亲子关系；如非婚生子女与生父母关系不明确或有异议的，则应向人民法院提出确认之诉，由法院查证后予以判决。目前，主要通过以下几种方法认定：①生父在其户口簿或档案中明确承认的，或生父在其生前已承认的。②生母有确切证据证明或有其他人证、物证可以证明的。③通过 DNA 或其他科学方法可以确认的。

3. 养子女

我国（婚姻法》规定："国家保护合法的收养关系，养父母和养子女间的权利和义务，适用本法对父母子女关系的有关规定。养子女与生父母之间的权利和义务，因收养关系成立而消除。"据此，我国养子女的法律地位与婚生子女的法律地位完全相同，养子女与养父母之间互为第一顺序法定继承人。但是，养子女和生父母之间的权利和义务，因收养关系成立而消除，即生父母不再承担抚养教育被收养子女的义务，被收养的子女也没有赡养生父母的义务；被收养子女和生父母之间也不再享有继承权。

4. 形成扶养教育关系的继子女

在我国，继父母与子女间的亲属法律地位分为两种：一是直系姻亲父系；二是继父母子女之间形成了事实上的扶养教育关系，双方由姻亲关系转化为拟制血亲的关系，形成法律拟制的父母子女关系。前者，继子女能作为其生父母的法定继承人继承遗产，但不能作为继父母的法定继承人继承遗产；后者，继子女则既可作为其生父母的法定继承人继承遗产，同时也作为其继父母的法定继承人继承遗产。

**（三）父母**

父母和子女有相互继承遗产的权利。我国《继承法》规定："本法所说的父母，包括生父母、养父母和有扶养关系的继父母。"

1. 生父母

生父母与其子女间有着自然的血缘关系，生父母与其生子女共同生活，在依法履行抚养教育子女义务的同时，也依法享有对其子女的继承权。但如果生子女被他人收养，父母与子女间的权利义务关系就会因此解除，生父母对其生子女不再享有法定的遗产继承权。

2. 养父母

养父母子女间并无自然的血缘联系，但由于确立了收养关系形成的法律上的拟制血亲关系，相互间产生了法定的权利和义务，成为法定继承人，与生父母处于同等的法律地位。在收养关系存续期间养父母是养子女的法定继承人。

3. 形成抚养教育关系的继父母

如果继父母对继子女尽了抚养教育义务，父母与子女之间就形成了事实上的扶养关系，这样，继父母与生父母享有同等的法律地位，属于法定继承人的范围，依法对继子女的遗产享有继承权。

**（四）兄弟姐妹**

兄弟姐妹是血缘关系中最近的旁系血亲。依据《婚姻法》的规定及有关司法解释，兄弟姐妹在一定条件下，相互负有法定的扶养义务，同时也是法定的继承人，将相互享有继承遗产的权利。依据我国《继承法》第十条的规定，作为法定继承人的兄弟姐妹，包括同父同母的兄弟姐妹、同父异母或者同母异父的兄弟姐妹、养兄弟姐妹和有扶养关系的继兄弟姐妹。

**（五）祖父母、外祖父母**

祖父母、外祖父母是孙子女、外孙子女除父母外最近的直系亲属。依据我国《婚姻法》及有关司法解释的规定，有负担能力的祖父母、外祖父母，对于父母已经死亡或父母无力抚养的未成年孙子女、外孙子女，有抚养的义务。这意味着祖父母、外祖父母在一定条件下，有抚养孙子女、外孙子女的义务，同时也享有继承孙子女、外孙子女遗产的权利。我国《继承法》将祖父母、外祖父母作为孙子女、外孙子女的法定继承人，依法对孙子女、外孙子女的遗产享有继承权。

**（六）姻亲关系**

儿媳与公婆、女婿与岳父母是以婚姻关系为纽带而产生的亲属关系，属于姻亲关系。从婚姻家庭的法律关系上讲，姻亲间没有法定的权利和义务，因而，他们之间没有赡养、抚养的权利义务关系。因此，在正常的情况下，他们之间不发生法定继承关系。但我国《继承法》第十二条规定：“丧偶儿媳对公、婆、丧偶女婿对岳父、岳母，尽了主要赡养义务的，作为第一顺序继承人。”这是我国《继承法》的一个突出特色。

丧偶儿媳、女婿作为第一顺序法定继承人的前提条件，必须是对公婆、岳父母尽了主要的赡养义务，最高人民法院《关于贯彻执行〈中华人民共和国继承法〉若干意见》第三十条明确规定：“对被继承人生活提供了主要经济来源，或在劳务等方面给予了主要扶助的，应当认定其尽了主要赡养义务或主要扶养义务。”具体包括以下三个方面：一是对老人进行了生活上的照顾和精神上的抚慰；二是对老人进行了经济上的扶助和供养；三是对老人的赡养具有长期性、经常性和稳定性。

## 任务2　提供遗产分配咨询服务

制定遗产规划方案的基本流程如图 9－3 所示。

### 一、客户信息的收集与整理

1. 客户家庭构成及家庭成员信息的收集

客户家庭构成及家庭成员的生活状况都会对继承产生影响，因此在向客户提供遗产规划前要先了解客户家庭成员的构成及家庭成员的信息，具体操作方法同财产分配规划一样。

2. 客户财务状况的收集

客户的财务状况决定着可分配遗产的规模，因此，在进行遗产规划前要详细了解客户的资产情况和负债情况。

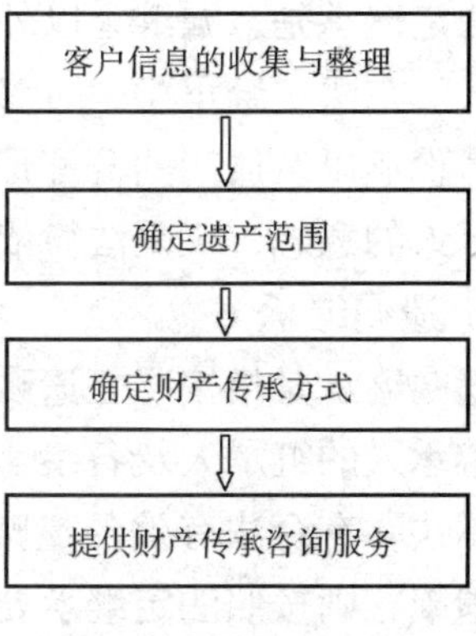

图 9－3　财产分配规划基本流程图

## 二、确定遗产范围

理财规划师根据收集的客户信息，为客户制作遗产清单（表9－3），并交客户核对。

**表9－3　　遗产清单**

| 姓名 | | | 日期 | | |
|---|---|---|---|---|---|
| 资产 | | | 负债 | | |
| 种类 | 权属 | 价值 | 种类 | 权属 | 价值 |
| | | | | | |
| | | | | | |
| | | | | | |
| | | | | | |

在了解客户家庭结构、家庭成员信息的基础上，帮助客户制定遗产继承人清单（9－4）。遗产继承人清单由客户按照自己的意愿列出，以避免在制订遗产计划时有遗漏。

**表9－4　　遗产继承人清单**

| 序号 | 继承人姓名 | 性别 | 年龄 | 与被继承人关系 | 身体状况 | 生活状况（有无收入来源） | 备注 |
|---|---|---|---|---|---|---|---|
| 1 | | | | | | | |
| 2 | | | | | | | |
| 3 | | | | | | | |

## 三、确定财产传承方式

1. 法定继承

法定继承是指在被继承人没有对其遗产的处理立有遗嘱的情况下，由法律直接规定继承人的范围、继承顺序、遗产分配的原则的一种继承形式。法定继承又称为无遗嘱继承。

法定继承是遗嘱继承以外的依照法律的直接规定将遗产转移给继承人的一种遗产继承方式。在法定继承中，可参加继承的继承人、继承人参加继承的顺序、继承人应继承的遗产份额以及遗产的分配原则，都是由法律直接规定的。因而法定继承并不直接体现被继承人的意志，仅是法律依推定的被继承人的意思将其遗产由其亲近亲属继承。

2. 遗嘱继承

遗嘱继承是指按照立遗嘱人生前所留下的符合法律规定的合法遗嘱的内容要求，确定被继承人的继承人及各继承人应继承遗产的份额。遗嘱必须符合法定形式。根据我国的继承法，有合法有效的遗嘱，被继承人死亡时，按照遗嘱执行继承；如果没有合法有效的遗嘱，则按照法定继承处理。

遗嘱的形式主要有公证遗嘱、自书遗嘱、代书遗嘱、录音遗嘱、口头遗嘱等，其中以公证遗嘱的证明力最高。

经公证证明的遗嘱为公证遗嘱。办理遗嘱公证，遗嘱人应当亲自到公证处办理，不能委托他人代办。公证遗嘱必须采用书面的形式，如遗嘱人亲笔书写遗嘱，要在遗嘱上签名或盖章，并注明年、月、日，公证人员对遗嘱审查后认为合法有效的，予以公正；如遗嘱人口头叙述遗嘱，要由公证人员进行笔录，经过公证人员向遗嘱人宣读并确认无误后，由公证人员和遗嘱人共同签名盖章，并注明设立遗嘱的地点和年、月、日。公证人员对遗嘱经过审查后认为合法有效的，予以公证，并具《遗嘱公证证明书》，公证书由公证机关和遗嘱人分别保存。

自书遗嘱是遗嘱人亲笔书写的遗嘱。自书遗嘱必须由遗嘱人亲笔书写遗嘱的全部内容，并在上面签字，注明年、月、日。自书遗嘱不能交由他人代笔，也不能打印。

代书遗嘱是由他人代笔书写的遗嘱。代书遗嘱需符合以下条件才能生效：遗嘱人口述遗嘱内容，由见证人代替书写；代书遗嘱必须有两个以上见证人在场见证，代书人、见证人和遗嘱人必须在遗嘱上签名，并注明年、月、日。

## 知识拓展

遗嘱代书人、见证人的要求

（1）遗嘱代书人、见证人应是成年人或是16周岁以上以自己的劳动收入为其主要生活来源的人。

（2）遗嘱代书人、见证人必须是理智健全的正常人。精神失常、丧失理智的人，是无行为能力人或者限制能力行为的人，所以不能作为遗嘱代书人和见证人。

（3）遗嘱代书人、见证人必须是能够了解遗嘱内容、知晓遗嘱所用语言的人。在通常情况下，盲人、文盲、不知晓遗嘱所用语言的人，不能成为该遗嘱的代书人或见证人。

（4）遗嘱代书人、见证人必须是与继承遗产无利害关系的人。继承人、受遗赠人和与继承人、受遗赠人有利害关系的人，由于他们与继承死者的遗产有切身之利害关系，所以不能作为遗嘱代书人、见证人。

录音遗嘱是立遗嘱人通过录音或录像的形式，确定其遗嘱的内容。录音遗嘱同代书遗嘱一样，需要有两个以上的见证人在场，并将其见证的情况进行录音、录像。完成后，应将录音、录像内容封存，封口由见证人及遗嘱人签名盖封。

口头遗嘱是指在危急情况下所立的遗嘱。口头遗嘱生效的条件是：须在危急情况下才可以立口头遗嘱；口头遗嘱应当由两个以上见证人在场见证。危急情况解除后，遗嘱人能够用书面或者录音形式立遗嘱的，先前所立的口头遗嘱无效。

遗嘱的内容是遗嘱人在遗嘱中表示出来的对自己财产处分的意思，是遗嘱人对遗产及相关事项的处置和安排。遗嘱的内容一般包括以下几个方面：指明遗产的范围和名称及其具体数量；指定遗产继承人或者受遗赠人；说明遗产的分配方法或份额；对遗嘱继承人或受遗赠人附加的义务；再指定继承人；指定遗嘱执行人。

## 四、提供财产传承咨询服务

遗产规划的目标是通过向客户提供适合可行的遗产规划咨询服务，使其遗产可以按照自己的真实意愿进行分配，真正解决后顾之忧。理财规划师需要完成以下几个方面的工作：

（1）理财规划师在向客户提供财产传承咨询服务时，需要根据客户需求界定客户所需要的相应财产文本文件的类型，并说明其用途及填制意义。

（2）根据客户的实际财务状况，向客户进行相关注意事项的提示，尤其是提醒客户注意影响文本生效的情形。

## 五、财产传承规划的影响因素

理财规划师应当根据不断变化的情况对财产传承规划方案进行调整。一般生活中，能够影响财产传承规划的因素主要有以下几个。

**（一）子女的出生或死亡**

子女的出生或死亡对家庭的影响不言而喻，成员关系、家庭财务也会因此相应地发生变化。

1. 子女未出生

对于即将出生的子女，要注意法律关于胎儿必留份额的规定，即遗产分割时，应当保留胎儿的继承份额。如果应当为胎儿保留遗产份额却没有保留的，应从继承人所继承的遗产中扣回。为胎儿保留的遗产份额，如胎儿出生后死亡的，由其继承人继承。如胎儿出生时就是死体的，由被继承人的法定继承人继承。

2. 如果子女已经出生

属于法定的第一顺序继承人，被继承人就要在继承人数和继承财产份额上有所调整。当然，对于子女的财产继承份额，客户也可以通过遗嘱或者遗嘱信托进行符合自己意愿的安排。如果客户不能或者不愿意为子女安排继承份额，理财规划师要提醒客户，法律有“必留份额”的规定，即“遗嘱应当对缺乏劳动能力，又没有生活来源的继承人保留必要的遗产份额”。这是我国法律对遗嘱自由进行的限制，目的在于稳定家庭关系，保障缺乏劳动能力又无生活能力来源的继承人的合法权益，防止遗嘱人滥用遗嘱自由，同时也可以减轻国家的负担，防止被继承人将个人对家庭成员间的抚养、扶助责任转给社会。继承人是否缺乏劳动能力又没有生活来源，应按照遗嘱生效时该继承人的具体情况确定。但在子女出生时，这个因素还是要引起理财规划师和客户的关注，并对财产传承规划进行适当调整，这也符合财产传承规划的变动性的要求。

**（二）结婚或离异**

结婚或者离婚会导致客户家庭财产的形成或者分配。结婚的客户，会有费用支出的增加，也会有财产种类和规模的扩大，比如购置房屋、家电等家庭生活必备的大件财产；而离婚的客户，可能要面对家庭财产的分割等同题。这些都会导致客户自身财产的变化。

**（三）本人或亲友身患重病**

本人或者亲友身患重病，客户会有大笔医疗费用的支出，可能会导致财产传承规划中资产种类和数额的减少或者一些事项的变动，比如存款的减少，一些可即时变现金融资产的变化，或者会引起一些保险事项的变化，比如一些健康险的赔付，等等。

**（四）家庭成员成年**

家庭成员成年，通常是客户的子女成年，如果参加工作了，客户的经济负担就会有所减轻，以前的费用支出就会相对减缩，财产传承规划中就要适当调整。

**（五）遗产继承**

客户作为继承人接受遗产，当然会引起财产的变化，具体财产形态视继承财产形态而定，比如房产、存款等。

**（六）房地产的出售**

客户房地产的出售，是客户对其财产的处分，也是对其现有财产形式的改变，通常会引起财产总值的增加或者是不同财产类型的调整，体现在财产传承规划中，比如现金流的增加等。

**（七）被继承人债务的清偿**

1. 被继承人债务的范围

被继承人债务是指被继承人死亡时遗留的应由被继承人清偿的财产义务。被继承人的债务属于遗产中的消极财产，又称为遗产债务。被继承人的债务既包括被继承人个人负担的债务，也包括被继承人在共同债务中应负担的债务，归纳起来，被继承人的债务主要包括以下债务：①被继承人依照税法规定应当缴纳的税款；②被继承人因合同之债发生的未履行的给付财产的债务；③被继承人因侵权行为而承担的损害赔偿债务；④被继承人因不当得利而承担的返还不当得利的债务；⑤被继承人因无因管理而承担的偿还管理人必要费用的债务；⑥其他应由被继承人承担的债务，如合伙债务中属于被继承人应当承担的债务，被继承人承担的保证债务等。

2. 在确定被继承人债务的范围时，应注意划清被继承人债务与其他相关问题的界限

应当将被继承人债务与家庭共同债务区分开来。家庭共同债务是指家庭成员共同作为债务人所承担的债务。家庭共同债务主要包括：为家庭成员生活需要而承担的债务；为增加家庭共有财产而承担的债务；夫妻共同债务等。家庭共同债务应当用家庭共有财产来偿还，而不能用被继承人的遗产来偿还。家庭债务中属于被继承人个人应当承担的部分，则应当列入被继承债务的范围。

应当将被继承人债务与以被继承人个人名义所欠的债务区分开来。遗产债务应当是被继承人完全为个人生活需要而欠下的债务，一般是以被继承人个人名义所欠下的。但是，以被继承人个人名义所欠下的债务，并不一定都是被继承人的债务。下列以被继承人个人名义所欠下的债务，就不属于被继承人债务，不能以遗产来清偿：①以被继承人个人名义所欠下的，用于家庭生活需要的债务，这种债务实质上是家庭共同债务；②以被继承人个人名义为有劳动能力的继承人的生活需要或者其他需要而欠下的债务，这种债务实质上是继承人个人的债务；③被继承人在继承人不尽扶养、抚养、赡养义务的情况下，迫于生活需要而以个人名义欠下的债务。依1984年最高人民法院《关于贯彻执行民事政策法律若干问题的意见》第四十九条的规定："因继承人能尽而不尽扶养义务所欠下的债务即使遗产不足清偿，继承人仍应负清偿责任。"这种债务应当属于有法定抚养义

务的人的个人债务。

应当将被继承人债务与继承费用区分开来。继承开始后，因遗产的管理、分割以及执行遗嘱，都可能要支出一定的费用。这种费用在我国《继承法》中被称为继承费用。清偿被继承人债务仅限于遗产的实际价值，而遗产的实际价值是扣除继承费用后所剩余的价值。所以继承费用应当从遗产中支付，而不能列入遗产债务范围。

丧葬费用既不能列入被继承人债务，也不能列入继承费用。无论从法律上讲，还是从社会道德上讲，继承人都有义务殡葬已故被继承人。为此而支出的费用，应当由负有殡葬义务的继承人承担。

3. 被继承人债务的清偿原则

继承人清偿被继承人债务，以接受继承为前提条件。遗产债务的承担主体为继承权人。根据权利义务相一致的原则，继承人表示接受继承应当承受被继承人的财产权利和财产义务，不能仅继承财产权利而不继承财产义务。根据我国《继承法》第三十三条的规定，继承遗产应当清偿被继承人依法应当缴纳的税款和债务。继承人放弃继承的，对被继承人依法应当缴纳的税款和债务可以不负偿还责任。据此，只有继承人接受继承，才依法承担清偿被继承人债务的义务。

限定继承原则，是指接受遗产的继承人对被继承人的债务并不承担无限责任，而仅以遗产的实际价值为限承担清偿责任，超过遗产实际价值的部分，可以不负清偿责任。当然，继承人自愿偿还的不在此限。任何人都不能强迫继承人偿还超过遗产实际价值的债务。

保留必留份额原则。清偿被继承人债务时，不得取消继承人中缺乏劳动能力而又没有生活来源的人必要的遗产份额，即使在遗产不足清偿债务的情况下，也应为其保留适当的遗产，然后再按照有关规定清偿债务。

清偿债务优先于执行遗赠的原则。我国《继承法》第三十四条规定："执行遗赠不得妨碍清偿遗赠人依法应当缴纳的税款和债务。"

有序清偿原则。在多种被继承人债务并存的情况下应当按法定的顺序清偿其债务。继承开始后，如果继承人只有一人，则遗产债务的清偿方法对债权人没有什么影响。但继承人为多人时，如何确定遗产债务的清偿方法，对债权人的利益就会产生很大的影响。

被继承人债务的清偿顺序。在清偿被继承人的债务时，如果债权人是多人，而被继承人的遗产又不能清偿全部债务的情况下，有必要确定清偿顺序，以保护债权人的利益。根据有关规定，被继承人的债务按下列顺序清偿：①工资和劳动保险费用；②国家税款；③优先债权；④普通债权。

当被继承人的债务为多种债务并存而被继承人的遗产又不足清偿其全部债务时，对被继承人债务的清偿应按照上述顺序进行。首先清偿第一顺序债务，遗产有剩余的再清偿第二次顺序债务，以此类推依照顺序进行清偿。如果遗产不足清偿同一顺序债务的，应根据公平原则按比例清偿。

## 案例分析

2003 年，李先生经营饮食店，生意较好。2005 年，李先生与王女士结婚，李先生与前妻所生的三个儿子均已参加工作，生活独立，经济分开。2 年后，妻子王女士丧失劳动能力。2008 年 10 月，李先生扩大饮食店规模，由于扩建资金不足，李先生曾向银行贷款 10 万元，贷款期限为 3 年。2010 年 8 月，李先生因病住院，后医院确诊为癌症。在李先生住院期间，饮食店照常营业，但未缴纳税款，也未归还银行贷款。2011 年 11 月，李先生去世，共欠税款和贷款 13 万元整。李先生生前立有遗嘱，提出将遗产 2 万元给予负责照看妻子的侄女李女士。李先生的三个儿子在办完父亲的丧事后，将父亲的遗产折价出售获 12 万元人民币，他们遵照遗嘱将其中的 2 万元分给李女士，其余部分与继母王女士均分，各继承 2.5 万元。银行与税务机关向法院起诉，要求获得遗产的人偿还欠款和税款。

【解析】本案中，李先生的债务应当由法定继承人和受遗赠人以接受的遗产偿还。

本案中，李先生的遗产实际价值为 12 万元，继承人为其三个儿子及配偶王女士，受遗赠人李女士。李先生生前所欠下的税款和债务为 13 万元，根据有关法律规定，由于李先生的债务尚未被清偿，遗产即被分割，理应用法定继承人的所得清偿债务，不足部分由受遗赠人李女士以其所得偿还。由于王女士是既无劳动能力又无生活来源的继承人，因此，即使遗产不足以清偿李先生的债务，也应考虑为其保留适当份额。

## 总结与回顾

1. 财产分配规划是针对夫妻财产而言的，是对婚姻关系存续期间夫妻双方的财产关系进行的调整。

2. 制定财产分配规划方案的基本流程：客户信息的收集与整理；客户家庭财产属性界定；提供财产分配规划咨询服务。

3. 遗产规划是为了保证财产安全继承而设计的财务方案，是当事人在其健在时通过选择适当的遗产管理工具和制定合理的遗产分配方案，对其拥有或控制的财产进行安排，确保这些财产能够按照自己的意愿实现特定目的。

4. 制定遗产规划方案的基本流程：客户信息的收集与整理；确定遗产范围；确定财产传承方式；提供财产传承咨询服务。

## 同步自测练习

### 一、单项选择题

1. 李先生是某合伙公司的合伙人，李太太作为全职太太一直没有工作，现在二人开始积累子女的教育金，（　　）能很好地规避李先生家庭的各项风险。

A. 投资基金　　B. 教育储蓄　　C. 政府债券　　D. 教育信托

2. 王先生与赵女士相识，并确定了恋爱关系，2014 年 12 月二人到当地婚姻登记机关申请结婚登记，婚姻机关经过审查，准予登记，但因客观原因没有领到结婚证。王先生外出旅游时因意外身故，则赵女士（　　）。

A. 不可以继承王先生的遗产，因为二人没有领结婚证

B. 不可以继承王先生的遗产，因为没有完成正式结婚登记手续

C. 可以继承王先生的遗产，因为婚姻登记机关批准了二人的登记申请

D. 可以继承王先生的遗产，因为王先生是意外身亡

3. 承第 2 题资料，如果王先生的叔叔为了庆贺二人结婚，给予二人结婚贺礼 20 万元，则这 20 万元属于（　　）。

A. 夫妻法定特有财产　　B. 王先生婚前个人财产

C. 夫妻共同财产　　D. 赵女士个人财产

4. 承第 2 题资料，如果王先生的父母在儿子结婚登记后旅游前，赠给王先生一套房子用于结婚，则有权分配该房产的是（　　）。

A. 赵女士　　B. 王先生的父母

C. 王先生的兄弟姐妹　　D. 赵女士、王先生的父母

5. 王某现年 80 岁，妻子健在，有一个女儿、两个儿子、一个 25 岁的孙女、一个 22 岁的孙子和一个 10 岁的外孙。王某想制定一份财产传承规划，他现在向助理规划师咨询一些问题。（　　）是婚姻成立的形式要件，是婚姻成立的法定程序，是婚姻取得法律认可和保护的方式，同时，也是夫妻之间权利义务关系形成的必要条件。

A. 结婚登记　　B. 双方同意　　C. 社会认可　　D. 法院证明

6. 承第 5 题资料，通常意义上的财产分配规划是针对（　　）而言的。

A. 家庭财产　　B. 夫妻财产　　C. 社会财产　　D. 公司财产

7. 承第 5 题资料，为了保证财产安全继承而设计的财务方案，当事人在其健在时通过选择适当的遗产管理工具和制定合理的遗产分配方案是（　　）。

A. 财产投资规划　　B. 财产分配规划　　C. 财产传承规划　　D. 财产增值规划

8. 承第 5 题资料，婚姻关系如果不符合婚姻登记的（　　），可能非但不受到法律的保护，甚至已经成立的婚姻也面临着撤销的风险。

A. 行为要件　　B. 形式要件　　C. 主观要件　　D. 实质要件

9. 承第 5 题资料，婚姻登记是婚姻成立的（　　）。

A. 行为要件　　B. 形式要件　　C. 主观要件　　D. 实质要件

## 二、多项选择题

1. 财产分配和传承规划的制定与（　　）紧密相连。

A. 客户的财产状态　　B. 客户本人在家庭中的特定身份地位

C. 客户需承担的义务　　D. 客户的公示

2. 在财产分配和传承规划中，助理理财规划师需要收集的信息有（　　）。

A. 客户家庭的财产结构　　B. 家庭基本构成

C. 家庭成员之间的关系　　D. 家庭成员的学历

3. 按照法律的规定，婚姻的成立包括（　　）。

A. 行为要件　　B. 形式要件　　C. 主观要件　　D. 实质要件

4. 婚姻必备条件的规定，包括（　　）。

A. 结婚双方当事人自愿　　B. 双方须达法定婚龄

C. 禁止一定范围内的血亲结婚　　D. 禁止患一定疾病的人结婚

5. 监护人的权利包括（　　）。

A. 有权代理被监护人进行民事活动

B. 有权同意被监护人实施的与其年龄、智力不相适应的民事行为

C. 在被监护人合法权益受到侵害或者与人发生争议时，有权代理其进行诉讼活动

D. 有权撤销被监护人实施的与其年龄、智力不相适应的民事行为

6. 申请遗嘱公证的遗嘱人应当提交的文件包括（　　）。

A. 见证人的身份证明　　B. 立遗嘱人处分的财产所有权的证明

C. 遗嘱的草稿　　D. 立遗嘱人的身份证明

## 基础技能训练

一、高老病逝，生有二子高大、高二，领养一子高三，妻子尚在。留有房屋六间，存款 24 万元，人身保险一份，指定受益人为高老妻子。高老酷爱字画，留有名人字画若干。生前立有遗嘱，把自己全部字画留给小儿子高三。

1. 高老的遗产应当先按照（　　）方式继承。

A. 法定继承　　B. 协商继承

C. 抚养继承　　D. 遗嘱继承

2. 下列各项中不能作为遗产继承的是（　　）。

A. 房屋　　B. 存款

C. 保险金　　D. 名人字画

3. 下列不属于高老第一顺序继承人的是（　　）。

A. 高大　　B. 高三

C. 高老的妻子　　D. 高老的哥哥

4. 同一顺序继承人之间一般按照（　　）标准划分遗产。

A. 长幼　　B. 经济收入

C. 与被继承人关系的亲疏　　D. 等分

5. 但就存款而言，高老的妻子可以分的数额为（　　）万元。

A. 6　　B. 10

C. 15　　D. 20

二、小王今年 17 岁，父母离异，现父母均已再婚，小王一直由奶奶抚养长大。初中毕业后与叔叔合伙开了一家饭店，在一次车祸中，小王重伤丧失劳动能力。

1. 小王的法定监护人是（　　）。

A. 小王的父母　　B. 小王的奶奶

C. 小王的叔叔　　D. 小王所在地的民政部门

2. 如果此时小王的奶奶表示无力抚养小王，则（　　）。

A. 只能由小王的父亲抚养　　B. 只能由小王的母亲抚养

C. 可以选择由小王的父亲或母亲抚养　　D. 小王的奶奶抚养义务在先，不能放弃

3. 如果小王跟随母亲一起生活，一次将邻居家的小孩打伤，花去医药费5 000元。下列说法正确的是（　　）。

A. 只能由小王赔偿

B. 只能由小王的母亲赔偿

C. 由小王的父亲和母亲共同赔偿

D. 在小王的母亲无力赔偿的情况下，由小王的父亲赔偿

三、根据以下案例，回答以下各题：

王某（男）与夏某（女）于1995年结婚。2014年，王某用夫妻二人的积蓄以其个人名义与宋某合资成立了某服装有限责任公司。公司章程上记载的出资情况为，王某55万元，宋某45万元。2016年10月，夏某以与王某感情不和为由提出离婚，并要求对包括某服装有限公司55%的股权在内的夫妻共同财产进行分割，但宋某不同意夏某成为股东。

1. 对夫妻共有财产中的股权进行分割时（　　）。

A. 不能侵害公司的法人财产权　　B. 只要符合《婚姻法》规定即可

C. 按照一般夫妻共有财产进行分割　　D. 股权是不能量化的，因此不能分割

2. 下列关于股权分割的说法正确的是（　　）。

A. 夫妻双方均为公司股东的情形下，股权分割要经过其他股东的一致同意

B. 对共有财产中的股票可主要采取直接分割的方式

C. 夫妻仅以其中一人的名义作为股东参股，夫妻分割股份属于公司股东间的股份转让

D. 婚前一方所有的股票在婚后的增值部分一概不属于夫妻共有财产

3. 对股权进行折价补偿应当（　　）。

A. 按照股东出资额来计算

B. 考虑公司的赢利状况

C. 不可以双方协商确定

D. 一般以股权所在公司当年每股的净资产额来确定

4. 关于本案例的说法正确的是（　　）。

A. 按照一般夫妻共有财产进行分割

B. 55%的股权不是夫妻共有财产

C. 宋某可以行使优先购买权

D. 宋某不行使优先购买权，该股权不能分割

5. 你认为本案应该（　　）。

A. 只要王某愿意，夏某可以作为股东参与公司管理

B. 夏某应该成为公司股东

C. 王某给予夏某与应分配给她的股权相等的经济补偿

D. 将股权一分为二，在王某和夏某间平均分配

6. 夫妻财产协议必须是（　　）形式。

A. 口头　　B. 书面

C. 有见证人的口头　　D. 有见证人的书面

7. 我国的《婚姻法》（　　）。

A. 不允许采用夫妻财产约定制

B. 允许采用夫妻财产约定制，约定可以是口头的也可以是书面的

C. 允许夫妻双方做出明文约定，改变财产的权利归属

D. 允许夫妻双方做出明文约定，但限制改变财产的权利归属

# 参考文献


［1］陶永成，潘静波，裘晓飞．个人理财［M］．北京：高等教育出版社，2014.

［2］孙黎．个人理财实务［M］．北京：中国人民大学出版社，2012.

［3］陈玉罡．个人理财：理论、实务与案例［M］．北京：北京大学出版社，2012.

［4］廖旗平，刘美荣．个人理财［M］．北京：高等教育出版社，2016.

［5］江珂．个人理财［M］．北京：经济管理出版社，2014.

［6］黄凤岗．个人理财入门与技巧［M］．北京：经济管理出版社，2013.

［7］吴清泉，陈丽虹，周莉，南旭光．个人理财［M］．北京：人民邮电出版社，2012.

［8］柴效武．个人理财［M］．北京：清华大学出版社，2012.

［9］章劼．金融投资实务［M］．上海：复旦大学出版社，2010.

［10］上海财经大学金融学院《投资学教程》编写组．投资学教程［M］．上海：上海财经大学出版社，2010.

［11］张炳达，黄侃梅．投资与理财［M］．上海：上海财经大学出版社，2010.

［12］杨老金，邹照洪．投资规划［M］．北京：经济管理出版社，2007.

［13］北京当代金融培训有限公司．金融理财案例分析［M］．北京：中信出版社，2012.

［14］中国就业培训技术指导中心．理财规划师［M］．北京：中国财政经济出版社，2007.

［15］中国就业培训技术指导中心．理财规划师［M］．北京：中国财政经济出版社，2013.

［16］中国就业培训技术指导中心．理财规划师专业能力［M］．北京：中国财政经济出版社，2013.

［17］中国金融教育发展基金会金融理财标准委员会．金融理财原理［M］．北京：中信出版社，2007.